UM GUIA RÁPIDO PARA POTENCIALIZAR OS CANAIS,

VENDAS

DE TECNOLOGIA POR VÍDEO, TECNOLÓGICOS E ONLINE

VIRTUAIS

PARA ENGAJAR COMPRADORES REMOTOS E
FECHAR VENDAS RÁPIDAS

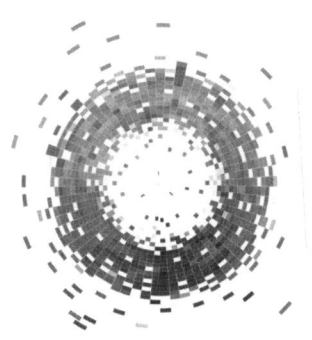

JEB BLOUNT

Autor best-seller e fundador da Sales Gravy

ALTA BOOKS
EDITORA

Rio de Janeiro, 2022

Vendas Virtuais

Copyright © 2022 da Starlin Alta Editora e Consultoria Eireli.
ISBN: 978-65-5520-470-4

Translated from original Virtual Selling. Copyright © 2020 by Jeb Blount. ISBN 978-1-1197-4271-5. This translation is published and sold by permission of John Wiley & Sons, Inc., the owner of all rights to publish and sell the same. PORTUGUESE language edition published by Starlin Alta Editora e Consultoria Eireli, Copyright © 2022 by Starlin Alta Editora e Consultoria Eireli.

Impresso no Brasil — 1ª Edição, 2022 — Edição revisada conforme o Acordo Ortográfico da Língua Portuguesa de 2009.

Dados Internacionais de Catalogação na Publicação (CIP) de acordo com ISBD

B657v Blount, Jeb
   Vendas virtuais: um guia rápido para potencializar os canais de comunicação por vídeo, tecnológicos e online para engajar compradores remotos e fechar vendas rápidas / Jeb Blount ; traduzido por Alberto Streicher. – Rio de Janeiro : Alta Books, 2022.
   400 p. ; 16cm x 23cm.

   Tradução: Virtual Selling
   Inclui índice.
   ISBN: 978-65-5520-470-4

   1. Vendas. 2. Vendas online. 3. Marketing. I. Streicher, Alberto. II. Título.

2022-1186
CDD 658.812
CDU 658.814

Elaborado por Odilio Hilario Moreira Junior - CRB-8/9949

Índice para catálogo sistemático:
1. Vendas 658.812
2. Vendas 658.814

Todos os direitos estão reservados e protegidos por Lei. Nenhuma parte deste livro, sem autorização prévia por escrito da editora, poderá ser reproduzida ou transmitida. A violação dos Direitos Autorais é crime estabelecido na Lei nº 9.610/98 e com punição de acordo com o artigo 184 do Código Penal.

A editora não se responsabiliza pelo conteúdo da obra, formulada exclusivamente pelo(s) autor(es).

Marcas Registradas: Todos os termos mencionados e reconhecidos como Marca Registrada e/ou Comercial são de responsabilidade de seus proprietários. A editora informa não estar associada a nenhum produto e/ou fornecedor apresentado no livro.

Erratas e arquivos de apoio: No site da editora relatamos, com a devida correção, qualquer erro encontrado em nossos livros, bem como disponibilizamos arquivos de apoio se aplicáveis à obra em questão.

Acesse o site www.altabooks.com.br e procure pelo título do livro desejado para ter acesso às erratas, aos arquivos de apoio e/ou a outros conteúdos aplicáveis à obra.

Suporte Técnico: A obra é comercializada na forma em que está, sem direito a suporte técnico ou orientação pessoal/exclusiva ao leitor.

A editora não se responsabiliza pela manutenção, atualização e idioma dos sites referidos pelos autores nesta obra.

Produção Editorial
Editora Alta Books

Diretor Editorial
Anderson Vieira
anderson.vieira@altabooks.com.br

Editor
José Ruggeri
j.ruggeri@altabooks.com.br

Gerência Comercial
Claudio Lima
claudio@altabooks.com.br

Gerência Marketing
Andrea Guatiello
andrea@altabooks.com.br

Coordenação Comercial
Thiago Biaggi

Coordenação de Eventos
Viviane Paiva
comercial@altabooks.com.br

Coordenação ADM/Finc.
Solange Souza

Direitos Autorais
Raquel Porto
rights@altabooks.com.br

Produtor da Obra
Thiê Alves

Produtores Editoriais
Illysabelle Trajano
Maria de Lourdes Borges
Paulo Gomes
Thales Silva

Equipe Comercial
Adriana Baricelli
Daiana Costa
Fillipe Amorim
Heber Garcia
Kaique Luiz
Maira Conceição

Equipe Editorial
Beatriz de Assis
Betânia Santos
Brenda Rodrigues
Caroline David
Gabriela Paiva
Henrique Waldez
Kelry Oliveira
Marcelli Ferreira
Mariana Portugal
Matheus Mello

Marketing Editorial
Jessica Nogueira
Livia Carvalho
Marcelo Santos
Pedro Guimarães
Thiago Brito

Atuaram na edição desta obra:

Tradução
Alberto Streicher

Copidesque
Vanessa Schreiner

Revisão Gramatical
Hellen Suzuki
Thaís Pol

Diagramação
Catia Soderi

Editora afiliada à:

Rua Viúva Cláudio, 291 – Bairro Industrial do Jacaré
CEP: 20.970-031 – Rio de Janeiro (RJ)
Tels.: (21) 3278-8069 / 3278-8419
www.altabooks.com.br — altabooks@altabooks.com.br
Ouvidoria: ouvidoria@altabooks.com.br

ALTA BOOKS EDITORA

Para Carrie. O amor da minha vida.

Outros livros de Jeb Blount

The Virtual Training Bible: The Art of Conducting Powerful Virtual Training that Engages Learners and Makes Knowledge Stick (Wiley, 2020)

Negócio Fechado: O Guia Essencial para Contratos e Vendas Poderosos e Táticas de Negociação que Levam ao Sim e Fecham o Negócio (Alta Books, 2021)

Fanatical Military Recruiting: The Ultimate Guide to Leveraging High--Impact Prospecting to Engage Qualified Applicants, Win the War for Talent, and Make Mission Fast (Wiley, 2019)

Objeções: Como se Tornar um Mestre na Arte e na Ciência de Superar um Não (Alta Books, 2019)

Inteligência Emocional em Vendas: Como os Supervendedores utilizam a Inteligência Emocional para Fechar Mais Negócios (Autêntica, 2018)

Prospecção Fanática: O Guia Definitivo de Conversas para Iniciar Vendas e Encher o Funil Aproveitando o Máximo Redes Sociais, Telefone, E-mail, Texto e Chamadas Frias (Alta Books, 2019)

People Love You: The Real Secret to Delivering Legendary Customer Experiences (Wiley, 2013)

People Follow You: The Real Secret to What Matters Most in Leadership (Wiley, 2011)

People Buy You: The Real Secret to What Matters Most in Business (Wiley, 2010)

Agradecimentos

Uma de minhas citações favoritas de Nolan Bushnell, a mente por trás do sistema de videogame Atari, diz: "Todo mundo que tomou banho alguma vez já teve uma ideia."

No fim de março de 2020, conforme a pandemia global do coronavírus (Covid-19) se espalhou pelo mundo como um fogo selvagem, saí do banho e me sequei.

Enquanto ligava para a única pessoa que eu sabia que entenderia minha ideia maluca, pude ouvir as palavras de Bushnell martelando em minha mente.

Shannon Vargo, vice-presidente e editora na John Wiley & Sons, atendeu na primeira chamada. Ela ficou me ouvindo enquanto eu falava sobre *Vendas Virtuais* e sobre a ideia insana de escrever e publicar um livro inteiro em apenas 60 dias. Quando terminei, tudo o que ela disse foi: "Vamos nessa!"

A verdade é que *quem faz a diferença é a pessoa que sai do chuveiro com uma ideia, que se seca e tem uma equipe ao seu redor disposta a fazer algo com essa ideia.*

Shannon, você é uma pessoa rara e especial. Sou profundamente grato a você por confiar em mim e por sua disposição em mover barreiras para que *nós* possamos fazer a diferença.

Da mesma forma, um enorme obrigado a Sally Baker e a Deborah Schindlar, que estiveram comigo a cada passo da jornada de escrever, editar e preparar *Vendas Virtuais* para publicação.

Obrigado, David Monostori, Trey LaMarr e Jeb Blount Jr., por sua gigantesca ajuda com os elementos técnicos de vendas por videoconferências e videomensagens.

Keith Lubner e Jason Eatmon, muito obrigado por assumir o controle da Sales Gravy enquanto eu voltava toda minha atenção para a escrita deste livro. A paz de espírito que vocês me proporcionaram foi inestimável.

Por fim, agradeço à minha linda esposa, Carrie. Sem você me apoiando, o livro *Vendas Virtuais* não existiria. Amo você!

Sobre o Autor

Jeb Blount é autor de 13 livros, além de ser um dos líderes de pensamento mais respeitados do mundo nas áreas de vendas, liderança e experiência do consumidor.

Como líder empresarial, Jeb tem mais de 25 anos de experiência com empresas pequenas, médias e startups listadas na Fortune 500. Seu principal endereço eletrônico, SalesGravy.com, é o site específico de vendas mais visitado do mundo.

Por meio de sua organização global de treinamento, a Sales Gravy, Jeb e sua equipe treinam e aconselham uma lista de empresas que contém as mais prestigiadas organizações do mundo.

Siga Jeb nas redes sociais: LinkedIn, Twitter, Facebook, YouTube e Instagram.

Para agendar uma palestra com ele em seu próximo evento, ligue para 1–888–360–2249, envie um e-mail para brooke@salesgravy.com ou para carrie@salesgravy.com, ou visite o site www.jebblount.com. Você também pode escrever diretamente para ele: jeb@salesgravy.com.

Sumário

Agradecimentos — v
Sobre o Autor — vii
Prefácio — xiii

PARTE I
Fundamento — 1

Capítulo 1 E, Do Nada, Tudo Mudou — 3

Capítulo 2 As Vendas Presenciais Morreram? — 7

Capítulo 3 A Necessidade É a Mãe das Vendas Virtuais — 13

Capítulo 4 Definição de Vendas Virtuais e Seus Canais — 19

Capítulo 5 O Vendedor Assíncrono — 25

Capítulo 6 Combinação — 29

PARTE II
Disciplina Emocional   33

Capítulo 7   Os Quatro Níveis de Inteligência de Vendas   35

Capítulo 8   As Emoções Importam   43

Capítulo 9   Confiança Calma e Assertiva   47

Capítulo 10   Vulnerabilidade Profunda   49

PARTE III
Videochamadas de Vendas   57

Capítulo 11   Videochamadas: O Mais Próximo de Estar Presente   59

Capítulo 12   Introduzindo as Videochamadas no Processo de Vendas e de Gestão de Contas   65

Capítulo 13   Jogos Cerebrais   75

Capítulo 14   Sete Fatores Técnicos de Videoconferências de Vendas Altamente Eficazes   81

Capítulo 15   Cinco Fatores Humanos de Videoconferências de Vendas Altamente Eficazes   95

Capítulo 16   Apresentações e Demonstrações Virtuais   127

Capítulo 17   Esteja Pronto para a Câmera   141

Capítulo 18   Mensagens de Vídeo   155

PARTE IV
Telefone — 175

Capítulo 19 Faça a Porcaria da Ligação — 177

Capítulo 20 Prospecção por Telefone — 187

Capítulo 21 Cinco Passos para Prospecções por Telefone — 195

Capítulo 22 Desenvolvendo Afirmações Efetivas do Porquê — 205

Capítulo 23 Contornando Objeções de Prospecção por Telefone — 215

Capítulo 24 Deixando Mensagens de Voz Eficazes — 227

PARTE V
Mensagens de Texto, Mensagens Diretas, E-mails e Chat — 239

Capítulo 25 Combinando Mensagens de Texto na Gestão de Contas e na Comunicação do Pipeline — 241

Capítulo 26 Mensagens de Texto para Prospecção — 247

Capítulo 27 O Básico sobre E-mails — 253

Capítulo 28 Quatro Regras Fundamentais da Prospecção por E-mail — 267

Capítulo 29 Estrutura de Quatro Passos para a Prospecção por E-mail — 281

Capítulo 30 Mensagens Diretas — 293

Capítulo 31 Chat Online ao Vivo — 299

PARTE VI
Redes Sociais — 319

Capítulo 32 As Redes Sociais São um Fundamento Básico das Vendas Virtuais — 321

Capítulo 33 A Lei da Familiaridade e os Cinco Cs das Vendas Sociais — 327

Capítulo 34 Marca Pessoal — 343

PARTE VII
Vendas Virtuais Ainda São Vendas — 353

Capítulo 35 A Verdade sobre os Truques Jedi da Mente — 355

Capítulo 36 Vendendo Caminhões Invisíveis — 365

Notas — *371*
Treinamentos, Workshops e Palestras — *377*
Índice — *379*

Prefácio

Saudações Virtuais

Nos últimos 100 anos, cartas e e-mails têm sido assinados com "Atenciosamente", "Agradeço a atenção" ou algum outro tipo de despedida agradável. Isso acabou. "Saudações virtuais" tomou conta. De lavada. Na verdade, de lavada turbinada. E veio para ficar.

As vendas virtuais serão o novo normal, e a única pergunta é: você está pronto?

As reuniões virtuais não são mais novidade — são o novo normal, e a maioria dos vendedores, líderes de vendas, executivos e empreendedores estão terrivelmente despreparados. Estão (você também) vendo seus clientes e colegas de trabalho por meio de um computador ou um telefone, com iluminação ruim, malvestidos, em frente a um guarda-roupa, ou pior, em frente a uma cama desarrumada, tentando conduzir uma reunião ou uma chamada de vendas para a qual estão (e você também) despreparados TANTO mentalmente QUANTO tecnologicamente.

CARAMBA!

Por sorte, você tem este livro. *Vendas Virtuais* vai lançá-lo ao topo do Monte Everest virtual. SE, e apenas SE, você ler este livro, estudá-lo bem, preparar-se, fizer um plano de ação e colocá-lo em prática. (É o mesmo de que precisa para escalar o Monte Everest real, só que não tão congelante.)

Deixe-me situá-lo... sou fã e amigo de Jeb Blount há mais de uma década e, se você o conhece como eu, sabe que sua paixão, sua positividade e seu desempenho são inigualáveis. Ele não é apenas um líder, é também um inovador. É a pessoa perfeita para escrever este livro, porque vive no mundo online (e ganha dinheiro com ele).

Chamo Jeb de "o homem mais esforçado no ramo de vendas". E seu desafio patenteado, "mais uma chamada", marcou para sempre sua ética profissional e sua filosofia.

Em uma das visitas que fez à nossa casa, Jeb viu seu livro *Inteligência Emocional em Vendas* sobre minha mesa de cabeceira. Ele ficou orgulhoso — mas a obra estava lá porque tenho TOTAL interesse no que Jeb Blount escreve, diz e faz, quando estamos face a face e ESPECIALMENTE de forma virtual — e você deveria ter também.

Jeb Blount foi e sempre será um estudante. Durante sua vida inteira. É um observador perspicaz, um corredor de riscos e um vencedor.

Sempre está à frente da curva. E este livro é um exemplo CLÁSSICO disso. Jeb está estabelecendo o padrão em webinars, seminários, treinamentos, reuniões, estúdios — todos virtuais. Portanto, é o líder de vendas virtuais.

Este livro tem as RESPOSTAS de que você precisa neste momento.

Uma cartilha, um manual e uma bíblia sobre o novo mundo virtual das vendas. Sabe, o mundo virtual existe há 20 anos. Costumava ser opcional. Era "uma forma de se comunicar, uma forma de vender".

Durante o "período da pandemia", o virtual foi a ÚNICA maneira de se comunicar e de vender. Amanhã, o *virtual* será a MELHOR forma de fazer isso e aquela que apresentará a melhor eficiência de custos. *Vendas Virtuais* lhe diz os "porquês" e os "comos" que não são apenas impressionantes, mas imperativos.

Do térreo à cobertura, este livro lhe entrega o passo a passo do mundo virtual, independentemente de você preferir subir pela escada de incêndio ou pelo elevador.

Eu lhe prometo que *Vendas Virtuais* vale OURO. Ouro novo, que não foi minerado e que todas as organizações de vendas e todos os vendedores estão procurando, para ganhar uma posição de liderança e uma vantagem competitiva na mente, no bolso e na lealdade de seu cliente — os únicos lugares que importam.

Este livro é um guia (virtual) para o futuro das vendas e do vender. Ele aborda tudo em detalhes, com elementos de compreensão, estratégias, táticas e planejamentos que qualquer vendedor — iniciante, avançado, aquele que sabe tudo de tecnologia ou o que é tecnofóbico — precisa para emergir como um vencedor neste novo mundo das vendas.

AGORA É A HORA. Jeb Blount lhe entregará as respostas virtuais para você colocar em prática e transformá-las em dinheiro de verdade. E tudo que você precisa fazer é ler estas páginas e tomar uma atitude.

Saudações virtuais,

Jeffrey Gitomer,
autor de *O Livro Vermelho de Vendas*

PARTE I

Fundamento

1 | E, Do Nada, Tudo Mudou

Pandemia global. Pânico. Distanciamento social. Home office. Uma crise econômica.

Num piscar de olhos, deixamos o happy hour e passamos para o happy virtual. Passamos de conferências para conferências virtuais. De aulas para aulas virtuais. De vendas para vendas virtuais.

Certamente, buscávamos e usávamos os canais de comunicação virtual desde o despertar da humanidade. No início, eram os sinais de fumaça; depois, as cartas escritas. Chegamos, até mesmo, a usar pombos-correio.

A inovação na comunicação virtual se acelerou no século XIX com o telégrafo — cuja função era basicamente mandar mensagens de forma muito lenta. Ele logo foi substituído pelo telefone.

Na década de 1980, nos apaixonamos pelo fax, que foi, do mesmo modo, substituído pelo e-mail nos anos 1990. Nas décadas seguintes, as salas de bate-papo online dos anos 1990 se transformaram em mensagens de texto, mensagens diretas, depois na interação nas redes sociais e, então, nos bate-papos interativos.

Lá em 1880, um inventor chamado George Carey propôs um videofone. Sua ideia foi publicada na *Scientific American*. Quarenta e sete anos depois, em 1927, Herbert Hoover entrou em uma cabine de vídeo nos Laboratórios Bell Labs e fez uma videochamada.

Na década de 1960, a AT&T desenvolveu a tecnologia de vídeo a ponto de entrar no mercado com o *Picturephone*, que foi um fracasso. Durante os 30 e poucos anos seguintes, a videochamada não deslanchou.[1] Então, em 2003, o Skype inaugurou a era moderna das videochamadas.

Em 2007, o iPhone mudou tudo. E foi seguido rapidamente pelo FaceTime, em 2010, pelo Zoom, em 2013 e, então, pelas videochamadas do Messenger do Facebook, em 2015. Por fim, a convergência da internet de banda larga e de equipamentos baratos tornaram a videochamada acessível a todos.

Atualmente, embora muito mal utilizada por profissionais de vendas, a videochamada é o canal de comunicação virtual mais poderoso e eficaz de todos.

A Hora da Tecnologia Chegou

A pandemia global do coronavírus em 2020 acelerou a adoção das vendas virtuais de forma muito parecida com aquela que a crise financeira global de 2007–2009 acelerou o surgimento de equipes de vendas internas e a divisão da força-tarefa de vendas em desenvolvimento de negócios, vendas, gestão de contas e sucesso de clientes (conquistar, expandir e reter).

Exceto que, dessa vez, foi mais rápido, compactando em questão de meses o que provavelmente teria levado dez anos para se tornar realidade. Num instante, a fim de continuar relevantes e competitivos, vendedores, gerentes de contas, empreendedores e profissionais tiveram que mudar a forma como se relacionavam com clientes fixos e possíveis clientes. Da mesma forma, clientes fixos e em potencial tiveram que mudar a maneira de se relacionar com os vendedores.

A evolução da tecnologia de vendas virtuais finalmente viu sua hora chegar. A transformação digital, que, nos últimos 20 anos, vinha se transformando em uma onda inevitável, mesmo com um crescimento lento, quebrou sobre nós como um tsunami. De repente, as vendas virtuais iniciaram seu reinado.

Diferentemente de tantos outros momentos de mudança na história, nos quais as pessoas inteligentes eram forçadas, por necessidade, a inventar uma tecnologia que atendesse ao momento, dessa vez a tecnologia já estava lá na frente. Tivemos apenas que alcançá-la.

É nesse ponto que nos encontramos. As vendas virtuais são o novo normal. Não há como voltar atrás.

O Propósito Deste Livro

Meu objetivo é lhe ensinar técnicas que transformam as plataformas de comunicação virtual em ferramentas poderosas e eficazes de vendas, não importa o que você vende, a complexidade ou o tamanho de seu ciclo de vendas, ou se você é representante interno, externo ou uma mescla dos dois. *Vendas Virtuais* é o recurso mais abrangente e prático sobre as habilidades de vendas digitais baseadas em vídeos que já foi desenvolvido.

Este livro lhe ajudará a:

- Tornar-se mais eficaz com ferramentas de comunicação virtual para que possa se conectar, se engajar e desenvolver relacionamentos profundos e duradouros com outras pessoas.
- Potencializar a tecnologia, as ferramentas digitais e os canais de comunicação virtuais para aumentar o número de conexões que você faz e a velocidade com que as faz.
- Combinar canais de vendas virtuais e táticas com seu processo de vendas, para aumentar a produtividade.

- Dominar as técnicas virtuais, a fim de se destacar da concorrência e ganhar uma distinta vantagem competitiva.
- Tornar as vendas virtuais mais humanas.

Conforme mergulha nesses poderosos insights, a cada novo capítulo você ganhará cada vez mais confiança em sua habilidade de potencializar os canais de comunicação virtual e de conduzir chamadas virtuais de vendas bem-sucedidas. Com essa confiança recém-descoberta, seu sucesso e sua renda irão às alturas.

2 | As Vendas Presenciais Morreram?

Quero deixar claro desde já que não sou propagador nem ideólogo.

Desprezo e não tenho respeito algum pelos denominados "especialistas" e "gurus" que, do alto de sua arrogância, enfiam goela abaixo suas ideias a respeito de uma plataforma tecnológica preferida ou de um método de vendas. São as mesmas pessoas que doutrinam que seu caminho é o ÚNICO certo. Gritam com todas as forças que todo o restante em vendas e negócios está morto.

Esses tristes charlatães não têm a menor competência para vender suas soluções. Em algum lugar, há um cemitério cheio de carcaças de ex-gurus de vendas fanfarrões que fizeram muito barulho, apresentaram resultados inexpressivos e, então, tiveram uma morte rápida porque sua mensagem era muito superficial e de autointeresse (veja *propagadores das vendas sociais*). Ainda bem, sério, que os profissionais de vendas de primeira linha percebem toda essa bobagem.

O título deste livro é *Vendas Virtuais*. Porém, isso não quer dizer que sou contra as vendas presenciais ou, nesse sentido, contra qualquer tipo específico de vendas. Há muitos produtos e serviços que se encaixam perfeitamente nas vendas de campo e naquelas realizadas presencialmente, face a face. Da mesma forma, há muitos produtos e serviços que se encaixam perfeitamente no modelo de vendas internas e de vendas 100% virtuais. Seguindo essa linha, há diversos produtos e serviços que podem ser vendidos sem a necessidade de haver um vendedor.

Ao longo da última década, muitas empresas substituíram as equipes de vendas externas pelas internas, mas tiveram que voltar a optar pelas vendas externas novamente quando perceberam que estavam perdendo sua participação no mercado por falta da presença face a face. De igual modo, as empresas que têm apenas equipes de vendas internas adicionaram uma presença externa para que pudessem ser mais competitivas e responsivas aos compradores.

Milhares de empresas, atualmente, operam e vendem por meio de equipes híbridas de profissionais de vendas internos e externos, e também por telefone, e-mail, chat, mensagens e e-commerce. Tais organizações visionárias entendem que há tipos diferentes de jornadas de compras, complexidades, perfis de risco e ciclos de vendas.

O segredo é aplicar o canal de vendas e a abordagem certos para atender aos compradores onde eles estiverem e de acordo com suas preferências de compra. Isso lhe dará maior probabilidade de fechar um negócio pelo menor custo. A probabilidade de vitória — e a habilidade de moldá-la em seu favor — é tudo o que importa.

Probabilidade x Ideologia

Em vendas, o contexto é importante. Há poucas coisas definitivas, poucas formas certas ou erradas. Não importa quanto os chamados especialistas queiram que seja desse modo, não há panaceias em vendas. Não há apenas "uma única forma".

O que funciona em uma venda transacional não funcionará em uma venda de nível empresarial. É diferente vender para o governo e vender para uma empresa ou um consumidor. Vender um produto físico é diferente de vender um serviço ou um software. Produtos complexos e de alto risco são vendidos de forma totalmente diferente de um produto que é vendido em uma única chamada.

Em termos empresariais, dá para fechar por telefone uma venda de alto risco sem nunca ter se encontrado face a face com o cliente? É claro que sim. É possível vender soluções de SaaS (software como serviço) presencialmente? Certamente. E você pode fazer negócios por e-mail ou chat? Pode apostar que sim. Podemos conduzir as vendas e fechar negócios face a face e por meio de qualquer canal de comunicação virtual. Em vendas, tudo funciona em alguns momentos.

É por isso que, em vez da ideologia, estudo a probabilidade. É como me envolvo no jogo das vendas. Cada lance, pergunta, palavra que digo, canal de comunicação de vendas que emprego e quando, onde e como o emprego no processo de vendas baseia-se na probabilidade de que esse lance específico gerará o resultado desejado.

Virtual NÃO É o Mesmo que Presencial

Ainda assim, caso seu canal de comunicação de vendas usado para entrar no mercado seja o face a face, presencial, é natural ter medo de que não conseguirá se comunicar de forma eficaz, desenvolver relacionamentos, ser competitivo ou causar o mesmo impacto por meio de canais virtuais. Você teme que as vendas virtuais diminuirão a probabilidade de fechar vendas.

Tal medo não é infundado. A forma mais eficaz de desenvolver relacionamentos e confiança, resolver conflitos, buscar ideias, ganhar consenso, apresentar ideias, negociar e fechar negócios é por meio da reunião presencial, face a face. Você sabe disso, e eu também, pois somos humanos.

Os profissionais de vendas presenciais bem-sucedidos são mestres na leitura de outras pessoas, reagem às nuanças e usam o carisma como uma vantagem competitiva. Eles têm a habilidade de perceber intuitivamente as emoções das outras pessoas e reagir de maneira apropriada.

Foi por isso que tantos profissionais de vendas de campo ficaram paralisados de medo quando a pandemia do coronavírus impossibilitou as interações presenciais. Foi como se tivessem perdido, repentinamente, o sentido da visão. E, na realidade, foi isso que aconteceu.

Os olhos cuidam de aproximadamente 80% das informações e comunicações que recebemos. A interpretação visual do mundo e das pessoas ao nosso redor consome pelo menos 50% do poder de computação de nosso cérebro. Na verdade, uma parte muito maior do cérebro está dedicada à visão, mais do que à audição, ao paladar, ao tato e ao olfato juntos.[1]

Em uma reunião presencial de vendas, você consegue ver e interpretar *toda* a situação. É possível ver não apenas a pessoa com quem está se reunindo, mas também seu entorno e como ela interage com o ambiente. Você pode, ainda, se dar ao luxo de ler seus olhos, as microexpressões em seu rosto e 100% da linguagem corporal. Caso haja outras pessoas na sala, é possível ler suas reações e sinais não verbais também.

O contágio emocional é outra forma de *visão* que fica significativamente reduzida em qualidade e clareza na comunicação por meio de canais virtuais, em comparação com os presenciais.

O contágio emocional[2] é uma reação subconsciente que nos permite perceber as emoções de outros seres humanos sem muito esforço consciente.[3] Como vibrações invisíveis, as emoções são facilmente transferidas de uma pessoa a outra quando estamos juntos.

Constantemente fazemos uma leitura das pessoas ao nosso redor, em busca de pistas sobre seu estado emocional. Com base em nossas percepções, lemos as entrelinhas, interpretamos as pistas e alteramos nossa abordagem com as pessoas.

Embora possamos ver a outra pessoa em uma videochamada ou ouvir sua voz pelo telefone, não é a mesma coisa que estar lá pessoalmente. Fica mais nublado, e nunca tão claro como na venda presencial.

Diante de seus clientes fixos e potenciais, presencialmente, fica mais fácil:

- Solicitar o próximo passo — e saber quando fazer isso.
- Conhecer a empresa, colocar a mão na massa e entender seus problemas e dificuldades reais.
- Comunicar-se com clareza, minimizando os ruídos.
- Saber quando o que você diz ou apresenta está incorreto ou errando o alvo.
- Fazer uma leitura precisa das partes interessadas (stakeholders) e criar organicamente perguntas de descoberta, na hora.
- Comparar as palavras ditas pelas partes interessadas com sua comunicação não verbal, em busca de congruência.
- Manter as pessoas engajadas, porque é muito menos provável que elas fiquem vendo redes sociais, e-mails ou que se distraiam quando você estiver na frente delas.
- Desenvolver relacionamentos.
- Conquistar comprometimentos. É muito mais difícil que as partes interessadas digam não na sua cara.

A interação humana presencial é poderosa, persuasiva e envolvente. Quando estamos lá, face a face, passamos a mensagem de que a reunião é importante, fazendo com que a pessoa com quem estamos nos reunindo se sinta importante. Isso demonstra nossa credibilidade e nos permite potencializar completamente nossa marca pessoal.

Como uma reunião presencial exige que ambas as partes façam um investimento significativo de tempo, ela aumenta a probabilidade de que haverá resultados importantes e que sua negociação dará um passo à frente.

E é por tudo isso, e por outras coisas mais, que as vendas presenciais e as interações humanas não desaparecerão. Ir a reuniões presenciais de vendas e encontrar-se com prospectos em eventos comerciais, de networking ou em conferências face a face são situações que não deixarão de existir (pelo menos não enquanto estivermos vivos na Terra).

3 | A Necessidade É a Mãe das Vendas Virtuais

Quando comecei minha empresa, a Sales Gravy, em 2007, bem no ápice da crise financeira global, me vi em águas desconhecidas. Durante toda a minha carreira, vendi presencialmente. Era danado de bom nisso. Nunca considerei que havia qualquer outra maneira.

No entanto, meus possíveis clientes estavam espalhados por todo o país. Eu tinha fundos limitados de startup e não podia me dar ao luxo de arriscar comprar uma passagem aérea para, depois, perder a venda. Se quisesse fazer meu negócio crescer (e era isso que eu queria), minha única escolha eram as vendas virtuais — as presenciais não eram uma opção para mim.

Foi necessária uma mudança gigantesca de mentalidade. Tive que mudar meu sistema de crenças sobre as vendas. Acima de tudo, precisei superar meu medo e apenas seguir em frente. Unicamente por uma necessidade, e muitos erros depois, eu consegui dominar as vendas virtuais.

Atualmente, a Sales Gravy cresceu e se tornou uma das empresas mais bem-sucedidas do mundo em treinamento e consultoria. Temos clientes em todos os continentes, exceto na Antártida. As vendas virtuais são a maneira pela qual participamos do mercado, pois são o meio mais prático e econômico de engajar prospectos no mundo todo. Fechamos negócios que alcançam seis ou sete dígitos regularmente, por um processo completamente virtual.

Tudo Funciona — A Combinação Funciona Melhor

Isso, obviamente, pede a pergunta: chegamos a fazer alguma reunião presencial de vendas? A resposta é sim. Quando temos grandes negócios, que alteram a empresa em questão e, se for prático, fazemos a visita face a face — geralmente mais tarde no processo de vendas, na parte mais importante. De igual modo, em cidades como São Francisco, nos EUA, onde temos vendedores no mercado, fazemos reuniões presenciais.

Quando estamos no mesmo ambiente de nossos clientes, dando treinamentos ou fornecendo serviços profissionais, potencializamos esses engajamentos presenciais para interagir com as partes interessadas, a fim de ancorar relacionamentos e expandir nosso negócio dentro dessas contas — geralmente deixando para trás os concorrentes que não estão se engajando presencialmente.

Quando nossos treinadores e consultores já estão em uma cidade para realizar o engajamento com um cliente, marcamos reuniões presenciais com possíveis clientes dessa mesma cidade. Visto que já estamos lá e que o custo para marcar uma reunião presencial a mais é baixo, faz sentido fazer isso, pois essas reuniões quase sempre nos deixam um passo à frente dos concorrentes.

Em termos empresariais, os dois primeiros negócios que tornaram minha companhia o que ela é hoje foram fechados em reuniões presenciais. No estágio final da apresentação, assumi o risco, comprei a passagem de avião e fiz pessoalmente minha apresentação de fechamento. Tais negócios foram um divisor de águas, e foram tão importantes que o custo do engajamento presencial para selar o negócio face a face valeu muito a pena.

Isso é chamado de *blending* (combinação), e esse é o segredo para potencializar as vendas virtuais, de modo que sejam mais produtivas e tragam a vitória mais frequentemente, com um custo menor para você e para sua empresa.

Sou estudante da probabilidade em vez de ser propagador. Como já vimos, tudo funciona. Você apenas precisa calcular a probabilidade de que usar determinada abordagem em determinado momento e com determinada oportunidade aumentará a probabilidade de que consiga a reunião, avance na oportunidade, feche o negócio, expanda as receitas em sua conta, ou renove o contrato, — E — que a abordagem escolhida, em relação à sua probabilidade, valha seu custo.

Os Clientes Fixos e em Potencial Aceitarão as Vendas Virtuais?

Eis cinco verdades:

1. A maioria de seus clientes fixos e clientes em potencial prefere se encontrar presencialmente com você antes de tomar uma decisão importante ou arriscada. Eles querem saber se podem confiar em você. Visto que uma grande parte da comunicação humana é visual, vê-lo face a face os ajuda a sentir que estão tomando uma decisão melhor.
2. Caso os clientes fixos e em potencial tenham a escolha de encontrá-lo presencialmente, eles farão isso.
3. Se a única opção para uma reunião com você for em uma chamada virtual — por telefone ou vídeo —, a maioria dos clientes, fixos e potenciais, a aceitará.
4. A maioria de seus clientes fixos e potenciais ficará confortável em fazer pelo menos alguns dos passos do processo de vendas virtualmente.

5. A maioria dos bloqueios mentais com relação à venda virtual é coisa sua, e não das partes interessadas.

Quando estou trabalhando com profissionais de vendas internas sobre as habilidades de vendas virtuais, o maior medo deles é de engajar as partes interessadas por telefone (estranho, mas é verdade) e por meio de videochamadas. Eles dizem: "Você não entende, Jeb, nossos clientes preferem se comunicar por e-mail." Ou: "É muito difícil conseguir uma videochamada com nossos clientes."

As equipes de vendas de campo, todas elas, temem as reuniões de vendas por telefone e vídeo. Eles reclamam: "Você não entende, Jeb, nossos clientes preferem as reuniões presenciais." Ou principalmente quando o assunto é fazer prospecções: "Ninguém atende o telefone, e me dou muito melhor quando estou face a face."

Jeb, você não entende. Escuto essas mesmas palavras toda semana, em toda sessão de treinamento, em qualquer parte do mundo.

Quando estou no exterior me dizem: "Jeb, você não entende, porque é norte-americano." Quando estou na América do Norte dizem: "Jeb, você não entende, porque nossa empresa, nosso produto, nossos serviços, clientes, compradores, nosso nicho, nossa vertical, a região geográfica [pode escolher qualquer opção] é diferente."

Já ouvi de tudo. De Moscou a Milão, de Lisboa a Londres, de Xangai a São Paulo, de Dubuque a Dubai e de Atlanta a Amsterdã há milhares de desculpas e justificativas pelas quais os vendedores não conseguem fazer algo.

- "Nossos compradores são diferentes."
- "Nossa cultura é diferente."
- "Nosso produto é diferente."
- "Não funciona assim em nosso setor [empresa, cultura, país]."
- "Os compradores com que negociamos não fazem videoconferências."

- "Meus clientes se reúnem apenas presencialmente."
- "Os compradores em nosso setor nos tratam como produtos."

A maioria é bobagem. Apenas mentiras, desculpas e ilusões que os profissionais de venda lançam sobre mim para justificar seu medo de uma ferramenta ou uma técnica específica. É mais fácil colocar a culpa em seus prospectos do que se olhar no espelho.

Então, vamos direto ao ponto. As pessoas com quem você se reúne não terão quaisquer problemas em marcar e participar de reuniões virtuais com você. É preciso somente lhes solicitar isso.

Como sei disso? Porque existem histórias reais em todos os lugares, incluindo a minha (acima), sobre como os clientes fixos e potenciais se adaptaram rapidamente às reuniões virtuais de vendas porque não havia outra opção ou, simplesmente, porque seria mais rápido e conveniente.

Pense nisto: durante a pandemia do coronavírus, ninguém tinha escolha, e nos adaptamos rapidamente às reuniões virtuais de vendas. Ou, ainda: quantas vezes um cliente com um problema exigiu que você pegasse um avião ou o carro e o visitasse imediatamente? Quando você explicou que seria impossível ir até lá, eles não conseguiram resolver com você pelo telefone?

Um de meus clientes de treinamento em vendas vende caminhões comerciais pelo telefone, sem que seus clientes possam ver o produto presencialmente. Esses negócios variam de US$20 mil a US$200 mil. Eles conseguem ver somente uma foto do caminhão. Não existe test drive, não dá para dar uma chutadinha nos pneus, não há qualquer negociação frente a frente. Esse grupo vende dezenas de milhares de caminhões por ano dessa forma e é um dos principais revendedores de caminhões usados do mundo.

Seria essa uma forma estranha das pessoas comprarem caminhões comerciais usados? Pode apostar. Os clientes recuam e dizem que precisam ver o caminhão antes de comprar? Certamente. Mas essa é a única opção; portanto, milhares de compradores a aceitam. Uma vez que experimentam o processo fácil e indolor da venda virtual, eles passam a ser clientes leais e compram mais caminhões.

Esse é um dos segredos das vendas virtuais de sucesso. Quando você as torna uma experiência ótima para as partes interessadas, elas começam a confiar no processo e ficam abertas a mais reuniões virtuais. Uma coisa de que você pode ter certeza, no entanto, é que *os clientes fixos e potenciais não aceitarão reuniões virtuais de vendas se você nunca lhes solicitar uma.*

> Nota do autor: uso os termos *cliente em potencial, parte interessada (stakeholder), cliente* e *comprador* de forma intercambiável e, geralmente, vou alterando os termos para evitar repetições e não entediar meus leitores.

4 | Definição de Vendas Virtuais e Seus Canais

Antes de prosseguirmos neste livro, e para evitar confusões acerca do termo, vamos parar e definir *vendas virtuais*.

Tradicionalmente, *virtual* é considerado algo inteiramente digital, que acontece online, versus o mundo físico. Embora isso seja verdade para programas de software, experiências online e jogos, essa definição limitada de *virtual, quando aplicada às vendas, é o que causa consternação dentro da comunidade de vendas*.

Quando os vendedores ou líderes ouvem a palavra *virtual* juntamente com a palavra *vendas*, é natural que muitos pensem em "robôs". Eles visualizam a atividade de vendas sem qualquer contato entre humanos. Isso, obviamente, faz com que aqueles que ganham a vida por meio da interação face a face recuem. O presencial é sua zona de conforto e seu conjunto de habilidades. É difícil conceber a possibilidade de vender algo de qualquer outra forma.

A venda virtual significa basicamente potencializar os canais virtuais de comunicação em vez da interação física, face a face. Esses canais incluem:

- Videochamadas.
- Mensagens de vídeo.
- Chamadas telefônicas.
- Chat interativo.
- Mensagens de celular.
- E-mail.
- Mensagens de áudio.
- Redes sociais.
- Mensagens diretas.
- Correios.

Se analisar a lista acima, você perceberá que já está usando alguns desses canais, senão todos. Você já está se engajando em algum nível de atividade virtual de vendas.

Perceberá, ainda, que todas as ferramentas e a tecnologia de que precisa para se engajar nas vendas virtuais — comunicar-se com clientes fixos e potenciais sem estar lá fisicamente — já existem. Além disso, há centenas de plataformas de softwares que facilitam e simplificam o uso desses canais de comunicação tanto individualmente como em conjunto.

Portanto, visto que as ferramentas, a tecnologia e as plataformas já existem e que todos os vendedores estão engajados em algum nível de vendas virtuais, não se trata de um confronto entre as vendas virtuais e as presenciais. A questão não é "revolucionar" a maneira pela qual se vende.

Pelo contrário, é focar precisamente a aplicação de ferramentas de vendas virtuais de modo mais efetivo, para se engajar e se conectar com outros humanos enquanto impulsiona sua produtividade de vendas. Trata-se de ajudar você a melhorar sua comunicação virtual, a interpessoal e suas habilidades de venda ao longo das três principais jornadas do continuum de vendas (veja a Figura 4.1):

Definição de Vendas Virtuais e Seus Canais 21

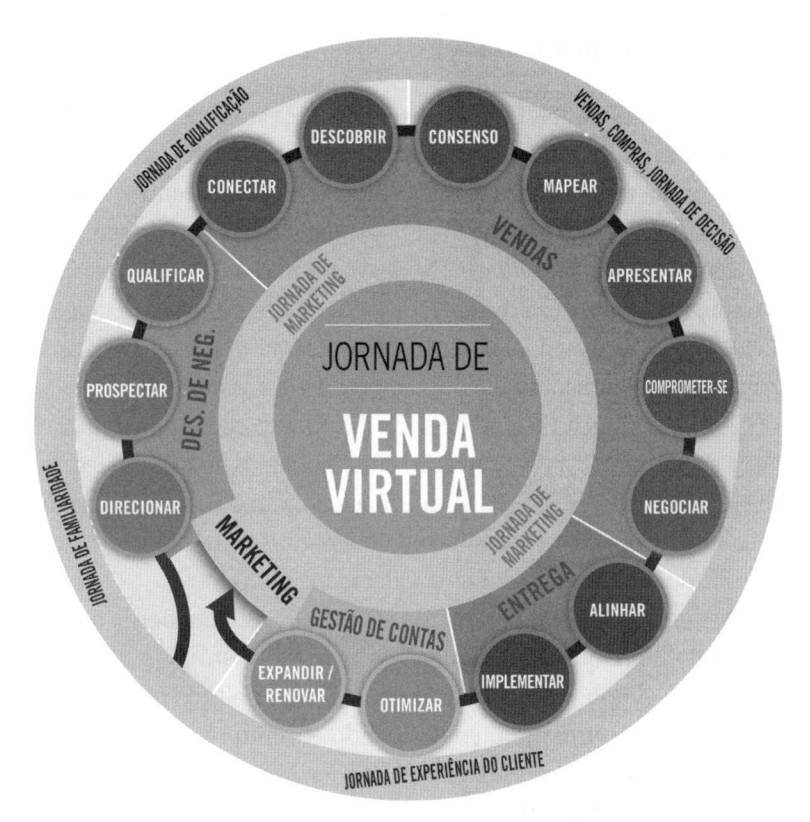

Figura 4.1

1. *Desenvolvimento do negócio:* engajar os potenciais clientes e movimentá-los pelo pipeline (segmentação, qualificação e engajamento).
2. *Vendas:* avançar as oportunidades no pipeline (reuniões iniciais, descoberta, demonstrações, apresentações, negociação e fechamento).
3. *Gerenciamento de conta:* manutenção, expansão e crescimento das contas existentes (trazendo novos clientes, entregando produtos e serviços, up selling, cross selling, desenvolvimento de relacionamentos, adicionar novos produtos e serviços, e manutenção).

De Humano para Humano

Videoconferência, telefone, mensagens de texto e de vídeo, bate-papo ao vivo, plataformas de redes sociais, e-mail e mensagem direta: o que todos esses canais virtuais têm em comum?

Cada um foi desenvolvido por humanos como uma representação da interação física, face a face. Desde os primórdios da autoconsciência humana, somos motivados a desenvolver ferramentas, técnicas, metodologias e tecnologias de comunicação virtual para facilitar a conexão entre humanos quando estamos longe uns dos outros.

A transformação digital do século XXI tem como objetivo derrubar as barreiras da comunicação entre humanos ao mesmo tempo que remove as ineficiências que diminuem o ritmo da comunicação. Atualmente, temos a capacidade de interagir e de nos engajar com pessoas do mundo todo em uma velocidade vertiginosa.

As ferramentas mudaram, mas o que não mudou, desde o despontar da humanidade, foi o anseio humano inato pela conexão emocional. Somos compelidos a interagir com outros humanos.

No mundo virtual, no entanto, tudo é muito rápido, sem desmerecer quanto as vendas virtuais podem ser desafiadoras. São necessários aprendizado constante, e adoção e adaptação a novas tecnologias, ao mesmo tempo que praticamos e aprimoramos as habilidades interpessoais e a inteligência emocional essenciais para desenvolver relacionamentos e influenciar pessoas.

É preciso mudar de mentalidade, aplicar habilidades interpessoais de novas maneiras, aprender sobre como influenciar e persuadir sem a ajuda de alguns de nossos sentidos, movimentar-se em ritmo mais rápido e sair da zona de conforto.

Abordagens de Comunicações de Vendas

Os vendedores virtuais são adeptos da comunicação por meio de uma rede complexa de canais de comunicação interconectados

— síncronos e assíncronos —, muitas vezes ao mesmo tempo. A palavra-chave é interconectado. Não há um caminho melhor. Os canais de comunicação não ficam em silos.

Há duas formas básicas de comunicação virtual que você precisa dominar e aprender a combinar (interconectar) para alcançar a eficiência:

1. *Síncrona (falar com as pessoas)*. Os canais de comunicação são dinâmicos e exigem que ambas as partes estejam disponíveis e se envolvam em uma conversa ao mesmo tempo.
2. *Assíncrona (falar para as pessoas)*. Os canais de comunicação não exigem que ambas as partes estejam disponíveis e se engajem ao mesmo tempo.

Canais Síncronos (Falar com as Pessoas)	Canais Assíncronos (Falar para as Pessoas)
Face a face (não virtual)	E-mail
Videochamadas	Mensagem de vídeo
Ligações telefônicas	Mensagem direta
Bate-papo ao vivo	Mensagem de voz
Mensagens de texto	Postagens e comentários em redes sociais
	Correios

Vivemos em uma época em que o tempo de atenção foi contraído. O mundo moderno se move à velocidade da luz. O sobrecarregamento de informações é o estado de ser da maioria das pessoas.

A atenção ganhou popularidade. Potencializar o máximo de canais possíveis aumenta a probabilidade de você chamar a atenção. Com ela, você poderá ganhar mind share [presença na mente]. E, com isso, wallet share [presença na carteira].

5 | O Vendedor Assíncrono

O profissional de vendas internas que eu estava orientando vinha tendo um baixo desempenho há certo tempo. No ano anterior, em uma equipe com 30 representantes de vendas internas, ele foi um dos melhores e chegou ao Clube do Presidente. Recentemente, no entanto, sua produtividade caiu e ele não se recuperou.

Estávamos sentados frente a frente no canto de uma grande mesa de conferências. Eu fazia perguntas, na tentativa de diagnosticar seu problema de desempenho nos últimos meses — um problema que, apesar das evidências, ele negava que tinha —, a triste ilusão de alguém com baixo desempenho.

Eu lhe pedi que me contasse como era sua rotina diária e que descrevesse o processo de prospecção externa. Recostei-me na cadeira sem conseguir acreditar quando ele me disse que sua metodologia principal de realizar prospecções era enviar diariamente centenas de e-mails em massa para os compradores de seu banco de dados.

Ao perceber a expressão em meu rosto, que dizia "merda, não acredito que acabou de dizer isso", ele defendeu sua prática. "Funciona", argumentou ele, mal podendo esconder o tom defensivo em sua voz. "As pessoas respondem aos meus e-mails, solicitando mais informações."

Antes de interrompê-lo, deixei, por mais alguns minutos, que ele falasse em circunlóquios, justificando por que não estava conversando com as pessoas. "Eric, o negócio é o seguinte. Se você está me dizendo que enviar e-mails é o meio mais eficaz de engajar os compradores e de fechar negócios, então não precisamos de você. Seria muito mais barato conseguir um robô para fazer seu trabalho."

Sua expressão parecia a de um cachorrinho que apanhou com um jornal enrolado porque fez xixi no chão. Mas pude ver que a coisa começou a surtir efeito conforme ele tentava improvisar uma resposta. Ele soltou: "Fiquei realmente ofendido pelo que disse."

"Veja", emendei, "eu é que fiquei ofendido por você estar ganhando um salário de US$75 mil por ano para fazer o que um robô, que custa US$19 por mês, pode fazer melhor que você".

Uma vez que captei sua atenção e que a sacudida que dei nele para sair daquela ilusão funcionou, consegui colocá-lo de volta aos trilhos. Hoje, ele é um líder de vendas. Mas quase foi despedido porque esqueceu que seu trabalho era falar com as pessoas.

Um Robô Pode Fazer Seu Trabalho — Se Você Não Está Fazendo

No mundo digital atual, é fácil evitar falar com as pessoas. É fácil justificar que seus compradores também gostariam de ter que falar com você.

É difícil falar com as pessoas. Precisamos prestar atenção, escutar e adaptar nosso estilo de comunicação. Devemos colocar a outra pessoa no centro de nossa atenção. Isso pode nos deixar vulneráveis e nos expor à rejeição em potencial.

É exatamente por isso que milhares de vendedores mal orientados vêm se iludindo, de modo que acreditam que ficar olhando para uma tela de computador o dia todo, pesquisando, publicando nas redes sociais e usando ferramentas automáticas para enviar, sem qualquer esforço, milhares de e-mails genéricos e mensagens diretas significa vender.

Tal comportamento explica por que tantos departamentos de vendas estão silenciosos como um cemitério. É por isso que tantas equipes e organizações de vendas ficam lamentavelmente para trás em suas previsões e seus planos de negócio. É a transação versus o engajamento. Isso explica por que tantos compradores são deixados às moscas, ansiando por uma interação real entre humanos.

Isso também é um dos principais motivos pelos quais tantas novas empresas de tecnologia estão surgindo, afirmando que podem substituir sua equipe de vendas por um software conduzido por IA. Elas estão certas, em parte. Se tudo o que você faz é enviar e-mails o dia todo, poderá ser substituído. Os robôs não são tão bons em interações complexas e em tempo real, mas são ótimos para enviar e-mails em massa de uma só vez.

Se há algo que aprendemos com a pandemia do coronavírus é que a conexão humana real é importante. E isso não pode ser obtido por meio de um e-mail.

Quanto mais complexa a venda, quanto maior o ciclo de vendas, maiores serão os retornos financeiros, o risco para as partes interessadas e as emoções envolvidas na decisão da compra; portanto, as empresas precisam ainda mais de vendedores inteligentes, criativos, perspicazes, influentes e persuasivos a fim de trazer probabilidades de ganho para o lado da organização. Elas precisam ainda mais que você fale com as pessoas.

Fale com as Pessoas

Sem dúvida, os canais de comunicação assíncronos têm um lugar importante nas vendas virtuais. Eles permitem que você acelere e consiga fazer muitas coisas, comunicando-se com a outra pessoa quando não pode interagir em tempo real e usando a comunicação escrita para garantir clareza e criar familiaridade.

Para fazer prospecção, os canais assíncronos lhe permitem criar sequências de contatos a fim de aumentar a probabilidade de obter uma resposta.

Mas há desvantagens. Os canais assíncronos parecem não ser pessoais. É quase impossível criar relacionamentos reais com as partes interessadas por meio desses canais. Além do mais, a comunicação assíncrona pode resultar em mal-entendidos que podem prejudicar os relacionamentos e sua reputação.

Assino embaixo desta verdade básica de vendas: *quanto mais as pessoas falam com você, mais você vende*. Se sou propagador de algo, é de falar com as pessoas pelo maior número possível de canais, de criar conexões emocionais e de ajudar as pessoas a resolver problemas. Na terra das vendas complexas, em tempo real, a comunicação entre humanos é o segredo para seu sucesso e o de seus clientes.

Os profissionais de vendas são pagos para falar com as pessoas. Simples assim. A boa notícia é que, com as vendas virtuais, está mais fácil do que nunca ter conversas em tempo real com as pessoas, onde quer que elas estejam.

É por meio da comunicação síncrona que sua reputação aumenta como profissional de vendas. Ela o ajuda a ganhar uma compreensão muito mais profunda das motivações, dos desejos, das necessidades, dos medos, das aspirações e dos problemas de cada parte interessada. E permite que você crie conexões emocionais e desenvolva relacionamentos.

6 | Combinação

Quando comecei a trabalhar na área de vendas, lá com meus 20 e poucos anos, foi em um mercado local, em um território atribuído a mim. Dava para ir de carro a todas as minhas reuniões de vendas.

Eu ligava para provedores de serviços e fabricantes locais. A fim de ser eficiente em dar recomendações que atendessem às suas necessidades singulares, precisava passar fisicamente por suas operações. Era a maneira mais efetiva de desenvolver relacionamentos e de estar com a mão na massa, sentindo na pele os problemas enfrentados pelas partes interessadas.

Meu setor também era insanamente competitivo. Como a concorrência era tão acirrada e os produtos, serviços e preços oferecidos por cada empresa eram basicamente os mesmos, o que mais importava era o relacionamento. As pessoas *me* compravam primeiro e, depois, compravam de minha empresa.

Aquelas interações face a face importavam demais, pois era naquele momento que eu desenvolvia a confiança, reduzia o risco, me destacava e deixava meus concorrentes comendo poeira.

Mesmo assim, eu passava muito tempo dirigindo. Levava quatro horas para percorrer todo meu território, de cima para baixo. Esse tempo atrás do volante era, e ainda é, o maior desperdiçador de tempo dos representantes de campo.

Naquela época, assim como atualmente, a maioria dos vendedores de campo preferiam prospectar novos negócios com as próprias pernas — caminhando para bater de porta em porta. Lembro-me de um de meus primeiros gerentes me dizer para "ir e me perder em meu território" e que "não queria me ver no escritório durante o dia".

Percebi rapidamente que essa abordagem — andar de carro pelo território, procurando novas oportunidades de negócios — era idiota. Dirigir não era uma conquista.

Tempo é dinheiro, e caminhar é pagar caro pelo tempo. Assim, aprendi a me esconder do chefe e a usar o telefone para fazer as prospecções (virtuais), de modo que pudesse maximizar meu tempo enquanto fazia a venda face a face (presencial).

A mudança para a prospecção virtual me tornou altamente produtivo. Eu conseguia fazer muito mais prospecções por telefone do que caminhando. Isso tornou meu pipeline robusto, dando-me mais tempo para o ataque.

Embora fazer prospecções presencialmente pudesse ser mais eficaz devido à interação presencial, o simples número de contatos que eu conseguia por telefone, em comparação com fazer isso caminhando, melhorou minha probabilidade estatística de acrescentar mais oportunidades em meu pipeline. Isso me permitia ter mais poder de fogo do que qualquer outro na equipe.

Enquanto a maioria dos meus colegas fechava um negócio por mês, eu estava fechando um por semana. Minhas comissões foram às alturas, e bati todos os recordes de vendas na história da empresa. Foi minha primeira experiência com a *combinação* [blending].

Conecte Seu Processo de Vendas com os Canais de Comunicação

A *combinação* é a estratégia ativa e intencional de potencializar múltiplos canais de comunicação (síncronos e assíncronos) no processo de vendas, para conseguir a probabilidade mais alta de engajar um cliente em potencial, marcar uma visita, avançar para o passo seguinte, fechar a venda, expandir sua conta ou reter clientes.

Todos os líderes e profissionais de vendas deveriam estar focados na combinação neste momento. Você deveria estar conectando ativamente os canais de comunicação com o processo de vendas, com a jornada da compra e com o ciclo de vendas. Até mesmo as equipes que fazem somente vendas internas deveriam reavaliar os canais de comunicação que estão potencializando e a forma como os estão usando, em relação aos passos no processo de vendas.

Veja bem, a venda é uma combinação de arte e ciência. É a arte de influenciar as pessoas para que aceitem seus pedidos. E a ciência de influenciar as pessoas certas, no momento certo, com a mensagem certa e por meio do canal certo, para lhe dar a probabilidade estatística mais alta de fechar o negócio com o menor custo.

Por exemplo: uma empresa poderia implementar uma força-tarefa de vendas de campo a fim de vender assinaturas de software SaaS para empresas pequenas em mercados locais em todo um país. Esses vendedores provavelmente teriam sucesso e uma proporção bruta de vitória muito maior do que a equipe de vendas internas.

Contudo, a organização de vendas de SaaS pode diminuir os custos significativamente, ir mais rápido, fazer contato com muito mais clientes e, mais importante, fazer tudo isso com menos pessoas, por meio do telefone e de reuniões por vídeo. A economia de custo e o puro volume de contatos compensam a probabilidade menor de vitória.

Para a consternação de CFOs em todos os lugares que gerenciam orçamentos de viagens e de entretenimento, há muitos vendedores que pegam um avião, trem ou automóvel num piscar de olhos para visitar um prospecto ou cliente, sem considerar os custos.

O CFO de um de meus clientes, ao ouvir a respeito deste livro, exclamou que compraria um exemplar para cada profissional de vendas de sua empresa — imaginando que conseguiria ter um retorno do seu dinheiro "multiplicado por 100" se conseguisse fazer com que seus vendedores parassem de viajar tanto e usassem as ferramentas de comunicação virtual.

À medida que você avalia de forma objetiva e conecta os canais de comunicação aos estágios do processo de vendas e aos micropassos dentro de cada estágio, responda a estas perguntas, dentre outras:

- Qual canal de comunicação de vendas é mais eficaz e tem o menor custo em cada passo do processo de vendas?
- Quando a comunicação precisa ser presencial?
- Quando você deveria usar vídeo versus telefone?
- Quais são as sequências certas de contatos ao prospectar com base no direcionamento e na segmentação?
- Como você deveria implementar redes sociais, mensagens de vídeo e de texto no processo de vendas?
- Qual é o uso apropriado dos e-mails e das mensagens diretas no processo de vendas?

Ao fazer essa análise e criar um manual de comunicação de vendas, você descobrirá que há momentos em que a comunicação virtual deve ser a primeira escolha e outros em que deveria ser a última. Há instâncias em que o assíncrono faz mais sentido e outras em que apenas atrapalhará seus esforços. Você potencializará combinações diferentes, de acordo com o tamanho da conta, com o produto, o serviço e a equipe de vendas.

Se há uma lição que você deve aprender com este livro, é a seguinte: as vendas virtuais representam uma comunicação de omnicanal [omnichannel]. É combinar seus canais de comunicação com os passos das vendas e os processos de gerenciamento de contas, ou sequenciar os canais durante a prospecção, para lhe dar a probabilidade mais alta de alcançar o resultado desejado com o menor custo.

Faremos um mergulho nas técnicas que potencializam cada canal de comunicação virtual em capítulos posteriores. Porém, primeiramente, vamos analisar algumas habilidades de comunicação virtual entre humanos.

PARTE II
Disciplina Emocional

7 | Os Quatro Níveis de Inteligência de Vendas

A excelência e a perspicácia nas vendas virtuais exigem que você:

- Torne-se adepto da conexão de ideias, dados e padrões discrepantes; e que potencialize tais combinações de informações para oferecer insights e resolver problemas por meio dos canais de comunicação virtual.
- Tenha uma curiosidade insaciável por novas tecnologias, com a coragem para explorá-las e aprendê-las.
- Tenha uma mentalidade do tipo evolua ou morra.
- Esteja disposto a investir na aquisição de novos conhecimentos e habilidades.
- Torne-se um observador perspicaz das nuances do comportamento humano — do seu e dos outros.

- Aprimore a habilidade de perceber, reagir e influenciar as emoções das partes interessadas de forma precisa enquanto avança em direção a um resultado definitivo de vendas tanto na comunicação síncrona como na assíncrona.
- Tenha a disciplina de estar consciente e controlar suas emoções.

Uma combinação da inteligência inata (QI), da inteligência adquirida (QA), da inteligência tecnológica (QT) e da inteligência emocional (QE) *específica para vendas* permite que você combine e equilibre, sem dificuldades, múltiplos canais de comunicação de vendas. Você se tornará mais ágil e flexível. Andará mais rápido e com menos esforço. Causará maior impacto. Você se tornará alguém com quem as pessoas querem fazer negócios.

Esses quatro tipos de inteligência estão intimamente interligados, cada um conectando, afetando e amplificando os outros. Com as vendas virtuais, as pessoas que combinam níveis altos de QI, QA e QT com um nível alto de QE dominam qualquer campo ou disciplina que venham a buscar. Essas pessoas com "altos Qs" estão bem no topo da cadeia alimentar.

- O QI — seu nível de inteligência — é fixo. Está gravado em seu DNA.
- O QA — seu nível de conhecimento — dá relevância a seu QI.
- O QT — a velocidade com que assimila e potencializa a tecnologia para tarefas de baixo valor — lhe fornece mais tempo para os relacionamentos humanos.
- O QE — sua acuidade para lidar com as emoções — amplifica o impacto dos QI, QA e QT, pois permite que você se relacione, responda, influencie e persuada outros seres humanos.

Inteligência Inata (QI)

Seu coeficiente de inteligência é um indicador do quanto você é inteligente. A inteligência inata é um talento que não difere da capacidade atlética. Está gravado em seu DNA. Você nasce ou não com determinado QI. Ele não pode ser alterado. Ou seja, você já tem o maior nível de inteligência que pode alcançar.

É quase impossível combinar e navegar de forma eficaz pela complexidade dos canais de comunicação virtual interconectados se você não tiver certo nível de inteligência. A velocidade e a complexidade das vendas e das comunicações virtuais no mercado moderno estão no domínio da agilidade intelectual. Em uma batalha entre um QI baixo e um QI alto, colocarei meu dinheiro na pessoa com QI alto, não importa quando.

Os profissionais de vendas com um alto nível de inteligência tendem a ser curiosos, a assimilar e a aprender rapidamente novas informações; eles são estratégicos e conseguem enxergar um panorama mais amplo; assim como se mantêm em padrões altos e têm habilidades superiores de raciocínio.

São capazes de ver facilmente as relações entre objetos, ideias ou fatos aparentemente sem qualquer relação e de desenvolver soluções ímpares e originais para problemas provenientes de tais relações. É uma competência crucial em vendas para fazer descobertas, desafiar o status quo e desenvolver soluções e recomendações singulares.

Porém, há um lado sombrio. Como as pessoas com um alto QI tendem a explorar, assimilar e conectar ideias díspares de forma mais rápida e mais racional do que os outros, elas têm a tendência de prejudicar seus relacionamentos das seguintes formas:

- Impulsividade.
- Impaciência.
- Ao desprezar as pessoas.
- Ao não deixar as pessoas falarem.
- Ao não conseguir escutar e ouvir as pessoas.
- Ao não conseguir ter empatia pelos outros.
- Ao sobrecarregar as pessoas com soluções elaboradas para problemas simples.

Esses comportamentos são um enorme calcanhar de Aquiles em um ambiente de vendas virtuais no qual as indicações visuais, que ajudam a guiar e a equilibrar o comportamento em situações presenciais, não estão presentes, ou, quando em videochamadas, são difíceis de discernir, porque não é possível enxergar o panorama completo.

Muitas pessoas extremamente inteligentes fracassam em vendas virtuais porque é necessário ter níveis muito mais altos de paciência e de intuição emocional do que nas vendas presenciais. Vendedores altamente inteligentes que não conseguem dar esse passo geralmente se tornam assíncronos e, mais cedo ou mais tarde, acabam fracassando.

Não há quaisquer dúvidas de que ser inteligente lhe dá uma vantagem competitiva distinta, mas é apenas uma parte de quem você é. A inteligência inata apenas se torna relevante, útil e poderosa quando é combinada com as outras inteligências: adquirida, tecnológica e emocional. Ela é inútil sozinha e deve ser aprimorada e desenvolvida por meio de aprendizado, exercício e experiência.

Em vendas, área em que as emoções, e não a tomada racional de decisões, definem o dia, o QI é apenas uma parte da equação. Para lidar de forma efetiva com os relacionamentos e influenciar as emoções dos outros, você deve aprender a equilibrar e complementar a habilidade inata de inteligência com a inteligência emocional.

Inteligência Adquirida (QA)

Um dia, quando estava fazendo uma apresentação a um cliente, percebi que dois participantes não estavam engajados. O restante do grupo estava participando e cheio de energia. Mas aqueles dois estavam sendo praticamente hostis e atrapalhando a apresentação com seus comentários e observações do tipo: "Isso nunca vai dar certo aqui."

Durante o almoço, perguntei ao líder de vendas se estava acontecendo alguma coisa. Ele me confidenciou que todos estavam animados com o treinamento, exceto por aqueles dois. "Eles acham que sabem tudo", explicou ele. "Os dois são realmente inteligentes, mas escute o que lhe digo, eles precisam desesperadamente deste treinamento, porque estão com dificuldade em bater as metas."

Vendedores que acham que sabem tudo — vejo isso diariamente. Um número grande demais dessas pessoas, a certa altura, apenas para de aprender. É a turminha do "não há nada de novo aqui".

Tal mentalidade é uma sentença de morte nas vendas virtuais modernas. No momento em que para de aprender, você se torna extinto. É crucial desenvolver tanto coragem como curiosidade em buscar novas ideias. É preciso aprender a aplicar os fundamentos comprovados e básicos de vendas aos novos canais de comunicação.

Diferentemente da inteligência inata, é possível aumentar seu QA por meio de estudos, treinamentos, leituras e outras experiências de aprendizado, juntamente com a prática e a experiência de campo. Quer dizer, talvez você não consiga ficar mais inteligente, porém, com estudo e prática, pode ficar muito mais esperto.

Inteligência Tecnológica (QT)

As vendas virtuais exigem que você aprenda e adote novas tecnologias. Como a tecnologia está sempre evoluindo, é necessário estar disposto a evoluir junto com ela. Também é importante assimilar rapidamente as novas tecnologias e dominar a complexidade das vendas virtuais por multicanais para facilitar a comunicação síncrona entre humanos.

No futuro, haverá três tipos de vendedores: aqueles com um QT baixo, os vendedores assíncronos e os que têm um QT alto.

Vendedores com QT baixo

Esses estão desesperançosamente presos em seus caminhos. Estão indispostos ou não conseguem assimilar novas tecnologias. Reclamam que não têm "habilidade com computador" ou que "não são bons em aprender novas tecnologias". Evitam os canais de comunicação virtual porque a tecnologia parece assustadora. Tais vendedores serão deixados para trás e sem emprego.

Vendedores Assíncronos

Esses profissionais de vendas colocam barreiras entre si e os compradores, substituindo o engajamento entre humanos pela tecnologia. Por substituírem a comunicação com as pessoas pela tecnologia, esse grupo de pessoas acabará sendo substituído pela tecnologia.

Vendedores com QT alto

São aqueles que interagem com a tecnologia e a aplicam facilmente em seu cotidiano de vendas. Integram sem dificuldades a inteligência emocional e as habilidades interpessoais com a tecnologia, para expandir sua habilidade de se comunicar e se conectar com clientes fixos e potenciais. Tais vendedores potencializam a tecnologia para remover tarefas triviais, de modo que tenham mais tempo para desenvolver relacionamentos com as pessoas.

Os vendedores com QT alto potencializam a tecnologia por meio dos três As:

- Adoção: tendem a ser os pioneiros em tecnologias novas e inovadoras e as potencializam para ganhar uma vantagem competitiva que é uma divisora de águas.
- Adaptação: adaptam novas tecnologias a seus processos singulares de vendas e potencializam a tecnologia para automatizar tarefas de baixo valor, de modo a ganhar mais

tempo para focar as interações humanas e as estratégias de alto valor.
- Aptidão: assimilam rapidamente a tecnologia em suas vendas diárias, combinando-a com seus processos de vendas e tornando-se aptos e hábeis em usá-la.

Inteligência Emocional EE(QE)

A habilidade de perceber, interpretar da forma correta, reagir e gerenciar efetivamente as próprias emoções e influenciar as emoções dos outros é denominada inteligência emocional.

Em nossa sociedade dominada pela tecnologia, as habilidades interpessoais (reagir e gerenciar as emoções dos outros) e as habilidades intrapessoais (gerenciar as próprias emoções disruptivas) são mais essenciais para o sucesso em vendas do que em qualquer outro momento na história. Essa é uma boa notícia para os vendedores virtuais com um QT alto, pois os compradores estão famintos por interações humanas autênticas.

A inteligência emocional é a chave que abre as portas da excelência nas vendas virtuais. A disciplina emocional, combinada com a empatia e a habilidade de desenvolver e manter conexões emocionais com outras pessoas por meio dos canais de comunicação virtual, é o combustível do foguete no desempenho nas vendas.

O QE em vendas — inteligência emocional específica para vendas — equaliza o investimento em relações interpessoais, acelerando o processo da comunicação, expandindo o número de conexões que podem ser feitas, diminuindo o custo dessas conexões e alcançando seu objetivo principal de avançar as oportunidades em seu pipeline e fechar negócios.

Os profissionais de vendas que potencializam a inteligência emocional específica para vendas conseguem gerenciar facilmente a tecnologia, as emoções, os relacionamentos e os resultados.

8 | As Emoções Importam

Atualmente, estão aparecendo cada vez mais "especialistas" que são rápidos em lhe dizer que o desenvolvimento de relacionamentos é coisa do passado. Eles afirmam que as conexões emocionais não importam.

Esse é o lado sombrio das vendas virtuais. A distância nos ilude a acreditar que é um desperdício de tempo investirmos esforços em conexões humanas.

Tal narrativa falsa e perigosa leva a comportamentos assíncronos de vendas. É apelativa aos vendedores que se sentem vulneráveis em desenvolver conexões humanas e aos vendedores que se concentram em conseguir o máximo que puderem dos compradores, o mais rápido que der e com a menor quantidade possível de interação humana.

As pessoas que lhe dizem isso, no entanto, não poderiam estar mais erradas. E estão erradas porque a ciência nos diz isso.[1] Embora possamos ter certeza de que fazemos escolhas com base na lógica racional, em nossos melhores interesses ou em fatos organizados, a ciência diz que não é bem assim que acontece na maioria das vezes.

Dos impulsos de compras complexos aos puramente transacionais, as emoções conduzem as decisões de compra. A ciência apresenta estudos após estudos que demonstram a influência que as emoções exercem nas escolhas que fazemos.

A emoção explica por que executivos bem instruídos tomam decisões que valem milhares de dólares com implicações gigantescas para suas empresas, pois *sentem* que uma equipe de vendas se importa mais com eles do que outra. Apesar de terem todas as ferramentas, as informações e os dados na ponta dos dedos, em nosso mundo virtual, conectado por meio da tecnologia, os compradores continuam a tomar decisões irracionais.

Estou dizendo que os atributos, a qualidade, as especificações, as opções de entrega do produto e a velocidade, o serviço, a tecnologia, a localização, o preço e outros atributos tangíveis de sua oferta não importam? É claro que não. Essas coisas importam, com certeza. São todos pilares para alcançar seu objetivo. Uma deficiência em uma dessas áreas pode eliminá-lo antes mesmo de começar.

Vender é humano. Comprar, também. Ambas as realizações estão entrelaçadas no imperfeito tecido das emoções humanas. Não importa o que vende, como vende, seu ciclo de vendas ou a complexidade dos processos de venda, as emoções desempenham um papel primordial nos resultados de suas conversas, interações e negócios de vendas.

É por isso que as emoções importam. A influência importa. Os relacionamentos e as conexões interpessoais importam. É isso que justifica por que as vendas virtuais, passando pela lente das emoções humanas, são importantes.

Cada vez que você (e os membros de sua equipe de vendas) interage com as partes interessadas por meio de um canal virtual, está criando uma experiência emocional que elas sentem e da qual se lembram.

As experiências emocionais das partes interessadas, enquanto estão trabalhando com você, são um fator preditivo mais consistente do resultado do que qualquer outra variável. Isso se dá porque, como humanos, sentimos primeiro e pensamos depois.

Há uma máxima muito usada: *as pessoas se esquecerão do que você disse e do que fez, mas nunca se esquecerão de como você as fez sentir.*

As Pessoas Compram Você

As pessoas compram primeiramente você (emoção) e, depois, seu produto ou serviço (lógica). Elas compram aquilo que sentem a seu respeito e o que está vendendo, antes de comprarem o que seu produto entrega. Isso nos leva de volta à importância da comunicação síncrona entre humanos.

Em vendas, perceber, interpretar e reagir às próprias emoções e às emoções das partes interessadas são recursos cruciais. Para ser eficiente, você deve aprender a gerenciar suas emoções disruptivas, de modo a reagir adequadamente e influenciar as emoções das partes interessadas, que estão dentro da sistemática de vendas lógica e linear e dos processos de compra.

Os profissionais de vendas mais exitosos são exímios em lidar com as pessoas. Eles trazem a probabilidade de vitória para seu lado por meio da percepção, do controle, da gestão e da influência das emoções humanas não conformes e irracionais. Têm uma caixa de ferramentas repleta de estruturas de influência, juntamente com a agilidade de aplicá-las em qualquer situação para aumentar a probabilidade de obter o resultado desejado.

A emoção é a cola que junta todos os elementos díspares da equação de vendas e tecnologia de vendas virtuais. É a habilidade de potencializar a tecnologia e a emoção para criar a maior chance estatística de vencer que separa os vendedores com um desempenho ultra-alto de todos os demais.

Como profissional de vendas, entender como as emoções dominam e conduzem as decisões de compras é fundamental para dominar as vendas virtuais, pois, nesse caso, você deve ser melhor do que é presencialmente, a fim de influenciar as pessoas do mesmo modo.

Quando tudo é igual — e, no mercado atual, raramente há grandes espaços ou diferenças entre os concorrentes (pelo menos sob a perspectiva do cliente em potencial) —, sua habilidade em influenciar as emoções das partes interessadas, ao mesmo tempo que regula suas próprias emoções disruptivas, conforme avança os negócios no pipeline de vendas, lhe fornece uma vantagem competitiva distinta.

9 | Confiança Calma e Assertiva

Em conversas para realizar uma venda, a pessoa que demonstra maior controle emocional tem a maior probabilidade de obter o resultado desejado. Nessas conversas, seu estado emocional mais poderoso é aquele que demonstra uma confiança calma e assertiva.

Nada atrai mais as partes interessadas em sua direção, fazendo com que você seja mais crível e com que essas pessoas confiem e tenham fé em você, do que uma confiança calma e assertiva. Quando você harmoniza esse estado emocional com uma estratégia racional para combinar canais de comunicação e excelência em todo o processo de vendas, você definitivamente traz a probabilidade de vitória para seu lado.

As partes interessadas estão sempre analisando-o de forma subconsciente, em busca de indicações sobre seu estado emocional e seu nível de confiança. Porém, quando a comunicação acontece de modo virtual, as pessoas o colocam sob um microscópio especialmente poderoso.

Elas observam suas expressões faciais, sua linguagem corporal, o tom e a inflexão de sua voz e as palavras que você usa. Interpretam essas indicações e alteram a percepção que têm de você com base em como seu comportamento as faz se sentirem. Muito embora não esteja lá presencialmente, você ainda transfere suas emoções às pessoas. Isso é conhecido como o contágio emocional.

Passei uma grande parte de minha vida perto de cavalos. Esses animais têm uma habilidade inata de perceber a hesitação e o medo. Eles testam os novos cavaleiros e se aproveitam deles no momento em que sentem que a pessoa está com medo ou que lhe falta confiança. Os cavalos têm uma vantagem de peso e tamanho na proporção de 10:1 sobre uma pessoa média. Caso o animal não acredite que você esteja no comando, ele pode derrubá-lo, e é isso que fará. As partes interessadas não são diferentes. Suas emoções influenciam as emoções delas.

Ao abordar as reuniões virtuais de vendas (e os cavalos) com uma confiança calma e assertiva, as partes interessadas reagirão do mesmo modo. Elas virão para seu lado, se engajarão e respeitarão suas posições. Estarão mais dispostas a confiar em você, a se abrir e ser transparentes, a se engajar, colaborar e fazer microcomprometimentos que lhe farão avançar para o passo seguinte.

10 | Vulnerabilidade Profunda

Passei três capítulos falando sobre emoções, em vez de como fazer uma videochamada, uma ligação telefônica, como enviar uma mensagem, um e-mail, uma mensagem direta ou como conduzir um bate-papo online. Espero que a maioria das pessoas lendo este livro esteja buscando respostas sobre "como fazer", em vez de um sermão sobre a disciplina emocional.

Então, por que coloquei tal discussão logo no início deste livro? O motivo é simples. Voltemos à afirmação que fiz no Capítulo 7 (e sobre a qual eu vinha dando indicações desde o Capítulo 1). Vou parafraseá-la:

Se você fracassar ao adotar e assimilar rapidamente as vendas virtuais de omnicanal no desenvolvimento de seu negócio, em suas vendas e no gerenciamento dos processos de sua conta, ficará extinto ou será substituído por um robô. Esse é um fato brutal e absoluto.

Contudo, observo quase que diariamente como profissionais de vendas, outrora competentes, são levados a extremos emocionais quando se veem forçados a usar plataformas de vendas virtuais, especialmente em situações que precisam fazer videochamadas, ligações telefônicas e bate-papos online interativos.

Observei vendedores veteranos se fecharem completamente quando foram solicitados a interagir com os e clientes fixos e potenciais em bate-papos online reativos e proativos. Vi profissionais de vendas que podem comandar qualquer recinto quando nele adentram tremerem de medo quando se viram diante de videochamadas. Pelo menos 50% do trabalho que realizamos na Sales Gravy concentra-se em conseguirmos fazer com que os vendedores (internos e externos) usem o telefone.

Portanto, sim, posso ensiná-lo COMO usar as plataformas de comunicação virtual, porém, não posso fazê-lo superar seu medo ou suas inibições emocionais que o impedem de usá-las. Apenas você tem o poder de dominar as emoções disruptivas que destroem sua confiança com as vendas virtuais.

Vulnerabilidade

A verdade é que os canais de vendas virtuais síncronos fazem com que a maioria das pessoas se sinta desconfortável e vulnerável, e é por isso que elas preferem a comunicação assíncrona:

- Quando você está ligando para estranhos invisíveis nas chamadas de prospecção por telefone, tudo em seu corpo e sua mente grita pare.
- Quando você está no bate-papo, teme dizer algo errado e travar.
- Poucas são as pessoas que não sentem a onda instantânea de insegurança no momento em que dirigem seus olhos para a lente de uma câmera ou webcam.

Interagir com as pessoas por meio de seus canais síncronos de comunicação virtual exige que você se entregue totalmente e que esteja vulnerável. É um risco emocional sem qualquer garantia de que sua abordagem será aceita ou apreciada pela outra pessoa.

Lá no fundo, em sua mente, há sempre uma vozinha alertando-o de que você comerá palavras, parecerá um tolo diante da câmera, será mal entendido pelo telefone, de que as pessoas acharão graça e você estragará tudo. Isso pode fazer com que você fique nervoso, sinta-se e aja de forma insegura.

Você começa a focar a atenção no que pode dar errado, e não no que pode dar certo. Nas videochamadas, tal nervosismo torna muito mais provável que, por estar com pressa, você clique no link ou pressione o botão errado e dê início a um problema técnico. É muito mais provável que, se algo der errado, você trave.

Nas plataformas de vendas virtuais, você hesita, fica hipercrítico e se pune por pequenos erros que ninguém mais percebe. Então, diante desse estado de insegurança, volta para um canal de comunicação que faz você se sentir mais confortável — geralmente o presencial, para representantes de campo, e o e-mail ou as redes sociais para os representantes internos.

A vulnerabilidade, de acordo com a Dra. Brene Brown, autora de *Power of Vulnerability* [O Poder da Vulnerabilidade, em tradução livre], é criada perante a presença da incerteza, do risco e da exposição emocional. Tal vulnerabilidade evoca os medos humanos mais profundos e sombrios: *ser rejeitado, ostracizado, criticado ou envergonhar-se na frente dos outros.*

A rejeição é um desmotivador doloroso. É o princípio do medo profundamente arraigado. A antecipação do fato de ser rejeitado gera preocupação, dúvida, estresse e hesitação. O medo e a esquiva da dor emocional causada pela rejeição é o motivo pelo qual os vendedores se tornam assíncronos. Isso lhes permite evitar totalmente a rejeição.

Tais medos são o motivo principal pelo qual os profissionais de vendas fracassam ao adotar e dominar os canais de comunicação virtual.

Como muitas pessoas, você pode desejar não ter que utilizá-los. Pode querer que os possíveis clientes sejam sempre legais e nunca o rejeitem, ou desejar poder voltar aos bons e velhos tempos e fazer com que isso se torne mais fácil. Contudo, para ser bem-sucedido no admirável mundo novo dominado pelas vendas virtuais, você terá que largar seu osso da sorte e desenvolver uma sólida espinha dorsal.

Desenvolvendo o Autocontrole Emocional

Como já aprendeu, o fator preditivo mais consistente do resultado é a experiência que as partes interessadas têm ao trabalhar com você. Se não tem confiança em si mesmo, a tendência é que elas também não tenham.

Contudo, com uma postura calma e assertiva, você ganha o poder de influenciar as emoções das outras pessoas. Por esse motivo, é necessário desenvolver e praticar técnicas para criar e demonstrar uma confiança tranquila, mesmo quando sente o contrário. Ainda que esteja tremendo na base durante as chamadas de vendas virtuais e precise fingir, você deve transparecer calma e equilíbrio.

As emoções disruptivas produzem comportamentos disruptivos que obscurecem o foco, embaçam a percepção situacional, causam tomadas de decisão irracionais, levam a maus julgamentos e destroem a confiança.

Para dominar as vendas virtuais, é necessário, primeiramente, aprender a dominar e estar acima das emoções disruptivas do medo, da preocupação, da dúvida e da insegurança. Será preciso estar acima de sua necessidade egoísta de sempre estar bem e de nunca ser pego cometendo um erro.

Você Controla Apenas Três Coisas

Você tem uma escolha. Tornar-se extinto, ser substituído por um robô ou aprender a controlar suas reações emocionais, ganhar confiança e começar a potencializar os canais de vendas virtuais. Hoje em dia, se quiser ter sucesso nas vendas, você deve dominar uma abordagem de comunicação de omnicanal. Não há como fugir disso.

Superar as emoções que causam disrupção na confiança quando usa os canais de comunicação síncronos está entre os desafios mais formidáveis para os profissionais de vendas. É natural sentir-se intimidado e inseguro. É natural duvidar de si mesmo, e querer voltar aos canais de comunicação dos quais você sente que tem o controle. Porém, a verdade é que você pode controlar apenas três coisas:

1. Suas ações.
2. Suas reações.
3. Sua mentalidade.

É isso — e nada mais. Você pode escolher: aprender a nova tecnologia; tentar se recompor após cometer um erro e começar novamente; sua atitude e seus diálogos internos; e a percepção em vez da ilusão. E, em situações emocionalmente tensas, você terá o controle absoluto de sua reação.

Autopercepção

Dominar suas emoções começa quando você percebe que a emoção está acontecendo, o que permite que sua mente racional assuma o controle, entenda a situação, domine-a e escolha seu comportamento e sua reação. A percepção é a escolha intencional e deliberada de monitorar, avaliar e modular suas emoções, para que suas reações emotivas às pessoas e ao ambiente ao seu redor sejam congruentes com suas intenções e seus objetivos.

A autopercepção abre as portas para o autocontrole. Há uma grande diferença entre experienciar emoções e ser pego de surpresa por elas. A percepção lhe permite ganhar o controle racional de suas emoções e escolher suas ações adequadamente.

Ao se tornar consciente de que a emoção está acontecendo, o autocontrole permite que você gerencie seu comportamento externo, a despeito da explosão de emoções que podem estar em erupção sob a superfície. Como um pato na água, você aparenta estar calmo e tranquilo por fora, muito embora esteja se movimentando freneticamente logo abaixo da superfície.

Imunidade aos Obstáculos

A autopercepção e o autocontrole são como os músculos. Quanto mais você os exercita, mais fortes ficam. E a melhor maneira de exercitá-los é enfrentar a adversidade, os desafios e os obstáculos emocionais. Ou seja, praticar.

Durante a 2ª Guerra Mundial, Lawrence Holt, que era dono de uma linha de navios mercantis na Grã-Bretanha, observou algo que deu início a um movimento. Seus navios estavam sendo alvos de torpedos dos U-boats alemães. Estranhamente, os sobreviventes de tais ataques eram principalmente os velhos navegadores, e não os mais jovens e mais fisicamente preparados.

O fenômeno levou Holt a buscar Kurt Hahn, um educador que fora preso pelos nazistas antes da guerra por ter criticado Hitler. Holt conseguiu que Hahn o ajudasse a entender por que os membros mais jovens, fortes e fisicamente preparados de sua tripulação morriam com uma frequência alarmantemente mais alta após os ataques.

O que Holt e Hahn vieram a concluir foi que a diferença entre os dois grupos resumia-se à resiliência emocional, à autoconfiança e à força interna. Muito embora os mais jovens tivessem força física e agilidade superiores, foi a resiliência emocional para suportar os extenuantes obstáculos emocionais que ajudou os navegadores mais velhos e experientes a sobreviver.

Holt ficou famoso por dizer: "Prefiro confiar o lançamento de um bote salva-vidas no meio do Atlântico a um navegador experiente octogenário do que a um jovem técnico que está completamente treinado nos moldes modernos, mas que nunca sentiu a água salgada no rosto."

Essas descobertas levaram Holt e Hahn a fundar a Outward Bound, uma organização que, desde então, vem ajudando as pessoas a desenvolver força mental, confiança, tenacidade, perseverança, resiliência e imunidade aos obstáculos, ao imergi-las em condições difíceis.

As Corridas Espartanas e os treinamentos militares de Joe De Sena foram criados exatamente pelo mesmo motivo — desenvolver imunidade aos obstáculos. As pessoas são colocadas perante testes de força de vontade desafiadores e dolorosos. Por meio da adversidade e do sofrimento, os participantes aprendem a mudar seu estado mental e a ganhar controle sobre as emoções disruptivas.

Você desenvolve seu "músculo da disciplina emocional" quando se coloca, repetidas vezes, em uma posição na qual experiencia um obstáculo percebido, como engajar os possíveis clientes em videochamadas, e as emoções daí provenientes.

Quando você começa a intencionalmente enfrentar seus medos em situações de vendas desconfortáveis emocionalmente, aprende a causar uma disrupção e a neutralizar a ansiedade que surge logo antes do obstáculo. Você começa a dominar suas emoções.

Quanto mais fizer isso, e se o fizer frequentemente, maior será seu autocontrole e mais fácil se tornará. Em pouco tempo, as vendas virtuais em omnicanais se tornarão uma rotina. Você ganhará um sentimento de domínio e confiança. Isso leva a uma autoestima maior e a um aumento de sua eficácia por meio das vendas virtuais.

PARTE III
Videochamadas de Vendas

11 | Videochamadas: O Mais Próximo de Estar Presente

Presencialmente, fica muito mais fácil desenvolver relacionamentos, resolver problemas, colaborar, passar pelo processo de vendas, conhecer todas as partes interessadas e fechar o negócio. É por isso que os profissionais de vendas passam tanto tempo em aviões, trens e automóveis, viajando para visitar seus clientes fixos e em potencial.

Se não puder estar lá presencialmente, ou se uma reunião de vendas face a face não for prática ou não tiver viabilidade de custos, a segunda melhor opção é a videochamada. De acordo com um estudo da Forbes Insight, 62% dos executivos disseram que as videochamadas melhoraram a comunicação em comparação com o telefone.[1] É a representação mais próxima da interação presencial e o motivo pelo qual pessoas inteligentes sonhavam com as videochamadas desde meados do século XIX.

Como você já aprendeu, pelo menos metade de nossa capacidade cerebral está dedicada aos nossos olhos. A principal forma pela qual interpretamos o mundo ao nosso redor é por meio dos estímulos visuais. É exatamente por isso que as videochamadas são um canal poderoso e eficaz de comunicação para as vendas virtuais, quando a conexão entre humanos é a mais importante.

O vídeo é muito mais pessoal do que qualquer outra forma de comunicação virtual. Parece mais humano. Nas videochamadas, podemos observar as expressões faciais e a linguagem corporal, e captar as nuances emocionais. Assim como nas reuniões presenciais, é possível usar essas informações para ajustar rapidamente nossa abordagem com base em tais reações.

O vídeo faz você parecer mais humano do que o telefone. Como as pessoas podem vê-lo, as conexões emocionais, os relacionamentos e a confiança são estabelecidos mais rapidamente. Esse é o motivo pelo qual as videochamadas são o canal mais poderoso e eficaz das vendas virtuais.

O Vídeo É Subutilizado pelos Profissionais de Vendas

As reuniões de vendas por videochamada são fáceis, convenientes e viáveis em relação ao custo. Atualmente, podemos realizar uma videochamada em qualquer dispositivo, a qualquer momento, de qualquer lugar, a partir de uma lista crescente de plataformas, aplicativos e ferramentas de mensagens.

Do mesmo modo, é possível gravar mensagens de vídeo para os clientes fixos e em potencial que o ajudam a abrir oportunidades, manter o *top of mind* entre as reuniões, avançar as oportunidades no pipeline e nutrir relacionamentos (analisaremos as mensagens de vídeo no Capítulo 18).

Contudo, as videochamadas e as mensagens de vídeo são subutilizadas pelos profissionais de vendas por diversos motivos:

- Os vendedores predefinem o presencial antes de considerarem que uma videochamada pode ter a mesma efetividade e ser mais eficiente.
- Os vendedores predefinem o telefone em vez de considerarem que uma videochamada pode ser muito mais eficaz.
- As partes interessadas não foram explicitamente convidadas a participar de reuniões por videochamada.
- Falta treinamento sobre como conduzir reuniões altamente eficazes por videochamada.
- A tecnologia e os equipamentos deixam as pessoas desconfortáveis.
- Aparecer em vídeo deixa as pessoas nervosas ou ansiosas.

A Sales Gravy tem uma empresa afiliada chamada *Knowledge Studios*. Essa organização colabora com organizações comerciais e governamentais para projetar e criar conteúdos de aprendizado online. Ao trabalhar com os clientes, geralmente gravamos uma entrevista com seus líderes, a fim de incluirmos esse material ao longo do curso. Observei como os executivos mais confiantes, altamente poderosos e que comandam facilmente qualquer ambiente perderam a habilidade de falar no momento em que colocamos uma câmera na sua frente.

Sempre fazemos uma pesquisa com os participantes de nossos Bootcamps de Vendas Virtuais a respeito de seus maiores desafios. O primeiro, com ampla margem, é "sentir-se desconfortável perante uma câmera". Esse medo autoconsciente de aparecer em vídeo é real e impede muito mais vendedores de aproveitarem o vídeo do que qualquer outra questão. Em uma pesquisa recente, 59% das pessoas disseram que se sentem menos atrativas em vídeo do que na vida real, e 48% delas mostraram estar mais preocupadas com a sua aparência do que com a sua preparação para a reunião.[2]

Entendo isso, pois já estive na situação delas e experimentei o mesmo medo. Você não acreditaria nisso hoje, pois estou em vídeos o tempo todo. Há mais de 500 vídeos em meu canal do YouTube, https://youtube.com/salesgravy [conteúdo em inglês].

No entanto, houve uma época em que eu ficava aterrorizado por aparecer em vídeo. Estava autoconsciente, era autocrítico e perfeccionista a ponto de planejar, planejar e planejar mais um pouco como gravar os vídeos, mas nunca passava disso. Muito embora eu conseguisse estar perante 20 mil pessoas e ser o principal palestrante, parecia um completo idiota ao falar para uma câmera. Odiava os vídeos.

Percebi, porém, que meu medo da câmera estava me segurando, e à minha empresa toda também. Então, resolvi fazer um desafio. Comecei a agir, simplesmente. Eu configurava meu telefone e gravava um vídeo, depois me forçava a publicá-lo na internet. Comecei a mostrar meu rosto em webinars e apresentações em vez de ficar escondido atrás de slides. Estabeleci um objetivo de criar um novo vídeo todos os dias, geralmente em lugares cheios de pessoas, como aeroportos, para me forçar a abrir mão do medo do possível julgamento de outras pessoas.

Houve alguns momentos incrivelmente constrangedores, como na ocasião em que fiz um webinar com mais de 2 mil pessoas. Eu estava tão nervoso que não percebi que as pessoas conseguiam ver apenas metade do meu rosto. Eu parecia um Muppet. Fiquei tão envergonhado que achei que morreria. Lembro-me de ter dito que nunca faria aquilo novamente. No entanto, forcei-me a enfrentar o medo e continuar.

Fiz incontáveis vídeos ruins. Áudios ruins. Iluminação e enquadramento terríveis. Porém, com o passar do tempo, quanto mais fazia isso, assim como todas as coisas na vida, melhor eu ficava.

Desenvolvi imunidade ao meu medo da câmera. Minha confiança aumentou. Aprendi a falar com a câmera como se ela fosse uma pessoa à minha frente. Passei a me sentir confortável com o equipamento e a tecnologia do vídeo. Ao longo do caminho, a qualidade de meus vídeos e de minhas videochamadas aumentou drasticamente.

Dominar os vídeos deu a mim e à minha empresa um enorme avanço competitivo e permitiu que ficássemos mais ágeis. Conseguimos nos conectar com clientes e com fãs do mundo todo. Ficamos tão bons na produção de vídeos que a Sales Gravy determinou o padrão de como os treinamentos virtuais devem acontecer.

Se você tem medo ou fica desconfortável diante do vídeo, prometo que pode aprender a dominá-lo. Sei que é verdade porque vi muitas outras pessoas fazerem isso. Não há uma saída mágica, no entanto. Você deve tomar a decisão de enfrentar esse obstáculo uma vez após a outra. É necessário que permita se sentir envergonhado e cometer erros, até que a câmera se torne sua amiga.

Recursos Gratuitos: Desenvolvi um Manual de Vendas por Vídeo (Video Selling Playbook) como um recurso extra a este livro. Farei várias referências a ele nos próximos capítulos. Com a compra deste livro, você ganha 12 meses de acesso. Para acessar os recursos gratuitos, visite https://www.salesgravy.com/vskit e use o código **VSKIT2112RX** na finalização. (Não é necessário informar seu cartão de crédito ou fazer qualquer tipo de pagamento.) [Conteúdo em inglês.]

12 | Introduzindo as Videochamadas no Processo de Vendas e de Gestão de Contas

Nas vendas modernas, a velocidade importa. Canais como e-mail, mensagens de texto, mensagens diretas e telefone podem ajudá-lo a ir mais rápido. No entanto, muito frequentemente, a velocidade é priorizada em detrimento da conexão humana. Quando esses canais são usados em exagero, podem deixar você e as partes interessadas sentindo-se emocionalmente desconectados.

A confiança não é desenvolvida por meio de mensagens de texto ou de e-mails. É criada mais efetivamente por meio das conexões presenciais. Como as partes interessadas conseguem ver suas expressões faciais e linguagem corporal, suas palavras transmitem mais credibilidade. As videochamadas abrem as portas para relacionamentos, conexões emocionais e confiança mais profundos.

Combinar as videochamadas com seus processos de vendas e de gestão de contas o ajuda a se tornar mais ágil e produtivo. Isso aumenta a velocidade do pipeline.

Reuniões Iniciais

Um dos pontos mais eficazes no processo de vendas para potencializar as videochamadas é a reunião inicial. O primeiro passo no processo de vendas é a reunião que você (ou seu representante de desenvolvimento de vendas) marca durante a prospecção ativa ou em uma ligação passiva.

Há três objetivos por trás das reuniões iniciais de vendas (que geralmente são o primeiro passo no processo de descoberta):

1. Causar uma ótima primeira impressão e desenvolver uma conexão emocional inicial com a(s) parte(s) interessada(s).
2. Qualificar totalmente a oportunidade para decidir se faz sentido dar o próximo passo com o possível cliente.
3. Gerar interesse suficiente com a(s) parte(s) interessada(s) para motivá-la(s) a avançar para o próximo passo no processo de vendas.

Uma reunião inicial eficaz deve durar cerca de 30 minutos e não deve ultrapassar 60 minutos. Seu principal objetivo é fechar uma próxima reunião — descoberta, demonstração ou apresentação com base na complexidade e na duração de seu ciclo de vendas.

Nos casos em que a oportunidade não está adequada, em que a parte interessada não tem a habilidade de comprar ou quando não é o momento certo, é preferível dar um passo atrás. Às vezes, as partes interessadas não têm interesse suficiente para irem adiante e não marcam outra reunião com você. Uma boa regra prática, respaldada em minha experiência pessoal, é desqualificar entre 30% e 50% dos possíveis clientes na reunião inicial e não ir em frente, não dar o próximo passo.

Por exemplo: se você conduzir dez reuniões iniciais ao longo de uma semana, cerca de metade delas avançará para o passo seguinte. Dependendo de sua taxa de fechamento, uma ou duas dessa metade darão certo. Obviamente, alguns vendedores iludidos enviam propostas para todos os clientes em potencial, independentemente de quantas confirmações tiveram na lista de qualificação. Mas esse é um terrível esgotamento de produtividade e um desperdício de recursos. Não é possível ser bem-sucedido e estar iludido ao mesmo tempo.

Para um representante de campo, dez reuniões iniciais de boa qualidade por semana é praticamente o máximo que ele consegue fazer para ainda ter tempo para as prospecções, a descoberta, as ligações, as demonstrações, as apresentações, as instalações, a gestão da conta e o trabalho administrativo. Simplesmente não há tempo suficiente para mais nada.

Isso é... a menos que ele corte todo o tempo atrás do volante e mude as reuniões iniciais de presenciais para vídeo. Há diversos benefícios para conduzir as reuniões iniciais por meio de videochamadas:

- Você aumentará o número de reuniões iniciais que pode conduzir por semana, o que, por sua vez, aumentará o número de novas oportunidades que avançam em seu pipeline — e que, novamente, aumenta o número de negócios fechados.
- Visto que as videochamadas tendem a ser mais curtas do que as reuniões presenciais e que o tempo de deslocamento é eliminado, você se tornará imediatamente mais eficiente.
- As objeções de prospecção são reduzidas. Mais possíveis clientes concordarão em se reunir com você, pois uma videochamada curta (para decidir se faz sentido trabalharem juntos) é mais fácil para eles consumirem, diminuindo o risco de desperdiçarem tempo com você.
- Os custos de viagens são reduzidos.

Para muitos vendedores de campo, a ideia de conduzir as reuniões iniciais por vídeo parece algo inimaginável. Da mesma forma, há executivos de contas de vendas internas que estremecem só de pensar em transferir suas reuniões iniciais de uma simples chamada telefônica para uma videochamada.

A impressão que quero causar no profissional de vendas de campo é que, muito embora saibamos que uma reunião presencial seja mais eficaz, a eficiência obtida pela mudança das reuniões iniciais para videochamadas mais do que compensa não estar lá face a face. Você poderá se encontrar e qualificar mais possíveis clientes, resultando em um pipeline maior e em mais vendas.

Para o executivo de contas de vendas internas, você descobrirá que, mesmo que a videochamada seja um pouquinho mais longa, o que pode reduzir potencialmente o número de reuniões iniciais que pode realizar, as conexões, a credibilidade e a confiança que desenvolve por meio do vídeo resultará em uma taxa maior de participação nos próximos passos e em uma taxa maior de conversão geral.

Descoberta

A descoberta é o passo mais importante no processo de vendas, e é onde você deve gastar 80% ou mais de seu tempo. É o segredo para criar seu caso de negócio e aumentar sua confiança.

Dependendo da complexidade do negócio, a descoberta pode durar alguns minutos ou vários meses, exigindo reuniões com uma vasta gama de partes interessadas.

A descoberta é um trabalho pesado. Pode ser lenta e consumir muito tempo. Além de exigir intenção, estratégia e planejamento. Você deve fazer perguntas abertas, demonstrar um interesse sincero e ouvir.

Um dos principais motivos pelos quais tantos vendedores têm dificuldades para fechar mais negócios é que sua descoberta é fraca e inadequada. É muito mais fácil passar rapidamente por algumas perguntas fechadas, de autointeresse, com uma única parte interessada, enviar um e-mail com uma proposta e esperar pelo melhor do que reservar um tempo para realmente compreender o que é importante para suas partes interessadas.

Durante a descoberta, você deve ser paciente, estratégico e metódico. O objetivo é potencializar as perguntas estratégicas, engenhosas e provocativas para:

- Criar a autopercepção que faz com que as partes interessadas percebam que há uma necessidade de mudança.
- Desafiar o status quo e tirar as partes interessadas de suas zonas de conforto.
- Eliminar as alternativas percebidas para fazer negócios com você.

A descoberta bem-feita permite, ainda, que você tenha uma expansão em todos os sentidos, desenvolvendo relacionamentos com múltiplas partes interessadas. Quanto mais descobertas fizer, mais pessoas conhecer, mais perguntas fizer e mais partes interessadas confiarem em você e se tornarem seus defensores, mais forte e competitiva será sua posição e maiores serão as probabilidades de fechar a venda.

Na fase de descoberta, no processo de vendas, sobretudo em negócios complexos, há situações em que você definitivamente deve estar lá presencialmente. É necessário enxergar todo o panorama, envolver-se com o problema, avaliar onde seu concorrente está errando e enxergar coisas que uma câmera de vídeo não consegue capturar, de modo que possa desenvolver soluções singulares. Em negócios complexos, de alto valor e risco, quando puder estar presencialmente para a descoberta, é o que deve fazer.

No entanto, a descoberta presencial nem sempre é prática ou eficiente com relação a custos. Caso esteja nas vendas internas, a descoberta presencial, face a face, talvez nunca seja possível.

Se tiver um processo de descoberta com vários passos, para uma vasta gama de partes interessadas, que estão em diversas localidades, o custo tanto de tempo quanto de dinheiro pode ser alto e arriscado demais. É aqui que o vídeo se torna uma ferramenta poderosa.

A descoberta por vídeo lhe permite conhecer mais partes interessadas e fazer mais perguntas. Em alguns casos, é possível, inclusive, pedir a elas que usem seus dispositivos móveis para lhe mostrar o estabelecimento, a fim de dar uma olhada mais de perto. Com as videochamadas de descoberta, você pode ser muito mais ágil e diminuir o processo de vendas.

Um dos melhores recursos das videochamadas de descoberta é que, em plataformas como o Zoom, é possível gravar a conversa e obter uma transcrição. Considero isso inestimável quando estou criando propostas. Consigo voltar e acessar a gravação e as transcrições para pegar qualquer coisa que eu possa ter perdido ou compreendido mal. Isso já me salvou mais de uma vez.

Para os profissionais de vendas internas que estão acostumados a trabalhar exclusivamente por telefone, as videochamadas de descoberta ajudam a desenvolver conexões mais profundas e a obter um panorama muito maior sobre os problemas de seu prospecto. Talvez tome um pouquinho mais de tempo para fazer a descoberta dessa maneira. Contudo, as conexões e os relacionamentos criados terão um impacto significativo e positivo em sua taxa de fechamento.

Minha equipe conduziu, recentemente, videochamadas de descoberta com 27 partes interessadas em diversas cidades dos EUA, do Canadá e da Europa, em um negócio monstruoso que, no fim, vencemos. Apenas uma reunião de descoberta (a última) foi presencial, sendo realizada com os principais executivos da empresa em sua sede. Marcamos essa reunião presencial quando decidimos que a probabilidade de fechar o negócio era alta e que valeria o risco viajarmos para nos encontrarmos com eles.

O vídeo permitiu que nos conectássemos com influenciadores essenciais na organização e fizéssemos deles nossos defensores. Fomos mais rápidos que nosso concorrente na negociação, atingimos uma extensão maior, e a amplitude de nossa descoberta nos permitiu criar um caso de negócio incontestável que impressionou as partes interessadas e selou o negócio.

Apresentações

Representantes internos e de campo vêm fazendo apresentações para partes interessadas remotas por meio de videoconferências desde que a tecnologia se tornou disponível. Antes das videoconferências, eu costumava enviar meus slides de um dia para o outro para as partes interessadas remotas e fazia minha apresentação final por telefone.

Certamente, há algumas situações de alto risco em que importa estar presente. Trata-se de marcar sua posição e ancorar o relacionamento. Há arte na realização de apresentações poderosas em pessoa; já ganhei um bom número de contas por estar em pessoa quando foi necessário.

Contudo, custa muito menos tempo e dinheiro fazer as apresentações por meio de reuniões virtuais. Elas tendem a ser reuniões curtas. Você está lá para dar informações e fechar o negócio. Normalmente, você gasta muito mais tempo com o deslocamento, viajando até a reunião, do que na própria reunião.

Quando chega na apresentação, já fez um investimento significativo no desenvolvimento de relacionamentos com as partes interessadas. A essa altura, eles vão ou não comprar com você. Portanto, estar lá tem um impacto mínimo no fechamento do negócio. Você ganhará muito mais com o investimento desse tempo em reuniões presenciais na fase de descoberta do processo de vendas.

As partes interessadas também são ocupadas. Elas preferem a conveniência de uma apresentação virtual. No ambiente atual, elas se sentem confortáveis em consumir apresentações em uma videochamada de vendas. Você descobrirá que dar ao seu prospecto uma opção virtual facilitará a superação das objeções do microcomprometimento envolvido na expressão "apenas me envie um e-mail".

Isso também o colocará no controle. A maioria dos profissionais de vendas já teve a frustrante experiência de distribuir livretos de apresentações meticulosamente preparados a um grupo de partes interessadas, apenas para observá-las passar as páginas até chegar aos preços e dar início a um interrogatório, antes mesmo de você começar sua apresentação. Isso não acontece nas videochamadas, porque você tem controle total dos slides e do ritmo da apresentação.

Demonstrações

Os executivos de contas em empresas de SaaS vêm usando as videoconferências para demonstrações de plataformas há anos. Esses tipos de demonstrações fazem total sentido para produtos intangíveis, como um software.

A boa notícia, conforme os vendedores empresariais aprenderam durante a pandemia do coronavírus, é que, com a tecnologia atual e os equipamentos baratos de vídeo (incluindo seu smartphone), é possível fazer demonstrações em vídeo de praticamente qualquer produto.

Para bens de capital, cabines de feiras comerciais, imóveis e, até mesmo, visitas em casas de repouso para idosos, o vídeo facilita a elaboração de demonstrações virtuais práticas para compradores remotos. O segredo é desenvolver um sistema e um processo para a demonstração, tornando-a interativa, e investir em alguns equipamentos para oferecer uma grande experiência. Você encontrará uma lista de equipamentos recomendados aqui: https://www.salesgravy.com/vskit [conteúdo em inglês].

Fechamento e Negociação

Se estiver gerenciando corretamente o processo de vendas, você deve estar solicitando a venda no fim da apresentação. Às vezes, no entanto, as partes interessadas querem se reunir outra vez apenas para sentir que estão tomando a decisão certa, ou porque querem negociar. Geralmente são reuniões curtas, com perguntas ou problemas específicos. Potencializar o vídeo para essas reuniões permite que você trabalhe nos detalhes e feche o negócio mais rapidamente.

Gestão de Contas

Quando o assunto são os clientes importantes, realmente nada substitui estar lá presencialmente. Para as contas principais, essas reuniões face a face valem ouro. Elas o ajudam a expandir suas contas, a fortalecer relacionamentos, a encontrar oportunidades para acrescentar mais valor, a expandir o relacionamento e a trancar seus concorrentes do lado de fora.

Mas você e eu sabemos muito bem que, caso tenha um número muito grande de contas gerenciadas, fica praticamente impossível visitar todas regularmente. E as reuniões sem frequência certa de avaliação trimestral ou anual com as principais contas tampouco serão suficientes.

As videochamadas o ajudam a se conectar com mais frequência e a manter o controle de suas contas com um custo menor. Isso permite que você cobre essas contas, proteja seu território e mantenha seus concorrentes longe.

Para gerentes de contas internas que geralmente interagem com os clientes por telefone, o vídeo traz um rosto com um nome, tornando a interação mais humana, melhorando a solução de problemas e ancorando relacionamentos importantes.

13 | Jogos Cerebrais

A boa notícia é que a maioria das pessoas passou a se sentir confortável para interagir com a família e os amigos por vídeo. Ligamos para a vovó por FaceTime por simples capricho. Estamos constantemente capturando nossas vidas em vídeo por meio de nossos smartphones e postando-as online.

No entanto, como você provavelmente já sabe, fazer uma videochamada para a mamãe no FaceTime é muito diferente de conduzir uma videoconferência profissional de vendas com clientes fixos e em potencial. Nas videochamadas, os riscos são maiores. Estamos sempre em destaque. As pessoas estão observando tudo em você, incluindo:

- Sua aparência.
- Suas expressões faciais e sua linguagem corporal.
- A qualidade de áudio e vídeo.
- O ambiente atrás de você.
- Como você está enquadrado na janela de vídeo.

Elas usam essas informações para tomar decisões conscientes e subconscientes[1] sobre gostar ou não de você, confiar ou não em você e trabalhar ou não com você. Afinal, como humanos, sentimos primeiro e pensamos depois; então, você tem a incumbência de apresentar a melhor experiência emocional possível para as partes interessadas em suas videochamadas.

As Videochamadas e o Problema com a Carga Cognitiva

Durante as videochamadas, nunca desconsidere o poder da mente subconsciente e o modo como ela domina as percepções, as emoções, o comportamento, as interações interpessoais, os gostos, os desgostos e as decisões das partes interessadas.

O cérebro delas está trabalhando bastante, observando padrões na tela e tentando encontrar sentido neles, para decidir se gostam de você, determinar se você é confiável, compará-lo com seus concorrentes e decidir se devem ou não avançar para o próximo passo no processo de vendas.

Imagine se os programas de TV e os filmes se parecessem com a maioria das reuniões virtuais. Você ficaria imediatamente desanimado pela qualidade barata de produção. Certamente, não pagaria por eles.

A qualidade da maioria das videochamadas é terrível. Iluminação, áudio, imagem de fundo e enquadramento ruins contribuem para uma experiência emocional pobre. E o que acontece é que essas reuniões lesionam seu cérebro.[2]

Durante as videochamadas, o cérebro gasta energia enquanto tenta interpretar o quadro na tela e tenta compará-lo com a forma que espera que seja a aparência de uma pessoa presencialmente. Quando essa imagem não parece natural, quando as pistas e as indicações que estão normalmente presentes em uma conversa presencial não estão lá, o cérebro deve se esforçar ainda mais para preencher os espaços.

Vídeos com qualidade ruim aumentam a carga cognitiva, pedindo que o cérebro trabalhe mais para preencher aqueles espaços — a ponto de poder ficar sobrecarregado. Bastam 30 minutos em uma videochamada para deixá-lo se sentindo exausto.[3]

Quase da mesma forma como um computador, o cérebro consegue processar apenas determinada quantidade de informações de cada vez. Conforme a carga cognitiva[4] aumenta, ele faz hora extra para assimilar o que vê. Então diminui o ritmo e fica menos eficiente, sem conseguir focar. O controle de atenção diminui, e tanto a memória de curto quanto a de longo prazos ficam impactadas negativamente.

Sob uma percepção evolutiva, isso é ruim. Quando o cérebro fica sobrecarregado, não conseguimos nos concentrar em possíveis ameaças em nosso ambiente. Corremos o risco de sermos removidos do grupo genético.

Portanto, em tais situações, em vez de desperdiçar ainda mais recursos cognitivos preciosos em um pensamento racional, o cérebro usa atalhos mentais chamados *heurísticos* para fazer julgamentos instantâneos.[5] Essas heurísticas permitem que você pense rápido em situações complexas.

Por exemplo, se você se posicionar no enquadramento de modo que a parte interessada não consiga ver os movimentos de suas mãos, o cérebro dela desvia parte de seu poder computacional, deixando de prestar atenção ao que você está dizendo, numa tentativa de descobrir o que você pode estar fazendo com as mãos. Com o aumento da carga cognitiva, o cérebro usa um atalho mental (heurístico) para fazer um julgamento instantâneo sobre você e para proteger seus limitados recursos cognitivos. *"Se não consigo ver suas mãos, você deve estar fazendo alguma outra coisa em vez de prestar atenção em mim, e não gosto de pessoas que não prestam atenção em mim."*

Tal heurística é uma forma de *viés negativo* que faz sua parte interessada assumir uma postura do tipo "o que está errado com essa imagem", em vez de buscar o que está certo. Em situações assim, os humanos quase sempre focam o negativo e presumem o pior.

Você Sempre Está em Destaque: Neutralizando os Vieses Cognitivos

Os vieses cognitivos[6] são o lado sombrio da heurística cognitiva e estão sempre em funcionamento. Esses julgamentos repentinos, baseados em padrões, embaçam a objetividade. Em seu livro, *Rápido e Devagar*, Daniel Kahneman, o pai da pesquisa sobre heurística e viés cognitivo, escreve:

> *Os organismos que colocaram mais urgência para evitar ameaças do que o fizeram para otimizar as oportunidades tiveram mais chances de passar seus genes adiante. Portanto, com o passar do tempo, a perspectiva de perdas se tornou um fator motivacional muito mais poderoso em seu comportamento do que a promessa de ganhos.*[7]

Os humanos tendem a ser atraídos por escolhas e ambientes seguros. Os vendedores, como regra, não são percebidos como seguros. Você impõe uma ameaça.

As partes interessadas estão escrutinando-o. Estão buscando congruência em suas palavras, em sua comunicação não verbal e em suas ações. Cada comportamento seu, cada palavra e ações estão sendo observados. Esse *viés de segurança* faz com que o cérebro da parte interessada fique mais consciente das coisas ruins (o que poderia dar errado) do que das coisas boas (o que poderia dar certo).

É por isso que o principal motivo pelo qual os compradores escolhem não seguir em frente com a decisão de compra não são o preço, as especificações do produto, as janelas de entrega ou qualquer coisa que nas quais os vendedores geralmente jogam a culpa. É o medo de consequências futuras negativas.

A armadilha na qual os vendedores caem, no entanto, é a falsa crença de que as boas intenções são suficientes. Eles aparecem nas videochamadas com a crença de que a substância lógica da reunião é tudo o que importa, esquecendo-se das percepções que estão criando dentro de seu enquadramento no vídeo.

Pense nisso. Você entraria em uma sala de conferências corporativa para fazer uma apresentação importante a um grupo de executivos de diretoria usando camiseta, bermuda e chinelos? É claro que não, pois não importa o quanto sua apresentação seja boa, ou o quanto colocou de boas intenções, vestido dessa forma, sua imagem criaria uma percepção negativa tão grande que você perderia o negócio.

As partes interessadas não estão julgando seu grau de confiabilidade com base em *suas* intenções racionais. Tais julgamentos baseiam-se nas percepções emocionais delas. Elas se preocupam com que:

- Caso mudem algo, as coisas poderiam dar errado.
- Você não cumprirá suas promessas.
- A mudança causará disrupção em sua empresa.
- Você os manipulará.

Em uma forma de *viés de confirmação*, o cérebro delas começa a buscar algo em você que apoia seus medos. Sua mente subconsciente magnifica qualquer coisa no enquadramento do vídeo que pareça estar fora de lugar. Embora não percebam de forma consciente como ou por que suas percepções foram impactadas negativamente, as partes interessadas se sentem incertas, indecisas e com medo, mas nem sempre sabem por quê. "Não sei exatamente o que é, mas algo apenas não parece certo."

É por isso que você nunca deve se esquecer de que está sempre em destaque! Sim, você deve seguir o processo de vendas, criar seu caso de negócio e apresentar uma solução que entregue os resultados que as partes interessadas desejam. Contudo, ao mesmo tempo, deve neutralizar os potenciais vieses negativos subconscientes que podem prejudicá-lo nas videoconferências de vendas (e, a propósito, em todas as comunicações virtuais).

14 | Sete Fatores Técnicos de Videoconferências de Vendas Altamente Eficazes

Os diretores e produtores de programas de TV e de filmes investem centenas de horas no aperfeiçoamento de seus sets, em iluminação e áudio. Nas principais gravações em que estive com as equipes profissionais, gastava-se duas vezes mais tempo para arrumar todo o set em comparação ao tempo que eu gastava, de fato, trabalhando em frente à câmera.

Eles fazem isso porque compreendem que os espectadores sabem o que aparenta estar certo e errado, mesmo se não estão cientes disso no nível consciente. Os diretores e produtores estão profundamente atentos ao fato de que, quanto mais naturais e "certas" as coisas parecerem ao cérebro do espectador, menor será a carga cognitiva e mais fácil será que o conteúdo seja consumido.

Esse é seu primeiro objetivo com as videochamadas de vendas. Será preciso investir tempo para criar uma experiência virtual que lhe dê uma aparência natural na câmera que seja o mais próximo possível de como seria se você estivesse lá presencialmente.

É necessário esforço para acertar. Você precisa cuidar dos detalhes e de seu público. É necessário otimizar cada aspecto do seu *set de videoconferências de vendas*.

A tecnologia de videoconferências é boa e está melhorando. Equipamentos profissionais de vídeo estão ficando cada vez mais baratos e fáceis de usar. Atualmente, é possível criar um set impressionante de videoconferências de vendas com algumas centenas de dólares, o que fará com que você pareça profissional e confiante.

No capítulo seguinte, falaremos sobre os fatores humanos que lhe dão uma vantagem competitiva nas videochamadas de vendas. Antes, porém, vamos mergulhar nos fatores técnicos. Visto que a tecnologia e os equipamentos estão sempre evoluindo, não darei recomendações específicas aqui. Mas mantemos uma lista atualizada de recomendações de equipamentos para seu kit de vendas virtuais em: https://www.salesgravy.com/vskit [conteúdo em inglês].

Ao fazer o investimento, você surpreenderá as partes interessadas nas videochamadas de vendas, destacando-se de seus concorrentes, pois a maioria dos vendedores é preguiçosa demais para fazer esse esforço a mais e deixar tudo certo.

Áudio

Muito embora estejamos falando de videochamadas, o fator mais importante é o áudio. Um áudio de alta qualidade importa. Se as pessoas podem vê-lo, mas não podem ouvi-lo, sua reunião será um fracasso. Caso a qualidade de seu áudio seja ruim, isso cria má impressão sobre você. É por isso que ele vem em primeiro lugar. Há quatro segredos para ter um bom áudio:

Internet com Boa Conexão e Velocidade

Sua conexão de internet tem um grande impacto sobre a qualidade de áudio de sua chamada. Caso ela seja ruim, haverá momentos em que sua voz travará ou ficará distorcida — mesmo com um microfone de primeira linha. Com uma velocidade baixa ou inconstante, é preferível realizar a reunião pelo celular. Assim, não importa o que aconteça com a imagem na tela, eles conseguirão ouvi-lo.

Barulhos ao Fundo

Não faça videoconferências de vendas em ambientes onde ruídos irritantes e aleatórios ao fundo sejam um problema. Trens, alarmes, trânsito, campainhas, animais e outros barulhos aleatórios afetam a experiência de seu público e *sua* habilidade de manter o controle da atenção.

Ecos na Sala

Há um motivo pelo qual os estúdios de filmes constroem estúdios de som caros. *Poucas coisas são mais irritantes do que um áudio que fica fazendo eco.* Quando sua voz faz eco, as pessoas têm dificuldades de ouvi-lo e de prestar atenção em você.

Alguns escritórios e casas têm paredes feitas de placas de gesso. O som ricocheteia dessas paredes como uma bola de borracha batendo no concreto. Caso seu cômodo tenha poucos móveis ou teto alto, será pior ainda. O som dará a impressão de que você está em uma caverna.

O segredo para deixar o som limpo é instalar painéis acústicos em suportes ou fixá-los nas paredes e no teto. Também sugiro os *cobertores acústicos* colocados em suportes móveis e presos nos cantos, para tirar o eco. Saiba mais sobre essas ferramentas aqui: https://www.salesgravy.com/vskit [conteúdo em inglês].

Microfone Profissional

Se prestar atenção à maioria das pessoas nas videochamadas, perceberá que a voz delas fica distorcida. Não é uma voz profunda, natural ou agradável. Isso se dá porque estão usando um headset barato ou, pior ainda, o microfone do notebook.

Não sou adepto de usar fones de qualquer tipo. Isso cria um visual ruim. Mesmo que a pessoa do outro lado da videoconferência saiba por que você os está usando, o cérebro subconsciente delas não computa isso. Estamos acostumados a ficar à distância de um braço das pessoas que estão usando fones. Os fones com ou sem fio enviam uma mensagem clara: "Não me perturbe."

Tendo deixado isso claro, alguns novos fones earbuds, como o AirPods Pro da Apple, têm uma qualidade de áudio muito melhor que o microfone de seu notebook. Ainda não são o ideal, mas, se necessário, são uma opção melhor que os fones comuns.

Algumas das webcams externas de alta qualidade têm microfones embutidos. Por não precisar usar fones, sua aparência ficará muito mais natural. Embora a qualidade do som não seja ótima, é melhor que o microfone de seu notebook e que a maioria dos fones de ouvido.

Um microfone bom e profissional fará com que sua voz soe plena e natural. Também ajudará a abafar os ruídos de fundo e a reduzir o impacto do eco. Uma opção é usar um microfone para podcast de alta qualidade. Em muitos casos, eles podem ser deixados fora da cena, criando uma aparência mais natural.

Pessoalmente, prefiro usar um microfone de lapela de alta qualidade. Ele entrega uma qualidade superior de áudio e elimina os sinais indicativos de que estou usando um microfone, deixando a coisa mais natural, como se eu estivesse lá, face a face. Aprenda mais sobre as opções de áudio aqui: https://www.salesgravy.com/vskit [conteúdo em inglês].

Iluminação

Após o áudio, a iluminação é o fator técnico mais importante de uma videoconferência de vendas. Assim como seus olhos, as câmeras precisam da quantidade certa de luz para entregarem uma boa imagem.

Uma boa iluminação lhe dá uma aparência natural e acessível, reduzindo o esforço cerebral da parte interessada. Ela também ilumina suas expressões faciais, deixando-o mais humano e confiável. Felizmente, é relativamente fácil conseguir a iluminação certa para seu set de videochamadas de vendas.

O primeiro passo para ter uma boa iluminação é eliminar as fontes brilhantes de luz atrás de você (como janelas e paredes brancas brilhosas). As webcams e muitas câmeras se ajustam automaticamente à fonte mais brilhante no enquadramento. Quando essa luz está às suas costas, você deixa de ser o foco, e seu rosto fica parecendo uma mancha escura. Chamamos essa aparência de "proteção à testemunha".

Caso esteja em uma sala com uma janela, fique de frente para ela. A luz natural ajuda a acentuar o tom natural da pele e as suas características. Por outro lado, um ambiente claro demais ou com brilho muito forte pode causar distração e deixá-lo sem cor. Ajuste e regule as fontes de luz natural com cortinas e controladores de luz.

Para obter a melhor iluminação, coloque uma fonte de luz profissional diretamente atrás da câmera, no nível de seu rosto. Normalmente, uma ou duas boas fontes de luz serão suficientes. É importante que a fonte de luz esteja praticamente no mesmo nível da câmera e diretamente atrás dela. Não coloque as luzes acima de você, pois isso pode criar sombras que tirarão a atenção de si.

Recomendo ring lights de LED ou painéis de LED feitos especificamente para a gravação de vídeos. Coloque as luzes em suportes específicos, cuja altura e cujo ângulo você possa ajustar. É importante que as luzes escolhidas tenham dimmer e controle de temperatura, para que você consiga ajustar o brilho. Caso a fonte de luz seja forte demais, ela deixará seu rosto desbotado, dificultando o foco em suas características faciais.

Você encontrará diversas recomendações e opções de iluminação para sua videoconferência de vendas aqui: https://www.salesgravy.com/vskit [conteúdo em inglês].

Enquadramento

O enquadramento adequado nas videoconferências de vendas lhe dá uma aparência profissional e confiante. A forma como você está posicionado dentro do enquadramento de vídeo causa um enorme impacto na carga cognitiva e em como você é percebido. Isso determina se sua aparência é natural, como se estivesse lá perante a parte interessada, ou se é uma versão distorcida de você, que agride o cérebro dela.

Seis Enquadramentos que Causam Percepções Negativas sobre Sua Aparência

Há seis posições de enquadramento que prejudicam sua aparência nas videochamadas. Dei nomes a elas para adjudá-lo a identificar e se lembrar desses enquadramentos ruins (veja a Figura 14.1):

1. *Skydiver:* é o tipo mais comum de erro de enquadramento. Nessa posição, você fica olhando para a câmera de cima para baixo. Esse problema é normalmente causado porque seu notebook está mais baixo que seu rosto. Em casos extremos, dá para ver o teto do skydiver.
2. *Boneco Bobblehead:* aqui, você está próximo demais da câmera, fazendo com que sua cabeça preencha o enquadramento todo. Em casos extremos, partes de sua cabeça são cortadas.
3. *Observador de estrelas:* nessa posição, a câmera está acima de você, e seu olhar é de baixo para cima. Isso faz com que sua imagem no vídeo fique estranhamente distorcida.

Figura 14.1   Enquadramentos Inadequados de Vídeo

4. *Proteção à testemunha:* nesse caso, a luz está atrás de você — geralmente é uma janela com brilho. Isso faz com que seu rosto fique obscurecido e sombrio na tela. Em casos extremos, quando há luzes muito brilhantes, sua imagem fica totalmente escura.
5. *Máximo pé-direito:* isso acontece quando há muito espaço entre o topo de sua cabeça e o topo do enquadramento do vídeo. Em casos mais extremos, sua cabeça parece estar minúscula na parte de baixo do enquadramento (chamamos isso de "minieu").

6. *Mãos de zumbi:* você perceberá essa aparência quando a pessoa estiver usando a câmera interna do notebook. Na medida em que estica as mãos para digitar no teclado, elas ficam gigantes em comparação com sua cabeça. Não é agradável, muito menos uma aparência natural.

A causa mais comum para as posições ruins de enquadramento é que você usa a webcam de seu notebook, de modo que ela estará posicionada onde o computador estiver.

Enquadramento Adequado

A melhor forma de visualizar um enquadramento correto para uma videoconferência de vendas é pensar em como um apresentador de noticiário está posicionado na tela. Se tirar um momento para assistir seu noticiário favorito, perceberá que, quando o apresentador está no enquadramento, as linhas dos eixos horizontal e vertical estão simétricas — retas em ambos os sentidos, e não inclinadas, como nas posições do Skydiver e do Observador de estrelas. Veja a Figura 14.2.

Você deve estar posicionado no centro do enquadramento, com sua linha de visão no nível da câmera, fazendo contato visual como se estivesse em uma reunião presencial. É importante deixar

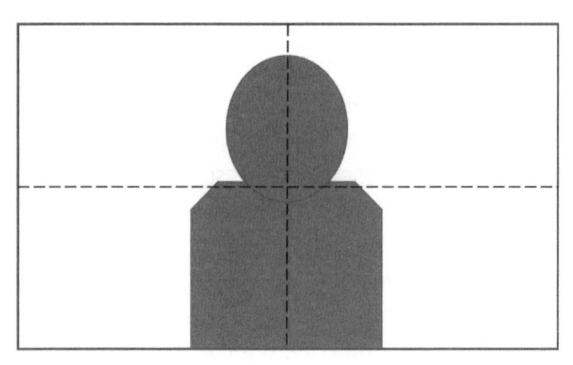

**Figura
14.2 Enquadramento de Vídeo Adequado**

espaço suficiente entre o topo de sua cabeça e o topo do enquadramento, mas não em demasia, para evitar o erro de enquadramento do Máximo pé-direito.

A melhor forma de garantir um enquadramento no nível de seus olhos é usar uma webcam externa ou uma câmera profissional. Coloque-a em um tripé que possa ser ajustado ao nível dos olhos. Se tiver que usar um notebook, coloque-o sobre livros ou em um suporte, para que a câmera fique alinhada com seus olhos.

Você deve estar a uma distância suficiente da câmera para que seu tórax fique visível, acima da cintura. Isso garante que seu rosto não fique próximo demais da câmera, causando distorção, como na posição do Boneco Bobblehead, e suas mãos ficarão visíveis enquanto você fala.

As mãos são uma parte importante da linguagem corporal. Para poder confiar em você, as partes interessadas precisam ver que suas palavras e sua linguagem corporal são congruentes.

Câmera

Não use a câmera embutida de seu computador! Ela tende a produzir uma imagem ruim, dificultando conseguir um enquadramento adequado. Usar a webcam interna de seu notebook também o deixa com Mãos de zumbi.

A escolha da câmera e dos ajustes certos pode fazer uma diferença enorme na qualidade do enquadramento de seu vídeo e em como você aparece na tela. Escolha uma câmera externa e posicione-a em um tripé firme e ajustável. Há opções excelentes de webcams de alta qualidade disponíveis que lhe darão uma aparência profissional, sem ter que vender um rim para comprá-la.

Talvez também seja importante considerar obter aparelhos profissionais. Eu consigo imagem e som profissionais com uma câmera mirrorless com full frame da Sony, juntamente com lentes grandes angulares de alta qualidade. Meu microfone de lapela sem fio funciona com a câmera, que está conectada ao meu notebook por meio de um cartão fácil de instalar.

Você encontrará diversas recomendações e opções de câmeras aqui: https://www.salesgravy.com/vskit [conteúdo em inglês].

Fundo

Sua imagem de fundo é basicamente tudo o que está visível no enquadramento de seu vídeo além de você. Ela representa sua empresa e sua marca pessoal. Trate-a dessa forma. O que as pessoas veem quando estão em videoconferências com você passa uma mensagem poderosa.

Fundos a Serem Evitados

- Bagunça e lixo.
- Itens pessoais desagradáveis que não refletem bem sua marca pessoal.
- Paredes vazias — especialmente se são brancas ou beges.
- Quadros e objetos de arte que causam distração.
- Janelas com muita luz.
- Salas grandes e cavernosas (como a sala de estar) — isso tem a tendência de desviar os olhos dos participantes de você.

Fundos a Serem Considerados

Imagens de Fundo. São um recurso oferecido por algumas plataformas de tecnologia de videoconferências, como o Zoom. É possível substituir o fundo por uma imagem.

Não use as imagens de arquivo já disponibilizadas pela plataforma. Em vez disso, use uma ferramenta como o Canva para criar seu próprio fundo. Isso lhe permitirá tentar diversas versões para encontrar aquela que se encaixará melhor com sua iluminação e em sua sala. Quando uso uma imagem de fundo nas reuniões, gosto de colocar o logotipo de meu cliente nela.

Essa tecnologia está ficando melhor, mas ainda tem limitações. Seus benefícios são o preço baixo e a possibilidade de usar fundos infinitos. A desvantagem é que movimentos rápidos e os movimentos das mãos podem causar borrões e quebrar a imagem de fundo, passando uma imagem distorcida e nada natural.

A configuração da iluminação também afetará a aparência de fundo, então é importante testá-la antes. Também sugiro que considere colocar um fundo verde atrás de você. Embora não seja necessário, descobri que fazer isso dá os melhores resultados para as imagens de fundo, com uma quantidade mínima de distorção.

Livros. Uma estante de livros bem construída e embutida (branco é a melhor cor), cheia de livros organizados e com algumas peças decorativas bem escolhidas que reforçam sua marca pessoal faz um fundo excelente. Isso traz uma variedade suficiente e interessante sem causar distração. Apenas esteja seguro de que o que está na estante não seja ofensivo ou controverso de qualquer maneira.

Armário. Um armário com objetos de arte de bom gosto ou com o logotipo de sua empresa no centro da parede atrás de você é uma boa opção. Ainda melhor que isso é um armário com uma TV de tela plana, na qual você pode apresentar o logotipo de sua empresa ou outras imagens, incluindo os slides do PowerPoint. Escolha uma TV com tela fosca, para evitar o reflexo de sua iluminação.

Escritório. Se você conduz as videoconferências de vendas em seu escritório, é totalmente aceitável que sua imagem de fundo sejam as pessoas que estão trabalhando atrás de você, desde que consiga controlar o ruído. Um escritório passa uma mensagem forte sobre você e sua marca.

Display de Feiras Comerciais. Um display com a marca da empresa, ao estilo das feiras comerciais, ou aquele usado de fundo em coletivas de imprensa é meu fundo favorito. Ele elimina quaisquer distrações em potencial, dá suporte à sua marca e sempre passa uma imagem profissional. A maioria desses displays é portátil, facilitando a relocação em seu set.

Incluímos alguns recursos para a criação de um fundo profissional aqui: https://www.salesgravy.com/vskit [conteúdo em inglês].

Conexão de Internet

Se não tiver conexão de internet, não haverá videoconferência de vendas. Se tiver uma conexão ruim, a videoconferência será ruim.

Caso viva em uma área com disponibilidade de rede de fibra ou com velocidade super-rápida de internet, considere-se sortudo. Porém, independentemente de sua situação, invista certa quantia para melhorar a velocidade de *upload* oferecida por seu provedor de internet de banda larga.

A maioria dos provedores divulga as velocidades de download. Isso é ótimo para streaming de filmes, mas não ajuda muito quando você está fazendo o streaming de sua videochamada de vendas. Por isso, é necessário maximizar a velocidade de upload.

Como muitas outras pessoas, talvez você more em uma área ou trabalhe em um escritório em que a velocidade e a conexão aumentam e diminuem, dependendo do dia, do clima, do roteador ou de quantas pessoas estão conectadas ao mesmo tempo. Por esse motivo, é altamente recomendável que você invista em uma conexão de reserva, como um hotspot móvel. Ter uma fonte reserva já me salvou diversas vezes quando minha internet principal caiu.

Incluímos ferramentas para verificar a velocidade de sua internet aqui: https://www.salesgravy.com/vskit [conteúdo em inglês].

Plataforma e Tecnologias

Há muitas opções boas no mercado para plataformas de videoconferência. Recomendo que invista em pelo menos duas, para que tenha uma de reserva e para que possa dar aos seus clientes fixos e em potencial diversas opções.

A ação mais importante que pode realizar em sua plataforma e em toda a tecnologia necessária é investir tempo para explorar os recursos e assistir aos tutoriais. Torne-se um especialista, para que consiga resolver os problemas rapidamente e ajudar outras pessoas que podem ter problemas para se conectar.

Você também deveria praticar e aperfeiçoar a realização de videoconferências de vendas em aplicativos como FaceTime, Messenger e WhatsApp. Você encontrará uma lista de aplicativos de suporte para melhorar as videochamadas, incluindo redução de ruídos, fundos virtuais e testes de equipamentos aqui: https://www.salesgravy.com/vskit [conteúdo em inglês].

Invista em Seu Set

E se minha empresa não fornecer os equipamentos de que preciso?

Escuto essa reclamação dos vendedores o tempo todo. Minha resposta: engula e faça você mesmo o investimento. É sua comissão que está em jogo.

Lembro-me de quando o PowerPoint apareceu em cena no início da década de 1990. Apenas algumas pessoas o usavam. Implorei que minha empresa me desse um notebook e o software, para que pudesse fazer apresentações mais convincentes. Eles se recusaram.

Então, assumi um risco calculado e abri mão de US$5 mil (uma quantia enorme naquela época) para comprar um notebook e o programa. Com isso, consegui uma vantagem competitiva imediata.

Talvez isso não pareça grande coisa hoje, porque todos usam o PowerPoint. Mas, naquela época, ninguém tinha visto nada parecido. Eu chegava nas apresentações e deixava as partes interessadas de boca aberta. Naquele ano, ganhei mais de US$300 mil, enquanto a maioria de meus colegas estava ganhando menos de US$40 mil.

Aprendi uma lição importante com essa experiência e, desde então, venho fazendo investimentos em tecnologias que me mantêm à frente da curva. Pare de reclamar. Faça o investimento. Seja melhor que todos os demais. Destaque-se de seus concorrentes antes que eles o alcancem.

15 Cinco Fatores Humanos de Videoconferências de Vendas Altamente Eficazes

Em termos simples, o cérebro é como uma boneca russa.

- A boneca grande, que fica por fora, é o neocórtex. É a massa cinzenta — o cérebro racional.
- A boneca do meio é o sistema límbico — o cérebro emocional.
- A boneca menor é o cerebelo, ou cérebro autônomo — ele gerencia todas as coisas pequenas (e ainda importantes), como respirar, para que possamos nos concentrar no raciocínio.

Esses três cérebros são conectados pela amígdala, uma pequena estrutura dentro do cérebro, localizada no sistema límbico.

A amígdala é o centro que processa todas as entradas sensoriais, conectando as partes racional, emocional e autônomas do cérebro.

Para ajudar o cérebro a evitar desperdiçar recursos cognitivos valiosos com coisas que não têm importância, a amígdala ignora padrões maçantes e se concentra e reage a disrupções no ambiente — qualquer coisa diferente, que esteja fora do lugar, que seja inesperada, iluminada, brilhante, sensual, nova ou ameaçadora.

Esse atalho cognitivo simples de ignorar os padrões maçantes e estar alerta a qualquer coisa que cause disrupção neles é um mecanismo essencial de sobrevivência. Os disruptores de padrões podem ser ameaças ou oportunidades, então faz sentido prestar atenção neles.

A amígdala exerce uma influência enorme e compulsória no comportamento emocional. Em um nível fundamental, a amígdala das partes interessadas decide se você é ou não seguro, agradável e digno de atenção. Isso acontece muito antes de a pessoa estar conscientemente atenta a essas decisões. A amígdala age como uma porta para o neocórtex, deixando entrar as coisas que considera importantes e bloqueando a entrada daquelas que entende não terem importância, a fim de evitar o desperdício de recursos cognitivos.

Como você já aprendeu, a maioria das videoconferências são horríveis. Elas agridem o cérebro. Para lidar com essa dor, ao longo do tempo ele começa a ignorar os enquadramentos ruins de vídeos e se desconecta deles. Ou seja, esses enquadramentos se tornam padrões maçantes.

Se o seu comportamento virtual cair nesse padrão esperado, se o enquadramento de seu vídeo tiver a mesma aparência de todos os outros vídeos horríveis, você não se destacará. Porque você não é interessante, não é memorável. E a amígdala das partes interessadas fechará a porta.

Ao inserir cores brilhantes no quadro com padrão cinza maçante, tudo muda. Quando você causa uma disrupção nas expectativas em uma videochamada, atrai as partes interessadas para você, captando sua atenção. Isso funciona porque a amígdala adora algo diferente.

O bom das videoconferências de vendas é que, para se destacar, não é necessário plantar bananeira. Apenas é preciso ser bom. No capítulo anterior, você aprendeu como melhorar os fatores técnicos de seu set de videochamadas de vendas — áudio, iluminação, câmera, enquadramento e fundo — para se destacar dos 90% de vendedores concorrentes.

Neste capítulo, vamos nos concentrar nos fatores que o tornam acessível, acolhedor, crível, humano e memorável diante da câmera.

Linguagem Corporal

As pessoas ficam ouvindo as palavras que você *diz* e comparando-as com a linguagem corporal que elas *veem*, para julgar se podem confiar em você. Caso não haja congruência, começam a questionar seus motivos. Por exemplo, nas videochamadas, quando as pessoas não conseguem ver sua linguagem corporal porque você está na posição de *Boneco Bobblehead* no enquadramento do vídeo, isso faz com que confiem menos em você.

Há cinco fatores sobre a linguagem corporal que você deve administrar e controlar para ser um comunicador eficaz, acessível e confiável nas videoconferências de vendas.

1. Expressões faciais.
2. Movimento e postura corporais.
3. Gestos.
4. Tom e inflexão da voz.
5. Contato visual.

A ação de observar a linguagem corporal das outras pessoas e a interpretação em busca de significado é denominada *decodificação*, ou escuta profunda. E, quando está enviando sinais para outras pessoas — como os compradores —, é denominada *codificação*.

Diversos pesquisadores notáveis, como o Dr. Albert Mehrabian[1] e o Dr. Paul Eckman,[2] realizaram amplas pesquisas sobre o impacto dos sinais não verbais na comunicação humana. Eles concluíram que entre 70% e 93% dela é não verbal.

Isso nos diz que nossos sinais não verbais causam um impacto enorme na habilidade de nos conectarmos e influenciarmos outras pessoas. É por isso que a codificação é uma meta-habilidade nas vendas virtuais, nas quais a comunicação não verbal é colocada sob um microscópio e escrutinada pelas partes interessadas em busca de significado.

Dito de forma simples, a mensagem importa. O que você diz, e mais importante, como diz é crucial em todas as formas de comunicação. Nas reuniões virtuais de vendas, no entanto, isso significa tudo. E é por esse motivo que você precisa ser mais disciplinado ao controlar sua mensagem — seus equipamentos, passando por suas roupas e chegando à linguagem corporal.

Expressões Faciais

Pesquisas realizadas nos últimos 50 anos nos dizem que é possível lermos um rosto como se fosse um livro. Sua face é expressiva. Ela revela como você está se sentindo — feliz, preocupado, com medo, com raiva ou surpreso.

Quando estamos interagindo presencialmente com outros humanos, fazemos uma leitura constante de seus rostos, em uma tentativa de entender suas emoções. O mesmo processo acontece nas reuniões virtuais.

Nelas, porém, é muito mais difícil ler as expressões faciais do que presencialmente:

- Quando está falando para a câmera, você não consegue ver o rosto da outra pessoa. Isso é chamado de paradoxo do contato visual. Explicarei esse fator posteriormente neste capítulo.

- A maioria dos enquadramentos de vídeo sofre com iluminação e posicionamento ruins, o que dificulta ler as microexpressões[3] que nos ajudam a discernir as nuanças emocionais.

É por causa desses desafios que será importante fazer um upgrade em sua câmera e iluminação, melhorando seu enquadramento. Isso deixa seu rosto e suas expressões imediatamente mais fáceis de serem lidos pelas partes interessadas e, dessa forma, faz com que você pareça ser mais amigável e confiável.

Para ser bem-sucedido na codificação, é necessário garantir que você não comunique suas intenções de forma equivocada, ou que as partes interessadas interpretem mal suas expressões faciais. Você já aprendeu que um dos principais problemas com as videochamadas é que não conseguimos enxergar todo o panorama — da forma como conseguimos presencialmente.

Dentro desse panorama limitado, o cérebro da parte interessada trabalha para preencher os espaços faltantes. Portanto, suas expressões faciais ganham uma importância maior. É preciso controlá-las cuidadosamente e tornar-se mais intencional e expressivo do que seria em pessoa.

Por exemplo, considere sua expressão facial quando está relaxado. É sua expressão normal quando está ouvindo alguém ou quando está concentrado.

Geralmente, quando estou lendo, pensando ou escrevendo um livro, minha esposa me pergunta se estou bravo. Fico surpreso, porque as suposições que ela faz sobre mim, com base em minhas expressões faciais, não poderiam estar mais longe da verdade.

Ela está reagindo à minha cara de desprezo, ou de poucos amigos, como gosta de chamar. A maioria das pessoas tem alguma forma de expressão facial relaxada, que confunde as outras pessoas, e pode ser um grande problema de desinformação nas reuniões virtuais.

Demonstra Falta de Confiança, Insegurança e Medo	Demonstra uma Postura Descontraída e Confiante
Mandíbulas cerradas, tensão aparente no rosto.	Sorriso descontraído. O sorriso é um sinal não verbal universal que simboliza: "Sou amigável e você pode confiar em mim."

Victor Borge disse, certa vez: "A distância mais curta entre duas pessoas é um sorriso." Do momento em que nascemos, aprendemos que sorrir é a maneira mais rápida de conseguir a atenção dos outros. O sorriso de um bebê ilumina o ambiente. Os sorrisos atraem. Até mesmo os cachorros entendem isso. O rabinho balançando, uma boca meio torta e os olhos abertos e brilhosos são o caminho mais rápido para um carinho ou um agradinho.

Sorrir é uma ferramenta básica de comunicação usada para nos conectarmos e nos vincularmos aos outros. Inúmeros estudos científicos e psicológicos demonstraram que o sorriso é uma linguagem universal, reconhecida em todas as culturas e etnicidades ao redor do globo.[4] Animosidade, humor, prazer, confiança, felicidade, receptividade, amor, compreensão, cuidado, bondade e amizade são todos comunicados por meio de um sorriso.

Nas reuniões virtuais, o sorriso é a expressão facial mais poderosa e eficaz. Ponto-final. Ele o torna imediatamente simpático. É acolhedor e dá a melhor primeira impressão. Um sorriso sincero humaniza as relações comerciais e transmite autenticidade. Ele deixa as partes interessadas à vontade e cria um ambiente descontraído.

Seu sorriso sincero diz: "Não sou uma ameaça. Estou aberto." Nesse estado mais relaxado, você descobrirá que há mais chances de as pessoas se engajarem, tornando-se mais dispostas a responder às suas perguntas, perdoando mais seus erros e tornando-se mais abertas à conexão e ao desenvolvimento de um relacionamento.

Sorrir é a codificação no mais alto nível. Do momento que a reunião virtual começa e até seu término, concentro-me no sorriso intencional. E, como as pessoas reagem da mesma forma, as partes interessadas tendem a sorrir para mim. Visto que o sorriso causa um impacto positivo no humor, quando começam a sorrir elas se sentem bem. Quando suas ações fazem com que seus clientes fixos e em potencial se sintam bem, eles se tornarão naturalmente mais conectados emocionalmente a você.

Postura e Movimentos Corporais

Considere as percepções e os julgamentos que as partes interessadas podem fazer sobre você com base em sua postura, sua posição e seus movimentos corporais.

Demonstra Falta de Confiança, Insegurança e Medo	Demonstra uma Postura Descontraída e Confiante
Costas curvadas, cabeça para baixo, braços cruzados.	Postura ereta, queixo para cima, ombros retos e para trás. Essa postura também fará com que você se sinta mais confiante.
Movimentar-se para trás e para a frente ou balançar o corpo.	Posição parada e natural de poder.
Postura rígida, corpo tenso.	Postura natural e descontraída.

O jeito que você se posiciona no enquadramento e se movimenta diante da câmera envia mensagens não verbais claras. Se fizer uma análise objetiva das pessoas que estão sentadas durante as reuniões virtuais, perceberá alguns comportamentos ruins que passam uma impressão negativa:

- Curvar-se para muito próximo da câmera = Distorção facial, impressão de que está escondendo algo.
- Costas curvas ou para baixo = Energia baixa e insegurança.
- Recostado à cadeira = Desinteresse, falta de entusiasmo.
- Movimentos na cadeira, para trás e para a frente ou para os lados = Insegurança, falta de confiança, distração.

Nenhuma dessas posições fazem você parecer confiante e entusiasmado. Contudo, quando está sentado à mesa, essas posições são fáceis demais de serem assimiladas. Como está sentado à mesa o dia todo, elas se tornam habituais — o que faz de tais posturas e posicionamentos erros quase impossíveis de serem evitados.

É exatamente por isso que *fico em pé* durante as reuniões virtuais. As duas emoções que quero transmitir a meu possível cliente são confiança e entusiasmo. Quero que sintam minha energia e minha paixão. Quando estou em pé, tais mensagens passam pela tela de forma clara.

Quando estou em pé, o enquadramento fica melhor no vídeo. Isso permite que eu me movimente para próximo ou para longe da câmera. Assim como nas reuniões presenciais, posso me inclinar quando algo é importante e me afastar quando quero reduzir a intensidade e deixar as pessoas à vontade. Estar em pé também facilita muito manter a linha visual entre meus olhos e o nível da câmera.

Estar em pé faz com que meus ombros e queixo fiquem para cima, o que não apenas me dá uma aparência confiante, mas me faz *sentir* confiante. A pesquisa realizada por Amy Cuddy, da Harvard University, demonstra que "a postura de poder", estar em pé com uma postura de confiança, faz com que você se *sinta* mais confiante.[5]

Essa posição não apenas suscita uma mudança de emoções,[6] como também dispara uma reação neuropsicológica, liberando os hormônios cortisol e testosterona, que desempenham um papel significativo na criação do sentimento de confiança.[7]

Ao se sentir confiante, você transfere essa emoção para as partes interessadas (contágio emocional). Quando elas sentem confiança em você, a probabilidade de vitória vem para o seu lado.

Gestos

Falamos por meio das mãos.[8] As pessoas observam nossos gestos manuais e usam esses sinais para ligar os pontos entre as expressões faciais, a inflexão e o tom de voz e as palavras. Em geral, sem pensar, usamos as mãos enquanto falamos, e as pessoas interpretam o significado de nossos gestos de maneira subconsciente.

Quando não usamos os gestos manuais, ou quando eles são esquisitos, nosso comportamento é interpretado como rígido, frio, indiferente ou desinteressado.[9] Deixar as mãos visíveis durante as reuniões virtuais também é importante, pois, quando as pessoas não conseguem ver nossas mãos, elas tendem a não confiar em nós.

Demonstra Falta de Confiança, Insegurança e Medo	**Demonstra uma Postura Descontraída e Confiante**
Mãos nos bolsos.	Mãos ao lado ou à frente do corpo enquanto fala. Pode ser desconfortável, mas lhe dá uma aparência de poder e confiança.
Nenhum gesto manual.	Gestos adequados e naturais que são propícios ao momento e congruentes com suas palavras e ritmo.
Gesticulações bruscas.	Gesticulações calmas e controladas.
Tocar o rosto, o cabelo ou colocar os dedos na boca — um sinal claro de que está nervoso ou inseguro.	Mãos em posição de poder — ao lado ou à frente do corpo, de maneira controlada e não ameaçadora.

É exatamente por esse motivo que fico em pé nas videochamadas de vendas. Isso faz com que meus gestos manuais permaneçam naturais e na posição correta. Também evita que eu me transforme em *Mãos de zumbi* (veja o Capítulo 14).

Mantenha os gestos manuais naturais e descontraídos. Tente não se movimentar muito rápido, pois seu gesto pode quebrar o fundo virtual, fazendo com que sua imagem fique distorcida. Gesticulações bruscas também podem fazer com que as partes interessadas percam a confiança em você. Se estiver conduzindo uma reunião virtual de vendas com partes interessadas de outros países, faça seu dever de casa, para garantir que não use gestos acidentais que sejam ofensivos ao público.

O toque humano é um canal de comunicação não verbal que perdemos nas videochamadas — é impossível trocar apertos de mão, cumprimentos com o punho fechado e engajar-se por meio de outros rituais humanos amigáveis que nos conectam. A boa notícia é que você pode substituí-los, de forma fácil e eficaz, por um aceno.

Acenar é amigável, convidativo e um gesto universal que diz: "Não sou uma ameaça." Considera-se uma boa conduta acenar para os vizinhos. As pessoas legais acenam.

Um aceno, juntamente com um sorriso, é como um aperto de mão virtual. Como nos apertos de mãos, você deve acenar para dizer "olá", no início da reunião, e para dizer "tchau" no fim. Como as pessoas reagem da mesma forma, ao acenar e sorrir, quase sempre elas devolverão o gesto. Isso cria uma experiência emocional positiva, que os conecta.

Voz

O que você diz importa. COMO diz importa ainda mais. Enquanto o neocórtex das partes interessadas (o cérebro racional) está ocupado interpretando as palavras que você usa, o centro emocional do cérebro está ouvindo atentamente o tom, o timbre, o ritmo e a inflexão de sua voz, buscando significados escondidos.

Demonstra Falta de Confiança, Insegurança e Medo	Demonstra uma Postura Descontraída e Confiante
Falar com voz muito aguda.	Falar com a inflexão normal e um tom mais grave.
Falar rápido. Quando você fala rápido demais, dá a impressão de não ser confiável.	Falar em um ritmo descontraído e fazer pausas adequadas.
Tom de voz tenso ou defensivo.	Tom amigável — um sorriso em sua voz e seu rosto.
Falar alto ou baixo demais.	Modulação adequada da voz, com ênfase emocional apropriada nas palavras e expressões certas.
Tom de voz fraco ou nervoso, com muitas palavras "tapa-buraco", como "é", "hum" e pausas esquisitas.	Tom de voz direto, intencional, com ritmo adequado e um discurso que vai direto ao ponto.

O modo como você pronuncia as palavras pode transmitir irritação, sarcasmo, insegurança OU convicção, confiança, paixão e entusiasmo. É importante ter cuidado e garantir que haja congruência entre as palavras que você diz e a maneira como as diz.

Flexione o tom, a inflexão e o ritmo de sua voz, para que estejam de acordo com as partes interessadas com as quais você está interagindo. Tome cuidado para não falar rápido ou devagar demais. Esteja certo de que sua inflexão enfatiza as palavras certas.

As reuniões virtuais tendem a acontecer em um ritmo mais rápido do que as presenciais. Isso pode ser desafiador quando você está se sentindo nervoso, desconfortável e inseguro diante da câmera.

A maneira mais eficaz de aumentar sua confiança e reduzir as chances de ser mal interpretado é planejar-se antes da reunião. Para garantir que sua mensagem esteja clara e congruente e que seu cérebro está preparado para permanecer nos trilhos, faça o seguinte:

- Pesquise, trace o perfil e identifique as partes interessadas.
- Saiba qual é seu objetivo e o próximo passo desejado.
- Prepare antecipadamente as perguntas para as reuniões de descoberta.
- Pratique as apresentações e as demonstrações.
- Planeje-se e simule múltiplas situações antes das reuniões de fechamento e de negociação.
- Execute "Sessões de Pelotão de Fuzilamento" em negócios complexos.[10]

Sabemos que, quando você usa sua melhor roupa, sente-se o melhor possível. Quando coloca os ombros e o queixo para cima, aparenta e sente confiança.

Exatamente pelo mesmo motivo, quando a inflexão e o ritmo de sua voz estão descontraídos, assertivos e confiantes, você se sentirá confiante e passará uma imagem profissional e crível. Da mesma forma, quando sorri com a voz e passa a usar um tom prazeroso, você reduz as chances de ser mal interpretado e mal compreendido. E, como um ímã, atrai os outros em sua direção.

Contato Visual

Os olhos realmente são as janelas da alma.[11] Os olhos e as microexpressões ao redor deles são o meio como avaliamos o humor, a confiabilidade e a abertura de uma pessoa. Quando quero saber o que minha esposa está sentindo, não pergunto nada, apenas observo seus olhos. Eles me dizem tudo.

O motivo pelo qual as reuniões presenciais são a forma mais eficaz da comunicação de vendas é porque temos a chance de olhar uns aos outros nos olhos. Eles nos conectam em um nível emocional como nada mais consegue.

Consequentemente, se quiser criar conexões emocionais com as partes interessadas nas videochamadas e se quiser que as reuniões virtuais sejam o mais semelhante possível às reuniões presenciais, você deve fazer contato visual intencionalmente.

É muito mais fácil fazer e manter contato visual presencialmente do que por meio de vídeo. É mais difícil por meio de vídeo porque as pessoas não conseguem enxergar todo o panorama, então há muito mais chances (viés negativo) de que presumam o pior quando sentem que você não está fazendo contato visual.[12] Elas podem pensar que você:

- Está inseguro e não sente confiança em si mesmo.
- Está mentindo.
- Está escondendo algo.
- Está desinteressado e desligado.
- Não está prestando atenção.
- Não está ouvindo.
- Não se importa.

Demonstra Falta de Confiança, Insegurança e Medo	Demonstra uma Postura Descontraída e Confiante
Falta de contato visual — olhar distante. Nada como um contato visual ruim para dizer: "Não confie em mim" e "Não me sinto confiante".	Seja direto. Faça um contato visual adequado.

Infelizmente, o contato visual é o aspecto mais desafiador das videoconferências de vendas. Tanto que a Apple (outras plataformas deverão fazer o mesmo em breve) está trabalhando para aperfeiçoar um software que cria a ilusão do contato visual nos vídeos.[13]

Um dos principais motivos pelos quais manter contato visual nas videochamadas é tão difícil é que temos a tendência de ficarmos nos olhando. Há diversos estudos e pesquisas que indicam que a maioria das pessoas passa entre 30% e 70% do tempo nas videochamadas olhando o próprio rosto.

De acordo com uma pesquisa realizada pela Steelcase, 72% das pessoas se distraem com a própria aparência nas videochamadas.[14] Por que nos distraímos tanto? Porque achamos que estamos horríveis no vídeo.

Quando estamos na tela, fica muito difícil não olhar para nós mesmos, porque sabemos que as pessoas estão nos olhando. Pode ser angustiante e nos fazer ficar incrivelmente autoconscientes. Miramos a gárgula que vemos na tela e ficamos encontrando defeitos em nós mesmos até estarmos totalmente enojados.[15] Isso pode ter um impacto significativo e negativo em nossa confiança e autoestima diante da câmera.

Obviamente, em uma reunião presencial, se você passar meia hora se olhando no espelho, provavelmente terá uma reação semelhante. Mas você nunca faria isso. Seria considerado rude e vaidoso. Por esse mesmo motivo, você precisa quebrar esse hábito nas videochamadas:

1. Tome uma decisão intencional e faça um compromisso de parar de ficar se olhando.
2. Minimize sua janela de vídeo e maximize as janelas das outras pessoas durante a reunião. Sempre que possível, esconda sua janela de si mesmo.
3. Olhe para a câmera, e não para a tela.

No entanto, olhar para a câmera em vez da tela exige esforço. A pesquisa da Steelcase também descobriu que, quando as pessoas não estavam olhando para si mesmas na tela, estavam olhando para as outras pessoas nela. Dessa forma, quebravam o contato visual. Aí reside o grande *paradoxo do contato visual* das videochamadas:

> *Quando você olha diretamente para a câmera, a parte interessada sente que está fazendo contato visual. Contudo, quando olha para a câmera, você não consegue ver as outras pessoas. Quando isso ocorre, parece que não está fazendo contato visual.*

Isso lhe causa um sentimento de desconforto e desconexão. Em tal estado, você olha para baixo, em sua tela e nas imagens delas, a fim de fazer contato visual, porém isso faz com que as outras pessoas sintam que você não está fazendo contato visual.

Visto que você é o vendedor, a responsabilidade de se conectar com elas é sua, e não o contrário. Para criar tal conexão, você deve fazer contato visual. Portanto, a despeito do que o cérebro esteja lhe dizendo quando não consegue ver os olhos das outras pessoas, você deve acreditar que, quando está fazendo contato visual com a câmera, está fazendo contato visual com as partes interessadas — e elas gostarão mais de você, ficarão mais engajadas e se sentirão mais confortáveis com isso.[16]

A boa notícia é que, quando você está em pé, com seu tórax visível, isso faz com que haja uma distância maior entre seus olhos e a câmera. Ao aumentar essa distância, você ganha uma visão mais ampla da tela. Caso levante seu computador, de modo que fique logo abaixo da câmera, você conseguirá ver as partes interessadas em sua visão periférica, captando insights de suas linguagens corporais, sem ter que quebrar a linha de visualização. Isso requer certa prática, mas, com a repetição, é perfeitamente possível treinar o cérebro para fazer isso.[17]

Em meu set de videochamadas, instalei um monitor grande, de 75 polegadas, posicionado a cerca de 60cm atrás de minha câmera, de modo que ela fique no centro do monitor. Isso permite que meu olhar "atravesse" a câmera e veja a outra pessoa. O monitor está posicionado de modo que eu nunca precise olhar para baixo para ver as outras pessoas. Isso mantém meus olhos na linha adequada de visão.

Às vezes, porém, talvez seja preciso tirar os olhos da câmera para ler suas anotações, encontrar um recurso ou, até mesmo, lidar com as pessoas que aparecem em seu escritório. O que você não deve esquecer é que as partes interessadas não conseguem enxergar o panorama completo.

No momento em que você tira os olhos da câmera, o cérebro delas tenta preencher o vazio. Em virtude do viés de negatividade, ele presume o pior. A forma mais simples e eficaz de neutralizar esse viés é apenas avisar o que está fazendo. "Preciso desviar meu olhar por um momento, para encontrar algo em minhas anotações", é todo o necessário.

Em meu set com o monitor enorme, quando há várias pessoas na reunião, informo logo no início que quebrarei o contato visual em alguns momentos. Funciona que é uma benção. Tanto que as pessoas geralmente me elogiam por ser tão atencioso.

Quando inicio uma reunião, faço um gesto para fora e digo: "Tenho uma tela enorme à minha frente, na qual consigo ver todos vocês. Como há várias pessoas na reunião, coloquei em modo galeria, para que possa visualizar todos. Caso percebam que estou desviando meu olhar da câmera e olhando para outra parte de minha tela enquanto estamos conversando, é porque estou olhando para você." Quando as pessoas sabem por que estou quebrando o contato visual, e quando isso faz sentido para elas, o viés de negatividade é neutralizado.

Você pode aprender mais sobre minhas configurações de monitor para videochamadas aqui: https://www.salesgravy.com/vskit [conteúdo em inglês].

Controle da Atenção

O falecido Jim Rohn disse: "Onde quer que você esteja, esteja lá." É um conselho essencial quando o assunto são videoconferências de vendas.

Se você já esteve envolvido em uma conversa com outra pessoa, que estava com o olhar distante, distraída com algo ou alguém, ou que ficava interrompendo a conversa para responder a uma mensagem ou a um e-mail, sabe como isso nos faz sentir desrespeitados. Quando não sentimos que a outra pessoa está nos ouvindo, isso nos magoa, nos faz sentir insignificantes e pode nos deixar bravos.

No atual e exigente ambiente de trabalho, é fácil nos distrairmos. Estamos olhando constantemente para nossos dispositivos. Telefonemas interrompem as conversas. E-mails, mensagens de texto e redes sociais nos distraem. Quando estamos trabalhando em casa, há várias interrupções que podem tirar nossa atenção das pessoas na tela. A isso, acrescente o problema da fadiga de videochamadas,[18] e teremos uma tempestade perfeita de distrações e de força de vontade diminuída.

É um desafio:

- Ignorar o ruído que o distrai do mundo ao seu redor.
- Ser paciente e esperar sua vez de falar.
- Evitar ficar olhando para baixo, para o celular.
- Desligar seus pensamentos e prestar atenção à outra pessoa.
- Permanecer interessado quando acha a outra pessoa chata.
- Morder a língua quando sente o desejo de interromper o outro para contar sua história ou provar quanto sabe.

Como as pessoas estão na tela, e não fisicamente à nossa frente, é muito mais desafiador permanecermos concentrados. Estamos tão acostumados a fazer múltiplas tarefas ao mesmo tempo, quando estamos no computador, jogando em nossos dispositivos ou assistindo à TV, que nem pensamos nisso quando nos distraímos com outra coisa e perdemos o foco na videoconferência.

A disciplina de controle da atenção é semelhante ao controle de impulsos. É sacrificar aquilo que queremos agora, como ver o vídeo mais recente de gatinhos postado no Facebook, por aquilo que queremos acima de tudo: a conexão com o comprador e o fechamento da venda. Quando você está em uma videoconferência de vendas, falhar ao manter o foco na pessoa com quem está interagindo é um atalho para se tornar desagradável e prejudicar seu relacionamento.

Você deve estar presente na conversa. Desligue tudo ao seu redor, permaneça completamente concentrado e não deixe que nada o distraia. Desligue o som de seus dispositivos, de modo que bipes, toques e vibrações não o façam tirar os olhos da câmera. Não se permita olhar para papéis e outras telas, a fim de conseguir evitar o desejo ardente de fazer várias coisas ao mesmo tempo.

Controlar seus olhos mantém você lá. *Aonde seus olhos forem, também irá sua atenção.*

No momento em que você comete o erro de tirar os olhos da câmera, não apenas perderá a concentração, como também ofenderá a outra pessoa. Isso é especialmente verdade nas videochamadas, pois a parte interessada não sabe o que há no ambiente ao seu redor e, geralmente, presume o pior — que você não está interessado nela.

Quando você "viaja" durante as videochamadas, perde informações cruciais. Geralmente acaba tendo que pedir às pessoas que repitam algo que já disseram ou faz perguntas que já foram respondidas. Isso apenas comprova que você não estava ouvindo, o que destrói os relacionamentos e a credibilidade.

Escute

A escuta efetiva é a habilidade de compreender ativamente as informações expressas pelas partes interessadas, fazendo com que sintam que você está prestando atenção, está interessado e se importa. É ouvir com a intenção de entender, e não com o desejo de responder.

Com todas as tecnologias e ferramentas, nenhuma outra habilidade é mais importante para a excelência nas vendas virtuais do que a escuta efetiva. Escutar é a alma da venda virtual. É o segredo para a descoberta eficaz, customizando soluções que o diferenciam de seus concorrentes e desenvolvendo conexões emocionais profundas com os clientes fixos e em potencial. Contudo, escutar é o link mais fraco nas vendas virtuais.

Não vou suavizar aqui. Os vendedores são péssimos ouvintes. Eles se esquecem de uma regra básica da comunicação humana: *a pessoa que está fazendo as perguntas sempre está no comando.*

Muitas pessoas acham que estão no comando quando suas bocas estão se movimentando.

Contudo, em virtude das limitações naturais dos canais de comunicação virtual, escutar exige mais foco e paciência em uma videoconferência de vendas. Falar em vez de escutar é um erro muito fácil de ser cometido. Presencialmente, há mais indicações visuais que sinalizam quando você precisa calar a boca.

É fácil observar isso. Apenas veja algumas gravações de videochamadas. Se as pessoas não estão falando desajeitadamente ao mesmo tempo que as outras, em sua ânsia de expressar o próprio ponto de vista autoimportante, estão esperando impacientemente que a outra pessoa pare de falar, para que elas possam começar.

Não Ser Capaz de Escutar Prejudica os Relacionamentos

Pense na última vez em que estava tentando explicar algo para outra pessoa. Relembre o momento, bem no meio de sua história, em que a pessoa levantou a mão e disse: "Pare! Dá para ir direto ao ponto?" Considere como você se sentiu — magoado, desvalorizado, bravo, encolerizado? Ficou com o sentimento de que a outra pessoa não o entendeu?

Que tal a vez em que estava tentando ter uma conversa com um amigo, e ele não parava de olhar as mensagens no celular? Lembra-se de como sentiu vontade de arrancar o telefone da mão dele e atirá-lo no chão?!

Ou, ainda, já se sentiu animado para contar à pessoa amada sobre seu dia? Você falou, mas o outro não estava prestando atenção, pois estava assistindo à TV, jogando videogame ou digitando algo no computador.

"Você nem está me escutando!", reclamou você, indignado. "Não sei nem por que tento." Quando a pessoa amada respondeu com um "Hã?", enquanto mal desviou a atenção da tela, você se sentiu mais conectado emocionalmente ou apaixonado naquele momento?

Você sabe a verdade, e eu também. Quando as pessoas não o escutam, isso o faz se sentir pequeno, desprezado e insignificante.

Conquiste os Outros

Abraham Lincoln disse, certa vez, que, para conquistar uma pessoa, "primeiro convença-a de que você é seu amigo sincero". Quer dizer, é preciso criar uma conexão emocional.

O desejo humano mais insaciável, nosso anseio mais profundo, é nos sentirmos valorizados, apreciados e importantes. O segredo para se conectar com os outros e conquistá-los; portanto, é extremamente simples: faça-os se sentirem importantes.

O verdadeiro segredo para fazer os outros se sentirem importantes é algo que você tem à sua disposição neste momento. É escutar. Escutar é poderoso. Quando você escuta, faz com que as pessoas se sintam importantes, valorizadas e apreciadas.

O segredo para influenciar e persuadir não é o que você diz; é o que ouve. A disciplina de controlar suas emoções disruptivas e escutar exige que você acredite que, quando está escutando, está no controle e que, ao escutar, conquista os outros.

Seja em uma conversa síncrona ou assíncrona, sua habilidade para se sintonizar, estar ligado e realmente escutar as outras pessoas é o segredo para as vendas virtuais eficazes. Você deve não apenas ouvir o que estão dizendo, mas também tornar-se adepto da leitura das entrelinhas e da interpretação precisa do que não está sendo dito.

Escuta Ativa

A escuta efetiva nas videoconferências de vendas tem início com a escuta ativa. É um conjunto de comportamentos que apresentam uma prova tangível de que você está ouvindo. A escuta ativa compensa seu comprador por falar e o incentiva a continuar falando. Quanto mais falar, mais revelará sobre sua situação singular; quanto mais revelar, mais convincente seu caso de negócio e sua proposta serão.

Os comportamentos da escuta ativa incluem:

- Reconhecer que está escutando ao olhar diretamente para a câmera e fazer contato visual.
- A linguagem corporal e as expressões faciais demonstram que você está escutando. Sorria, incline-se para a frente, em direção à câmera, e concorde com a cabeça. Certifique-se de que suas mãos estejam paradas e ao lado do corpo; de outro modo, você parecerá distraído.
- Resuma e repita o que as partes interessadas disseram. Isso não apenas lhes mostra que você está escutando-as como também auxilia a compreender o que elas disseram.
- Faça perguntas relevantes de acompanhamento que desenvolvam a conversa. Isso valida que você está prestando atenção.
- Frases de apoio como "Sim, entendo", "Faz sentido" e "Isso é muito bom" os encoraja a se abrirem e a revelarem mais. No entanto, devido às questões intrínsecas da comunicação virtual, é preciso ter cuidado com o fato de que seu reconhecimento verbal não seja mal interpretado ao mencioná-lo enquanto a outra pessoa está falando.

Escuta Profunda

As pessoas se comunicam usando muito mais do que palavras. Para verdadeiramente ouvir outra pessoa, você deve escutar com todos os seus sentidos — olhos, ouvidos e intuição. Isso se chama *escuta profunda*.

Abrir seus sentidos para estar mais consciente da mensagem completa lhe dá a oportunidade de analisar as nuances emocionais da conversa. Conforme escuta, observe a linguagem corporal e as expressões faciais do possível cliente.

Seja um observador e sintonize-se com as nuances emocionais. Preste atenção ao tom, ao timbre e ao ritmo da voz dele. Foque o significado por trás das palavras que ele está usando. Esteja alerta a pistas emocionais — tanto verbais como não verbais.

Visto que as pessoas tendem a se comunicar por meio de histórias, escute profundamente, para captar sentimentos e emoções não ditos. Conforme percebe a importância emocional, faça perguntas de acompanhamento para testar sua intuição. Por exemplo: "Isso parece bastante importante. Como está lidando com a situação?"

Isso abre portas para outras perguntas relevantes de acompanhamento que encorajam o possível cliente a compartilhar as questões que são mais importantes para ele.

Faça uma Pausa para Evitar Constrangimentos

Um método eficaz para acabar com uma conversa é deixar escapar a próxima pergunta ou um comentário e falar ao mesmo tempo que a parte interessada antes que ela tenha terminado. Nada mais faz com que a pessoa sinta que você não a está escutando do que falar ao mesmo tempo que ela. Fica transparente que você não está escutando com a intenção de entendê-la, mas que está, ao contrário, escutando com a intenção de formular sua próxima fala.

Quando sentir que a outra pessoa terminou de falar, faça uma pausa e conte até três. Isso lhe concederá um tempo para digerir totalmente o que ouviu antes de responder. A pausa abre espaço para que os outros terminem de falar e evita que você os corte, caso não tenham terminado. Você conseguirá perceber que, em muitos casos, o momento de silêncio motiva as partes interessadas a continuar falando e revelando informações importantes que estavam segurando.

Aprenda a escutar sem se precipitar e tirar conclusões ou fazer julgamentos muito rápidos. Lembre-se de que quem está falando está usando a linguagem para representar pensamentos e sentimentos. Não presuma que já sabe o que tais pensamentos e sentimentos são e não termine a frase deles.

Quando o comprador diminui o ritmo, quando está tentando achar as palavras ou encontrar uma forma de expressar seus sentimentos ou uma ideia, é fácil ficar impaciente, se jogar na conversa e terminar a frase por ele. Quase sempre, ao fazer isso, você acaba falando bobagem, pois não tinha ideia do que ele estava, de fato, pensando. Essa interrupção indesejada o torna desagradável, faz com que a outra pessoa se feche e prejudica a compreensão.

Quando não estiver certo do que o comprador está dizendo ou quando não entender algo que ele está tentando expressar, é importante pedir esclarecimentos. Nesse momento, é fácil cometer o erro de interrompê-lo no meio de uma frase.

Não faça isso. Prefira fazer uma anotação, esperar até que pausem a fala e, então, faça sua pergunta de esclarecimento. Essas perguntas, se feitas no momento certo, demonstram à outra pessoa que você está escutando e que está interessado em compreendê-la. Nunca se esqueça de que a pessoa que está fazendo as perguntas está no controle da conversa.

Prepare-se para Escutar

A escuta efetiva durante as videochamadas exige controle emocional, autodisciplina, prática, intenção e planejamento. Esse é o motivo pelo qual é crucial que você se prepare para escutar antes das conversas na reunião de vendas.

- Seja empático. Pense em como você se sente quando as pessoas não o escutam. Então, coloque-se no lugar das partes interessadas e pense em como elas se sentem quando você domina a conversa ou demonstra, por meio de suas ações, que realmente não as está escutando.
- Foque aquilo que você realmente quer. Escutar é o caminho mais rápido para alcançar melhores resultados de vendas virtuais. Foque o que você realmente quer como motivação para regular suas emoções disruptivas de entediamento, controle de atenção e necessidade de significância.
- Pratique o controle intencional de atenção. Faça uma escolha deliberada de remover todas as outras distrações, incluindo os próprios pensamentos autocentrados e os

- impulsos para interromper, e dê às partes interessadas atenção completa. Diga a si mesmo para calar a boca e escutar — faça uma escolha consciente e intencional.
- Prepare-se para escutar. Antes de cada reunião virtual de vendas, prepare-se mentalmente para escutar. Esteja consciente da vontade de lançar sua ideia quando sentir o impulso de fazer um comentário e controle-se.

Quando você aprende a escutar efetivamente, ganha um controle completo da conversa, deixa as barreiras emocionais para trás e extrai as reais dores, necessidades, desejos, motivações e problemas do comprador. Quanto mais escuta, mais os compradores se sentirão emocionalmente conectados a você.

Esteja Pronto para a Câmera

Um estudo recente da Princeton University concluiu que as pessoas julgam sua competência com base no que veste e em sua aparência. "Tais julgamentos são feitos em questão de milissegundos e são muito difíceis de ser evitados."[19]

Arrumar-se e maquiar-se importa. O que acontece é que as pessoas que estão bem-arrumadas também são consideradas mais competentes e ganham mais.[20]

- Se pensar por um momento que, apenas porque está em uma videoconferência, em vez de presencialmente, você pode relaxar na disciplina para mostrar seu melhor, pense novamente.
- Se acha que, por estar fazendo home office, não tem problema em usar isso como desculpa para parecer um maltrapilho, está completamente enganado.
- Se acha que, só porque trabalha usando a última modinha no departamento de vendas internas em uma cidade do litoral, poderá aparecer em uma videoconferência com um dono de empresa de outra cidade usando moletom e boné, você precisa se informar mais, pois é um enorme engano.

"Mas esse é meu eu autêntico", argumenta você. "As pessoas terão que me aceitar como sou."

Novamente, você está errado! A autenticidade, sem considerar quem é seu público, é arrogância. Se quiser "ser realista", vá servir café na Starbucks.

Você trabalha com vendas. Seu trabalho é fechar negócios. Não é expressar seu "eu autêntico". Permita-me dizer isso novamente para o pessoal que não está acompanhando. *Seu trabalho é fechar negócios.* Se as pessoas não gostarem de você, não confiarão em você. Se elas não confiam em você, também não fecharão negócios com você.

Nas videoconferências de vendas, você está em destaque. Sua aparência — física — é um elemento primordial para causar uma ótima impressão e projetar credibilidade e competência. Ambas levam à confiança.

Portanto, é preciso se vestir e se arrumar como se seu trabalho fosse fechar negócios. E, no mundo atual, em que as videochamadas são fáceis e estão por todo lugar, você deve se vestir para isso diariamente. Estar sempre pronto. *Esteja sempre pronto para a câmera.*

Roupas

A regra número um quanto às vestimentas é que você deve se vestir do mesmo modo que se vestiria se fosse participar de uma reunião presencial com as partes interessadas. Na maioria dos casos, isso quer dizer roupas de negócios casuais e conservadoras.

No entanto, como em todas as reuniões presenciais, faz sentido ajustar a forma como se veste para estar de acordo com o cliente. Por exemplo, se você vende equipamentos agrícolas, não usaria terno e gravata para visitar seu cliente no local de uma operação agrícola. Da mesma forma como não usaria botas e jeans numa sala de reuniões com um cliente do setor bancário.

Minha regra prática tem sido sempre me vestir da forma como meu cliente se veste, porém um nível acima. O objetivo é projetar profissionalismo sem fazer com que as partes interessadas se sintam desconfortáveis. No tempo em que eu era representante de vendas de campo, mantinha diversas roupas em meu carro. Geralmente dava uma de Clark Kent e trocava de roupa antes da reunião com clientes diferentes, para garantir que minhas roupas fossem adequadas para a ocasião.

Faço o mesmo, hoje, em reuniões virtuais. Tenho diversos estilos disponíveis em cabides próximos de meu set de videochamadas e, geralmente, faço alguns ajustes de roupas entre as reuniões.

A regra número dois é que você deve se vestir para a câmera. É importante considerar como sua roupa vai aparecer no enquadramento do vídeo na tela.

Coisas a serem evitadas:
- Evite a cor preta, ela pode impactar negativamente a iluminação e acentuar sombras desagradáveis e olheiras.
- Evite cores muito claras, como branco, neon, cores pastéis ou vermelhos vibrantes.
- Evite camisas brancas, a menos que você use um colete, um suéter ou outra coisa que a minimize.
- Evite cores que não conversam com seu fundo ou que têm a mesma cor que ele.
- Evite tecidos brilhosos.
- Evite estampas, elas podem criar um efeito estroboscópico estranho na câmera, chamado de efeito moiré.[21]
- Evite roupas com muitos detalhes bufantes e dobras. Esse tipo de vestimentas causa sombras e é desagradável diante da câmera.
- Evite roupas manchadas e amassadas.

Boas escolhas:
- Escolha cores que pareçam bem diante da câmera, como azul, verde, vermelho-escuro e rosa. Sou fã de azul.

- Escolha uma camisa azul-claro.
- Escolha camisas com colarinho. Elas o fazem parecer profissional e passam a mensagem de que você quer fazer negócios.
- Escolha roupas que caiam bem em você e que embelezem seu tipo corporal. Esteja certo de que sejam do seu tamanho, de modo que não fiquem apertadas ou soltas demais.
- Escolha roupas que sejam confortáveis e frescas. Pode ficar quente sob as luzes.
- Escolha roupas limpas.

Usar Calças ou Não?

Beth Maynard, vice-presidente de desenvolvimento curricular da Sales Gravy e master trainer sênior, diz que a maioria dos vendedores trata as videoconferências como o infame estilo de cabelo mullet. Roupas de negócios na parte de cima, pijamas na parte de baixo.

Isso exige que façamos a seguinte pergunta: *você deveria usar calças nas videoconferências de vendas?* Por dois motivos, a resposta é *sim*!

Primeiro porque o cérebro sabe quando você não está usando calças (ou alguma roupa estruturada), e isso afeta a forma como você pensa, seu humor, sua atitude e seu comportamento. Os cientistas denominam o efeito que as roupas causam em nossos processos psicológicos, incluindo as emoções, a autoestima e as interações interpessoais, de *enclothed cognition* [*cognição vestida*].[22]

Quando veste sua melhor roupa, você se sente da melhor forma. O controle emocional é maior, você fica mais descontraído e se sente mais confiante. Quando se sente bem, fica mais agradável e aberto no vídeo. Usar trajes profissionais e completos o coloca em um estado de espírito para o negócio das vendas.

Segundo, porque você não iria querer "ser pego com suas calças arriadas". De forma constrangedora, isso aconteceu com um repórter de notícias da ABC que estava fazendo uma participação de sua casa.

"O enquadramento da câmera e os gráficos digitais davam a aparência de que ele estava totalmente vestido desde o início de sua participação. Mas, chegando ao fim, suas pernas desnudas começaram a aparecer na tela", escreveu Hannah Yasharoff em uma coluna para o *USA Today*.[23] De repente, milhões de pessoas ficaram se perguntando se ele estava ou não usando bermuda, ou apenas cueca. Para o repórter Will Reeve, foi "hilariantemente mortificante".

Vamos atribuir a situação de Reeve a um problema não intencional de guarda-roupa, mas, acredite em mim, é uma situação pela qual você não gostaria de passar. Um problema de guarda-roupa durante o show ao vivo de intervalo do Super Bowl de 2004 quase acabou com a carreira de Janet Jackson.[4] Portanto, esqueça as calças de moletom, as bermudas e os pijamas. Vista suas calças. Esteja com seu traje completo.

Acessórios

Escolha acessórios conservadores e discretos. Esses itens devem dar suporte ao seu traje sem roubar a atenção.

Evite usar acessórios grandes que refletem a luz, que fazem barulho, balançam ou ficam se mexendo. Caso use óculos, é importante que tenham lentes antirreflexo.

Recentemente, estive em uma apresentação por vídeo com uma representante que usava uma pulseira que fazia um barulhão todas as vezes que ela colocava o braço sobre a mesa. Era um barulho muito irritante. Ao término da reunião, em vez de estar motivado a comprar, eu queria sair dali o mais rápido possível para fugir daquele ruído.

Cuidados Pessoais

É essencial prestar atenção aos cuidados pessoais para as aparições em vídeo. A câmera não perdoa, e uma aparência descuidada pode chamar muito a atenção. Seu cabelo, seu rosto, seus dentes e sua maquiagem estão sendo escrutinados pelos compradores, e você está sendo julgado.

A maquiagem pode deixá-lo com uma aparência mais saudável diante da câmera. Por esse motivo, eu costumo usar um pouco de corretivo quando vou aparecer na câmera, para equilibrar minhas olheiras e cobrir imperfeições e manchas. Também aplico uma camada bem leve de pó translúcido, para reduzir o brilho.

Para as mulheres, a maquiagem normal de rotina deve ser o suficiente para que fique bem na câmera. Um pouco de blush nas bochechas pode dar mais dimensão e ajudar a evitar a impressão de que você está de cara lavada perante uma luz forte. Os cremes hidratantes podem lhe dar uma aparência saudável e nutrida.

Para os cavalheiros com pelos faciais, mantenha-os cuidadosamente aparados. Quando estão desleixados, ficam extremamente desagradáveis na câmera. Cuide para que seu cabelo esteja estiloso e asseado. Um pouco de gel ou de pasta modeladora pode ajudar muito para deixá-lo com uma aparência fenomenal.

Para mulheres e homens com cabelo comprido, arrume-o para trás, a fim de que não fique sobre o rosto. Isso evitará que ele crie sombras desagradáveis e que você fique mexendo nele.

Plataformas de vídeo como o Zoom têm recursos de correção que podem deixá-lo com uma aparência mais suave e mais jovem. É basicamente um efeito de blur, e funciona! Porém, por ser um efeito de "embaçamento", se planeja usar algo atrás de você, como um quadro branco ou um gráfico em uma TV, em um Smartboard ou um monitor, isso pode impactar negativamente a claridade da apresentação. Não se esqueça de testar primeiro.

Convite para uma Videoconferência de Vendas

Acontece diariamente. Você marca uma videoconferência de vendas, e uma ou mais partes interessadas não abrem o vídeo. Já fiz diversas reuniões virtuais nas quais eu era o único com o vídeo aberto. Pode ser desconcertante, mas não deve ser. É sua oportunidade de brilhar.

Quando estou nessa situação, procuro agir como se as pessoas estivessem aparecendo para mim — sempre mantendo contato visual. Mesmo se elas entraram por meio de uma chamada telefônica, trato a reunião como se estivessem lá. Sei que estou causando uma ótima impressão, e o que acontece é que, na reunião seguinte, eles abrem a câmera.

No entanto, a melhor forma de evitar isso é enviar um convite adequado para a reunião, que indica claramente que sua intenção é que seja uma videoconferência. Isso significa que você deve evitar a rotina preguiçosa de apenas enviar o convite genérico criado pela plataforma de videoconferências. Em vez disso, customize um convite.

Caso planeje fazer apenas uma teleconferência, não inclua o link para a reunião online. Isso o ajudará a evitar o constrangimento de ter as partes interessadas na reunião online, esperando que você apareça no vídeo ou que compartilhe sua tela enquanto está no telefone.

Quando planejar fazer uma reunião virtual por meio de vídeo, você deve incluir o link para a reunião. Remova todas as outras informações supérfluas.

Forma Errada de Enviar um Convite para uma Videoconferência

Jeb Blount está convidando você para uma reunião agendada no Zoom.
Tema: Exemplo do Livro *Vendas Virtuais*
Data: 14 de maio de 2020, 8h30. Costa Leste (EUA e Canadá)
Participe da Reunião no Zoom

https://zoom.us/j/94348310511
ID da reunião: 943 4831 0511
Pelo celular:
+13017158592,,94348310511# EUA (Germantown)
+13126266799,,94348310511# EUA (Chicago)
Ligação local
+1 301 715 8592 EUA (Germantown)
+1 312 626 6799 EUA (Chicago)
+1 646 558 8656 EUA (Nova York)
+1 253 215 8782 EUA (Tacoma)
+1 346 248 7799 EUA (Houston)
+1 669 900 6833 EUA (São José)
ID da reunião: 943 4831 0511
Encontre seu número local: https://zoom.us/u/aKGmKJ5xc
Entre com SIP
94348310511@zoomcrc.com
Entre com H.323
162.255.37.11 (EUA Oeste)
162.255.36.11 (EUA Leste)
115.114.131.7 (Índia Mumbai)
115.114.115.7 (Índia Hyderabad)
213.19.144.110 (EMEA)
103.122.166.55 (Austrália)
209.9.211.110 (Hong Kong China)
64.211.144.160 (Brasil)
69.174.57.160 (Canadá)
207.226.132.110 (Japão)
ID da reunião: 943 4831 0511

Forma Certa de Enviar um Convite para uma Videoconferência

Videoconferência Jeb Blount (Sales Gravy) & Rachael Watkins (AMCO)
Tema: Treinamento sobre Habilidades de Vendas Virtuais para a Equipe de Vendas da AMCO
Data: 14 de maio de 2020, 10h30. Costa leste dos EUA
Plataforma: Zoom
Link para Participar: https://zoom.us/j/94348310511
ID da Reunião: 943 4831 0511

Foto de Perfil

Uma última dica. Coloque uma foto de perfil em sua plataforma de videoconferências. Use uma foto profissional. Dessa forma, as pessoas verão seu rosto antes de você entrar na reunião e quando sua câmera não estiver aberta.

16 | Apresentações e Demonstrações Virtuais

Tenho certeza de que você já participou de uma apresentação online que foi insuportável. Uma pessoa tagarelando sem parar sobre slides ultracarregados de tópicos.

Em algum momento, no meio da apresentação, você parou de prestar atenção e começou a jogar em seu telefone. Foram 60 minutos de sua vida que você nunca vai recuperar.

Chato, impessoal e difícil de lembrar. Infelizmente, é exatamente assim que muitas apresentações de vendas virtuais e demonstrações de software com compartilhamento de tela são feitas; e é o que as partes interessadas esperam.

Não precisa ser assim. É fácil fazer demonstrações e apresentações virtuais memoráveis e engajantes, que causam um efeito UAU nas partes interessadas. Você precisa apenas se planejar, praticar e seguir algumas regras importantes.

Foque o Visual

Quando é difícil enxergar e ler o que está em sua tela, isso cria uma sobrecarga cognitiva. Quanto mais o cérebro dos compradores tiver que trabalhar para ler sua apresentação, maiores são as chances de não prestarem atenção.

Se quiser que sua apresentação seja memorável, conte sua história por meio de imagens, limitando a quantidade de texto. Estudos científicos provaram que os humanos têm muito mais chances de se lembrarem de uma imagem do que de palavras.[1] É por isso que uma imagem vale por mil palavras. Literalmente.[2]

As imagens também facilitam que o público consuma sua apresentação virtual. O cérebro humano processa as imagens 60 mil vezes mais rápido que os textos.[3]

O *memorável* importa, em virtude de algo chamado de viés humano de disponibilidade. Quando tomam decisões, as partes interessadas tendem a colocar mais importância e confiança nas coisas de que conseguem se lembrar facilmente.[4]

- Os slides mais impactantes consistirão em imagens que cobrem todo o slide e que têm uma única frase de descrição, seja no próprio slide ou no cabeçalho.
- Quando precisar incluir tópicos no slide (e isso será necessário), não inclua mais de cinco e use menos de sete palavras em cada tópico, sem se esquecer de adicionar uma imagem grande.
- Faça com que os fluxogramas e outros gráficos sejam simples e fáceis de serem lidos.
- Use cores primárias que são fáceis de enxergar na tela.
- Use fontes fáceis de serem lidas, da família sans-serif, como Helvetica, Arial e Calibri, com tamanhos de fonte grandes, com 24 pontos ou mais.

Quando tiver mais informações detalhadas ou dados de apoio, envie-os por e-mail antes ou após a apresentação. Minha regra prática é enviar as informações antes das apresentações quando estou trabalhando com contas já existentes, e, após, quando são novas oportunidades.

Incluí exemplos de apresentações de slides em: https://www.salesgravy.com/vskit [conteúdo em inglês].

Mostre Seu Rosto

Poucos vendedores mostram o rosto na câmera e interagem com as partes interessadas durante as apresentações e demonstrações, o que é chocante e uma má jogada.

Mostrar seu rosto na tela torna sua apresentação ou seu compartilhamento de tela mais pessoal e memorável. Também gera confiança, pois, quando as pessoas conseguem vê-lo, há mais chances de que acreditem em você.

- Comece as apresentações e as demonstrações com a imagem de seu rosto aparecendo na tela.
- Durante a apresentação, enquanto compartilha a tela, use a opção picture-in-picture, para que seu rosto fique visível conforme passa os slides [é automático em algumas plataformas].
- Quando pausar para interagir, obter feedback ou fazer e responder a perguntas, coloque sua imagem em tela cheia novamente.

Seja Relevante

Durante a descoberta, você aprendeu sobre as questões mais importantes para as partes interessadas. Limite sua apresentação dentro dessa linha. As pessoas têm os motivos delas para comprar, e não os seus; portanto, foque sua apresentação ou demonstração nos motivos delas.

Especialmente durante as apresentações virtuais, você deve evitar colocar muitos slides e informações sobre sua empresa no início. É o caminho mais rápido de entediar as partes interessadas e fazer com que elas percam a atenção.

O verdadeiro segredo para mantê-las engajadas é falar sobre elas. Se aquilo que está apresentando ou demonstrando for relevante para as partes interessadas, elas prestarão atenção, e sua apresentação será mais memorável.

Seja Breve

Nas apresentações presenciais, seja em pé perante um grupo de partes interessadas ou em uma reunião individual, é muito mais fácil captar a atenção dos outros. Presencialmente, há muito menos chances de que as pessoas se distraiam com redes sociais ou e-mails.

Em uma reunião virtual, no entanto, você pode perder o público num piscar de olhos. Quando estão online, as pessoas tendem a ter períodos muito curtos de atenção, e a tentação de fazer várias tarefas ao mesmo tempo fica mais intensa quanto mais tempo dura sua apresentação.

Por esse motivo, mantenha o tempo da apresentação entre 10 a 20 minutos. O tempo total é medido a partir do primeiro slide (ou da primeira tela compartilhada na demonstração) até o último, sem nenhuma interação ou interrupção.

Dez minutos é o ideal, pois, após isso, as pessoas começam a desviar a atenção.[5] Obviamente, quando estiver interagindo com as partes interessadas e respondendo a perguntas, o tempo total de sua reunião será maior.

Use Estruturas e Práticas

A maneira mais eficaz de deixar as apresentações curtas e relevantes é trabalhar com base em uma estrutura consistente. Ela o mantém nos trilhos e faz com que sua apresentação seja mais fácil de ser consumida.

- Confirme a duração da apresentação com todos os participantes.
- Estabeleça os temas a serem abordados.
- Reveja o que pretende abordar (diga-lhes o que pretende falar).
- Verifique com as partes interessadas e confirme se estão de acordo.
- Reserve uma parte do quadro branco para escrever sobre outros assuntos mencionados, bem como perguntas que surgirem durante a apresentação, de modo que continue nos trilhos.
- Apresente o "filé mignon" (e informe-lhes).
- Resuma os pontos principais (diga-lhes o que apresentou).
- Obtenha a concordância para os próximos passos.

Criada a apresentação, pratique até que consiga fazê-la dentro do tempo estabelecido, sem ter que correr com os slides.

Seja Interativo

É muito mais desafiador conseguir que as partes interessadas interajam durante uma apresentação virtual do que em uma presencial. Às vezes, elas ficam tão quietas que você jura que está falando sozinho. O silêncio delas e a falta de feedback podem ser desconcertantes.

Como não está obtendo feedback verbal ou visual (linguagem corporal) do público, isso o deixa nervoso e inseguro. Nesse estado emocional, você começa a falar mais rápido e se esquece de parar e interagir. Por isso, a interação começa com ritmo e pausa.

Você não deve apresentar muito rápido nem muito devagar. A velocidade de sua apresentação deve dar ao público o tempo necessário para digerirem totalmente os pontos principais.

Pausar e checar é crucial nas apresentações virtuais, pois você não tem as indicações visuais que teria se estivesse apresentando presencialmente. A checagem o mantém conectado com seu público, encorajando-o a interagir, permite que você obtenha feedback e traz à superfície potenciais preocupações.

Faça uma pausa após cada slide, ou cada ponto importante dentro de um slide, para checar a temperatura das partes interessadas.

"Isto faz sentido?"

"Vocês têm alguma pergunta sobre isto?"

"Parece que esta recomendação não deu muito certo."

"Aparentemente, vocês têm algumas preocupações a respeito deste recurso em particular."

"Como está meu ritmo? Estou indo rápido ou devagar demais?"

Ao realizar uma apresentação para diversos compradores, sempre haverá aquelas pessoas que fazem muitas perguntas e as que não se manifestam. Às vezes, é difícil fazer com que todos falem.

A técnica mais eficaz para engajar os compradores, quando há mais de um na reunião, é dizer seus nomes quando está fazendo a checagem. Faça isso com todos na reunião pelo menos uma vez. Use as informações que captou durante a descoberta para estruturar suas perguntas, alternando-as em sua apresentação, para que não pareça um interrogatório:

"Bob, você disse, durante nossa conversa na semana passada, que este recurso era importante para você. Esta demonstração o deixa mais confortável?"

"Emily, isto responde à sua pergunta sobre a forma como resolvemos problemas de serviço?"

"Praveen, sei que estava preocupado com as especificações de qualidade. Consegui dirimir totalmente suas preocupações?"

"Maria, isto faz sentido para você?"

A verdadeira arte de fazer uma apresentação virtual memorável é a interação com as partes interessadas. A boa notícia é que, uma vez que elas superam o próprio receio e começam a interagir, tendem a continuar participando. Quando isso acontece, você sabe que estão engajados. Com isso, sua apresentação será memorável.

Cuidado com as Pistas Falsas

Na manhã de uma quarta-feira, às 10h da manhã, nossa equipe se reuniu na sala de conferências diante de uma grande TV de tela plana instalada na parede para demonstrações e apresentações virtuais. O executivo de contas (EC) já estava logado quando entramos na reunião; ele estava junto com um especialista que nos conduziria pela demonstração do software.

Após nos apresentarmos e trocarmos cordialidades básicas, o EC nos perguntou se tínhamos perguntas. Manifestei-me com a única pergunta que ainda não tínhamos feito: "Quanto custa isto?" Mas não foi assim que falei. Foi mais como um desafio direto:

"Antes de começarmos, acho que é importante vocês saberem que estamos com o orçamento apertado. Não somos uma empresa grande, então não temos como pagar o que você está cobrando das grandes marcas que está mostrando na tela agora [referindo-me ao pomposo slide em que ele listara 'quem é quem' de seus clientes]. Realmente não quero fazê-lo perder seu tempo se isso estiver fora de nosso orçamento. Então, por que não nos fala sobre os custos que podemos esperar?"

Então, *bum* — como um peixe mordendo a isca — ele a mordeu e correu. Ficou gaguejando alguma resposta vaga e evasiva, que mais parecia uma defesa. Foi quando nosso diretor de operações (COO) o atingiu em cheio.

"Vamos precisar de algo mais específico do que isso. Parece que você não está nos contando a história inteira. Passe a estrutura completa de custos."

Mais gaguejamento e balbuciação. O cérebro racional dele estava alertando-o a não nos dar as informações sobre os custos fora do contexto, mas a emoção estava vencendo a lógica, fazendo com que sua boca ficasse fora de controle.

Foi quando nosso vice-presidente de desenvolvimento curricular entrou na conversa: "Já nos demos mal com custos escondidos no passado, então vamos colocar tudo em pratos limpos."

A essa altura, o EC estava repetindo as palavras e ficando cada vez mais na defensiva sempre que abria a boca. Essa atitude e seu modo de argumentar serviram apenas para criar mais resistência.

Minha equipe o pressionou ainda mais. O mar estava para peixe. Eles o desafiaram com perguntas sobre a estabilidade da empresa, obtendo referências sobre o porquê de não estarem nos mostrando marcas de empresas que eram do mesmo tamanho que a nossa, e assim por diante.

Por fim, ele cedeu. Apresentou o custo de seu programa, linha a linha, antes da demonstração, completamente fora de contexto. O custo do produto estava na faixa do que esperávamos, mas ele cometeu o erro grave de explicar que haveria uma "taxa de serviços" de 30% dos custos totais do programa, pois "precisamos de ajuda para configurá-lo".

"Você está nos dizendo que seu software é tão complicado que precisamos pagar mais de US$10 mil para que nos treine e seja nossa babá? Isso é ridículo."

"Acha que somos tão incompetentes que não conseguimos aprender a usar sua plataforma? Já estamos usando o programa de seu concorrente. Estamos conversando com você porque queremos fazer um upgrade. Sabemos usar esse tipo de sistema e não precisamos de sua ajuda."

Atingido em seu ponto fraco, ele tentou defender sua posição sobre a taxa de serviços. Ao fazer isso, afundou-se ainda mais. Argumentou seu ponto de vista, e minha equipe ficou intratável.

"Não vamos pagar a taxa de serviços! Se isso for um requisito, podemos parar por aqui."

Ele tentou avançar para a demonstração, mas era tarde demais. Havíamos passado a maior parte dos 30 minutos programados para a reunião argumentando sobre aquela estrutura de preços. Ficamos exasperados com sua defensiva, perdemos a confiança e nos atrasamos para as outras reuniões que estavam agendadas. Recusamos educadamente e seguimos o dia.

Mais para o fim do dia, ele me ligou e explicou que a taxa de serviços era negociável e que, caso achássemos que conseguiríamos configurar o programa por conta própria, ele não veria problemas em abrir mão dela. Queria remarcar a demonstração. Dispensei-o.

"Estaremos superocupados com projetos de clientes e não temos mais tempo disponível na agenda. Ligue para mim no mês que vem, talvez consigamos marcar outra demonstração."

O executivo de contas pisara na bola, permitindo que uma *isca* acabasse com a sua apresentação.

Evite Ficar Caçando Pistas Falsas

Uma pista falsa é algo que a parte interessada faz, diz ou pergunta; algo que o distrai e tira a atenção do objetivo de sua apresentação.

Elas são perigosas em situações presenciais. Mas ficar caçando-as em uma apresentação virtual é uma missão suicida. Ao ser atraído para uma, é quase impossível se recuperar. A Figura 16.1 oferece algumas estratégias para evitá-las.

Acredita-se que o termo pista falsa (*red herring* — *arenque vermelho*) tenha origem na prática de arrastar um peixe morto por uma trilha para atrair, e despistar, os cães de caça. E é exatamente isso que acontece com os vendedores que abandonam o objetivo

Figura 16.1 Superando as Pistas Falsas

de sua reunião para ir atrás de uma pista falsa. Essas pistas parecem inócuas — simples afirmações ou perguntas:

> *"Veja, antes de continuarmos, preciso saber se isto não é caro demais."*

> *"Você precisa saber que não vamos assinar um contrato de longo prazo."*

> *"Como bem sabe, não vamos comprar nada hoje."*

> *"Já tentamos isso com sua empresa antes e não deu certo."*

> *"Por que as avaliações online sobre sua empresa são tão ruins?"*

> *"Há muitas coisas de que não gostamos em seu software. Vamos precisar acrescentar mais recursos."*

"Já estamos conversando com seu concorrente."

"A quais empresas em nosso setor você atende?"

"Há uma mensagem muito negativa sobre seu CEO no jornal de hoje."

Não morda a isca! As pistas falsas são sequestradores emocionais que transformam apresentações virtuais em um desastre.

Visto que as partes interessadas respondem da mesma forma, em vez de ficar na defensiva ou argumentar, responda usando um tom descontraído e calmo. Reconheça o problema e assuma o controle da situação. A maioria das pistas falsas somem conforme você avança na apresentação.

Informe às partes interessadas que você as ouviu. Pode dizer: "Isso faz sentido", ou "Entendo", ou, ainda, "Isso parece ser importante".

Minha maneira favorita de reconhecer uma pista falsa é escrevendo-a. Como estamos em uma reunião virtual, é importante informar que você está fazendo isso: "Isto parece ser importante, vou escrever aqui no quadro branco." Sempre deixo um quadro branco atrás de mim, onde escrevo itens extras. Isso me permite reconhecer uma pista falsa sem morder a isca.

Geralmente a ignoro, a menos que apareça novamente, pois aprendi, ao longo de uma vida inteira na profissão de vendedor, que isso quase nunca acontece. Apenas reconheço a preocupação e continuo em meu trilho.

Se houver uma preocupação real ou uma pergunta legítima, será necessário abordá-la em algum momento. No entanto, lidar com ela durante a apresentação fará com que a conversa desande ou deixará a questão fora de contexto; então é melhor reservá-la para um momento mais adequado.

Caso decida lidar com o problema ou a questão na hora, tenha cuidado para não responder às perguntas sem antes esclarecer o significado subjacente às questões.

Demonstrações Virtuais

Conduzir demonstrações de softwares e apresentar serviços intangíveis sempre foi relativamente fácil em reuniões virtuais. O meio tradicional de demonstrar um produto físico e tangível, ou um espaço físico como um prédio, no entanto, tem sido o presencial.

Isso faz sentido. As pessoas ficam mais conectadas e se sentem mais confortáveis ao comprar coisas que experimentaram em primeira mão.

Porém, às vezes, como muitos vendedores aprenderam pela maneira difícil durante a pandemia mundial do coronavírus, não é possível realizar demonstrações presenciais. Em tais situações, as videochamadas são a coisa mais próxima de estar lá.

O grupo Holdcroft Nissan, por exemplo, não perdeu um segundo durante a pandemia. Eles começaram a convidar os clientes para seus showrooms para fazerem "test drives" ao vivo.[6] Muitos outros profissionais e organizações inovadores de vendas fizeram o mesmo. A Thrive Senior Living realizou videotours ao vivo em suas instalações, enquanto os profissionais da Ellison Technologies potencializaram as videoconferências para demonstrar centros de máquinas a seus clientes fabricantes.

Dicas para uma Demonstração Eficaz em Vídeo

As plataformas de videoconferência facilitam muito a realização de demonstrações remotas e proporcionam às partes interessadas uma experiência interativa.

Para ser o mais eficaz possível, é necessário ter duas pessoas nas demonstrações por vídeo, uma para operar a câmera, e outra para conduzir a demonstração. Isso lhe possibilita focar a demonstração e interagir com as partes interessadas, enquanto o operador de câmera o segue e aponta a câmera na direção em que você ou a parte interessada desejar.

Minha preferência para a configuração da câmera em uma demonstração virtual é um gimbal Osmo com três eixos, acoplado a um iPhone, que está conectado à plataforma de videoconferências Zoom. Como o Osmo segue seus movimentos, ele também serve como um substituto, quando não tiver um operador de câmera. Usar a plataforma Zoom permite a interação com diversas partes interessadas e gera uma gravação que pode ser enviada posteriormente.

Muito embora as demonstrações virtuais sejam interativas, e as partes interessadas conduzam parte do engajamento, você ainda precisa de uma estrutura organizada para realizar as demonstrações — um passo a passo. Portanto, é necessário praticar até que consiga fazer a apresentação mesmo dormindo.

Quando dominá-la, conseguirá alcançar muito mais prospectos, aumentar a velocidade no pipeline e diminuir seu ciclo de vendas.

Incluí mais informações sobre equipamentos de demonstrações por vídeo em: https://www.salesgravy.com/vskit [conteúdo em inglês].

17 | Esteja Pronto para a Câmera

Fazer videoconferências improvisadas de vendas (e, aliás, qualquer tipo de reunião de vendas) é idiotice. Uma completa idiotice.

A Lei de Murphy diz: "Se algo pode dar errado, vai dar errado." Aqui entra em cena a videoconferência de vendas. As coisas que podem dar errado, darão errado. Sempre no pior momento possível, quando você estiver menos preparado para lidar com a situação.

O mais importante para compreender a respeito das videoconferências de vendas é que, mesmo se o que der errado não for sua culpa, você ainda sairá como responsável. Por exemplo, digamos que a internet das partes interessadas seja lenta, o computador delas reinicia no meio da reunião, elas não entendem a tecnologia, não conseguem fazer o microfone funcionar, ou é uma sexta-feira 13. Não importa a situação, você levará a culpa.

Há, também, seu estresse e sua ansiedade por estar em frente à câmera, trabalhando com tecnologia de videoconferências, com falhas técnicas de equipamentos de vídeo e de áudio e com o desafio eterno de conseguir velocidades constantes de upload. Quando ocorre um problema durante uma reunião, pode ser constrangedor e induzir ao pânico.

Dez anos atrás, quando estava começando a usar a tecnologia de videoconferências, marquei um webinar público. Após fazer a divulgação ao longo de um mês, 1 mil pessoas fizeram a inscrição.

O evento começou sem qualquer percalço. Havia 600 pessoas assistindo à apresentação ao vivo. Após cerca de 15 minutos, percebi que dezenas delas estavam reclamando no chat que não conseguiam me ouvir. Entrei em pânico. Senti uma onda de constrangimento quebrar sobre mim, na medida em que percebia como parecia ridículo em frente de todas aquelas pessoas. Meus dedos dançavam sobre o teclado, em busca de uma solução.

Conforme os segundos passavam, eu não conseguia respirar. Tentei pensar, resolver o problema, mas não era possível me concentrar. Então fiz a pior coisa que poderia fazer em uma reunião virtual de vendas. Em meu estado de pânico total, acidentalmente encerrei a reunião para todos. Queria me esconder embaixo da mesa. Ainda sinto vergonha quando me lembro dessa situação.

A biologia que orienta nossas reações neurofisiológicas e emocionais quando as coisas dão errado em uma videoconferência de vendas é poderosa. O batimento cardíaco se acelera, a respiração fica mais curta e a ansiedade aumenta. É desafiador manter a compostura. O controle da atenção se torna difícil. Pensar se torna um esforço. Estudos provaram, inclusive, que o QI cai em tais situações — um problemão quando precisamos de 100% de nossa acuidade intelectual.

O cérebro humano, a estrutura biológica mais complexa da Terra, é capaz de coisas incríveis. Contudo, a despeito de sua complexidade quase infinita, ele está sempre focado em uma responsabilidade fundamental — proteger-nos das ameaças, para que continuemos vivos.

O professor de Harvard e psicólogo Dr. Walter Cannon cunhou o termo *reação de luta ou fuga* para descrever como o cérebro reage às ameaças.[1] Tal reação pode salvá-lo da morte certa em uma situação, mas, em outra, pode desencadear uma onda de emoções disruptivas que podem deixá-lo sem rumo em meio a uma videoconferência de vendas quando algo dá errado.

Lutar ou fugir é nossa reação autonômica e instintiva para defendermos nosso território e lutarmos, ou para fugirmos quando estamos sob ameaça. Em alguns casos, congelamos (sobrecarga cognitiva). Isso é terrível. Em situações de ameaça à vida, podemos ficar permanentemente fora do grupo genético.

O cérebro e o corpo reagem a dois tipos de ameaças:

1. *Física:* ameaças à nossa segurança física ou à segurança de alguém que é próximo de nós.
2. *Social:* ameaças à nossa posição social, ao nosso banimento do grupo, ao risco de ficarmos mal na frente de outras pessoas, à não aceitação, à diminuição, ao ostracismo e à rejeição.

A reação de luta ou fuga é insidiosa, pois é uma reação neurofisiológica que dribla o pensamento racional. Ela tem início na amígdala — o centro sensorial do cérebro.

A amígdala interpreta a ameaça a partir da entrada sensorial e alerta o cerebelo (o cérebro autonômico) sobre ela. Por sua vez, o cerebelo aciona a liberação de neuroquímicos e hormônios, incluindo a adrenalina, a testosterona e o cortisol, em sua corrente sanguínea, a fim de prepará-lo para defender seu território e lutar ou fugir.

Os batimentos cardíacos ficam mais rápidos, a pele fica avermelhada e as pupilas, dilatadas. Você perde a visão periférica, o estômago se contrai, os vasos sanguíneos se constringem, a digestão fica mais lenta e você começa a tremer.

Para preparar o corpo para se defender, o sangue rico em oxigênio e glicose inunda os músculos. Porém, como há uma quantidade limitada de sangue, ele sai dos órgãos não essenciais para executar essa tarefa.

Um desses órgãos não essenciais dos quais o sangue sai é o neocórtex — o centro lógico e racional do cérbero. Acontece que, sob uma perspectiva evolucionária, pensar nas opções não é uma vantagem quando estamos perante uma ameaça. Precisamos nos mover rapidamente para permanecermos vivos.

Sob as garras de lutar ou fugir, não conseguimos pensar; temos dificuldades com as palavras e sentimos a perda de controle. Nossa mente vacila, as mãos suam, o estômago se contrai e os músculos ficam tensos. Conforme o sangue sai do neocórtex, nossa capacidade cognitiva fica como a de um primata bêbado. Então, como eu, você clica no botão errado e, puf, encerra a reunião no meio da maior apresentação de sua carreira.

O verdadeiro segredo para evitar tal reação nas videoconferências de vendas é simples: *prática e planejamento*. Desde esse terrível incidente dez anos atrás, aprimorei e aperfeiçoei minhas habilidades de reuniões virtuais de vendas ao realizar centenas delas. Ao longo do caminho, aprendi que, quanto melhor o planejamento, menos erros eu cometia, menos dificuldades enfrentava e mais preparado estava para o que viesse.

Esteja Preparado para Qualquer Coisa

No Capítulo 14, analisamos por que os diretores e os produtores de programas de TV e de filmes fazem tantas coisas para garantir que o áudio, a iluminação, o enquadramento e os sets estejam perfeitos. Isso lhes permite produzir uma experiência que as pessoas curtem e pela qual estão dispostas a pagar.

Falamos sobre você estar sempre em destaque. Os compradores estão observando tudo em sua reunião — o que faz e o que não faz. Eles fazem julgamentos sobre gostarem ou não de você e se podem confiar ou não em você com base no que veem e ouvem.

O fato é que, nas videochamadas, é como se você estivesse realizando um show. Os detalhes são importantes. A experiência emocional que sua apresentação proporciona importa. Portanto, não dá para improvisar. Você deve estar preparado.

A cada vez que os pilotos se preparam para um voo, eles usam um checklist. É só dar uma espiada no cockpit antes da decolagem na próxima vez em que pegar um voo comercial. Você verá que o piloto e o copiloto estão com um livro físico aberto e estão percorrendo o checklist passo a passo.

Estamos falando de profissionais com milhares e milhares de horas de voo. Eles usam o mesmo checklist a cada voo. Conseguem recitá-lo de memória. Contudo, passam por todo o checklist, da mesma forma, todas as vezes. Por quê? Porque, se algo der errado a 10 mil metros de altura, os resultados podem ser catastróficos. Assim, é melhor identificar os problemas enquanto ainda estão no chão.

É exatamente por isso que, na Sales Gravy, temos um checklist para as reuniões por vídeo. Ele começa com *Ligue a eletricidade* e *Conecte o computador na tomada*. Esses dois primeiros passos podem parecer inofensivos e nada além do óbvio, a menos que estivesse comigo quando meu notebook desligou no meio de uma reunião porque eu não o tinha ligado na tomada e a bateria acabou. Ou na vez em que ele estava ligado em um filtro de linha, o qual fora inadvertidamente desligado e minha bateria acabou no meio de uma videoconferência de vendas com executivos muito ocupados.

Não há palavras para descrever o quanto essas situações são constrangedoras. Como as partes interessadas não conseguiam me ver, não faziam ideia do que tinha acontecido. Caso estivesse lá em pessoa, eu simplesmente teria dito: "Ops, minha bateria acabou; tem uma tomada por aqui que eu possa usar?" Pelo contrário, enquanto minha tela continuava escura, eles foram deixados a sós para criarem uma narrativa mental sobre o que acontecera.

Foram necessários vários minutos até eu conseguir voltar à reunião. Àquela altura, os compradores já tinham ido embora. Foram fazer outras coisas. Eu passei semanas tentando reunir todos eles e pisei na bola pela idiotice de uma falta de bateria.

Esses são apenas dois exemplos de muitos incidentes constrangedores pelos quais passei em videoconferências. O que mudou tudo foi ter desenvolvido tanto o nosso *Checklist de Reuniões Virtuais de Vendas* quanto a *disciplina* de usá-lo antes de cada videoconferência de vendas. Isso eliminou 99% dos problemas que contribuíam para aquelas situações constrangedoras. Atualmente, minhas reuniões acontecem muito tranquilamente, tenho mais confiança e meus clientes fixos e em potencial têm uma experiência melhor.

Checklist de Reuniões Virtuais de Vendas

Quando digo checklist, refiro-me a uma lista física que é impressa e plastificada. Antes de TODAS as reuniões, percorro cada passo no checklist e uso um marcador não permanente para assinalar cada item na lista. Aprendi da pior maneira que é um erro grave deixar qualquer coisa à sorte em uma videoconferência de vendas.

Reserve um tempo suficiente antes das reuniões, e entre elas, para usar o checklist. Serão necessários pelo menos 15 minutos para passar por todos os tópicos e conferir tudo.

Eletricidade e Bateria Reservas

A eletricidade é tudo. Sem eletricidade, não há reuniões virtuais de vendas. É altamente recomendado investir em uma unidade reserva de eletricidade, os nobreaks. Eles servem tanto para proteger as oscilações de eletricidade como para manter seu equipamento funcionando em caso de falta dela, por meio de baterias internas, de modo que a reunião não seja interrompida.

- Verifique todos os cabos e as conexões, para garantir que seu notebook ou dispositivo esteja ligado à eletricidade.
- Verifique o ícone da bateria em seu notebook ou dispositivo, para assegurar que esteja recebendo eletricidade.
- Caso esteja usando uma internet de fibra que precise de eletricidade, verifique sua bateria reserva, para estar seguro de que está totalmente carregada e funcionando.
- Se possível, conecte o roteador de Wi-Fi em uma fonte reserva de bateria.
- Confirme se todas as baterias nos dispositivos, microfones, nas câmeras e luzes estão totalmente carregadas. Acho que é uma boa ideia colocar tudo na tomada na noite anterior, de modo que tenham carga completa no início do dia. Caso comece o dia com elas descarregadas, ficará correndo atrás das baterias o dia todo.

Conexão de Internet + Reserva

Como muitas pessoas, talvez você more em uma área onde (1) a velocidade e a banda larga aumentam e diminuem conforme o dia, (2) o clima impacta a velocidade ou (3) a velocidade da internet é ruim o tempo todo. Temos problemas no escritório quando muitas pessoas estão fazendo upload de arquivos grandes ao mesmo tempo.

É altamente recomendável investir em uma conexão reserva, como um hotspot móvel. Essa fonte extra já me salvou em diversas ocasiões em que minha fonte principal de banda larga caiu.

- Sempre que possível, use internet cabeada. Verifique se o cabo da internet está plugado corretamente e se desligou o Wi-Fi em seu dispositivo.
- Se estiver usando Wi-Fi, verifique a força do sinal.
- Verifique a velocidade de upload de sua internet. Caso for muito lenta, tente reiniciar o roteador e o computador, ou os dispositivos (reserve tempo suficiente para essas reinicializações antes de suas reuniões).

- Desligue o Wi-Fi de todos os dispositivos que não estarão envolvidos na reunião virtual — isso inclui assistentes digitais como Google Home e Alexa. Esteja certo de que ninguém em sua casa está fazendo streaming, jogando ou subindo arquivos. Até mesmo as pequenas interrupções no áudio e no vídeo causadas por velocidades lentas de internet podem fazer com que as pessoas tenham uma percepção negativa de você.[2] Não dê chance para o azar.
- Pause os uploads em todos os aplicativos de compartilhamento de arquivos, como DropBox, Google Drive e OneDrive.
- Feche seu aplicativo de e-mail.
- Verifique sua conexão de reserva, para garantir que esteja totalmente carregada, com um bom sinal e que seu computador ou dispositivo já a tenha reconhecido. Pratique fazer a conexão à sua fonte reserva, para que possa realizar isso com um clique, caso sua conexão principal caia. Faça o teste para garantir que seu computador ou dispositivo se conectará a essa fonte antes da reunião.

Áudio

Você aprendeu que o elemento técnico mais importante de sua videoconferência é o áudio.

- Verifique e garanta que seu microfone esteja conectado corretamente ao notebook, computador, desktop ou câmera.
- Garanta que o microfone correto esteja selecionado em sua plataforma de videoconferência. Dica: caso não consiga encontrar seu microfone nas configurações, ele não está conectado corretamente ao seu dispositivo.
- Teste os níveis de volume e faça os ajustes.
- Certifique-se de que seu microfone esteja posicionado corretamente.
- Teste as caixas de som ou os fones de ouvido, para garantir que pode ouvir a outra pessoa.
- Verifique as baterias dos microfones e dos fones de ouvido, para assegurar que estejam totalmente carregadas.

Iluminação

Uma boa iluminação é o segredo para que você consiga uma melhor aparência na tela.

- Verifique a posição das luzes.
- Confira os níveis de luminosidade e de temperatura.
- Verifique as conexões elétricas e as baterias reserva.
- Verifique se há reflexos desagradáveis e feche as cortinas das janelas para regular a luz natural.
- Caso esteja usando um fundo virtual com ou sem o fundo verde, verifique a iluminação, a fim de garantir que não fique desaparecendo no fundo, sem cor ou distorcido. Será preciso tempo suficiente para fazer isso e para fazer a checagem antes de cada reunião.

Câmera

Confira as configurações da câmera antes de cada reunião. Reserve tempo suficiente para isso. Nunca dê chance para o azar. É vergonhoso quando você precisa fazer ajustes de câmera no meio da reunião.

- Confira se a câmera está conectada corretamente ao notebook.
- Confira se a câmera correta está selecionada em sua plataforma de videoconferência. Dica: caso não encontre sua câmera nas configurações de vídeo, ela não está conectada corretamente ao dispositivo.
- Verifique a temperatura da cor e o foco. Certifique-se de que a iluminação está colocada adequadamente, de modo que você fique com uma aparência natural, e não de "cara lavada".
- Verifique as conexões elétricas e as baterias reserva.
- Verifique a posição de sua câmera e o enquadramento, para que ela fique no nível dos olhos, suas mãos e seu tórax estejam visíveis e você esteja alinhado adequadamente nos eixos vertical e horizontal, sem distorções.

Fundo

Seu fundo é seu set. Ele envia uma mensagem poderosa. Certifique-se de que é a mensagem que você quer transmitir.

- Verifique o fundo, para garantir que tudo esteja no lugar e que saia bem no enquadramento do vídeo. Em um espaço de trabalho ativo, é comum que o fundo seja movido ou atrapalhado. Caso não tenha um fundo permanente, ou tenha que movê-lo para outro lugar, verifique como fica no enquadramento antes da videoconferência.
- Verifique se o fundo está iluminado adequadamente e se não há reflexos ou sombras que causam distração.
- Caso seu fundo inclua uma TV, um smartboard ou outro quadro branco interativo, certifique-se de que estejam ligados e de que a imagem correta esteja aparecendo na tela.
- Caso seu fundo inclua um quadro branco, certifique-se de que esteja apagado e limpo, ou com uma mensagem que você deseja transmitir.
- Se estiver usando um fundo virtual, acesse a plataforma de videoconferência para verificar se a imagem correta está carregada. Quando uso fundos virtuais, geralmente coloco o logotipo do meu prospecto no fundo. Já cometi o erro constrangedor de iniciar uma reunião no último minuto com o logo de outra empresa atrás de mim.

Configurações de Plataforma

Verifique as configurações da plataforma de videoconferência antes do início da reunião. Não presuma que esteja funcionando perfeitamente apenas porque estava em sua última reunião.

- Verifique se o aplicativo está instalado na versão mais recente.
- Verifique a fonte de áudio.
- Verifique a fonte de vídeo e do fundo virtual, caso esteja usando essa opção.

- Verifique se está se conectando ao ID da reunião certa — não há nada como você e as partes interessadas estarem em salas diferentes (tenho uma camiseta com esses dizeres).
- Verifique as configurações de gravação, certifique-se de que está gravando e observe onde a gravação será armazenada — não há nada como se esquecer de apertar o botão da gravação ou perder o vídeo após a reunião. Configurei minha plataforma para gravar como padrão, a fim de evitar essas coisas.
- Verifique as configurações de qualidade de vídeo.
- Verifique se o chat está ativado ou desativado, dependendo de suas intenções.
- Caso esteja usando senha para permitir acesso, certifique-se de que sabe mover os participantes da sala de espera para a reunião.
- Verifique e pratique o compartilhamento de tela, para garantir que suas janelas estejam organizadas corretamente e fazer com que a transição da interface de vídeo para o compartilhamento seja feita de modo fácil e sem interrupções.
- Verifique as configurações de "participar da reunião", para que as pessoas possam vê-lo e ouvi-lo e para que você possa vê-las e ouvi-las quando entrar.

Isto é importante, então, preste atenção. Se for participar de uma reunião na plataforma de seu cliente fixo ou em potencial, acesse-a 15 minutos ANTES do início da reunião para baixar quaisquer aplicativos necessários e verificar as configurações de compatibilidade de áudio e de vídeo. Acredite em mim; provavelmente você terá que fazer alguns ajustes, e é importante que não os faça quando a reunião já tiver começado.

Ruído de Fundo e Distrações

Ruídos de fundo, como cachorros latindo e notificações de telefone, podem passar uma imagem nada profissional. As distrações roubam sua atenção, fazendo com que quebre o contato visual, pare de escutar e perca a linha de raciocínio.

- Estando no escritório ou em casa, certifique-se de que todos ao seu redor saibam que você está em uma videoconferência de vendas e que precisam fazer silêncio. Um aviso em sua porta, no escritório ou em casa também é uma boa ideia. Comprei um painel luminoso com a palavra SILÊNCIO (como aqueles usados em estúdios) e o instalei sobre a porta do meu escritório. Quando está ligado, as pessoas sabem que precisam fazer silêncio e que não podem me atrapalhar.
- Caso esteja fazendo uma reunião virtual de vendas de um hotel, coloque o aviso NÃO PERTURBE na porta e avise à recepção que não quer ser incomodado.
- Coloque os pets em uma área isolada de sua casa, para que não o distraiam com latidos ou pulem para dentro de seu set de vendas virtuais.
- Coloque todos os dispositivos no modo silencioso e tire-os de sua vista.
- Caso esteja esperando alguma entrega, coloque um aviso na porta, pedindo ao entregador que não toque a campainha. Caso tenha uma campainha smart, coloque no modo silencioso.

Computador Desktop

Muitas pessoas, mas muitas mesmo, já passaram por muitos constrangimentos por terem compartilhado a janela errada de seu computador desktop em uma reunião virtual de vendas, ou por terem que ficar procurando na bagunça de suas áreas de trabalho até encontrar o arquivo certo para compartilhar.

- Feche todas as janelas no computador, com exceção do aplicativo de videoconferência e daquilo que deseja compartilhar durante a reunião.
- Coloque o computador ou notebook no modo "não perturbar".
- Pratique a escolha da janela correta e o compartilhamento de tela diversas vezes, para que possa realizar isso sem interrupções.

- Nunca é demais reiniciar o computador antes das reuniões. Ele ficará mais rápido, e as atualizações serão processadas antes de você entrar na reunião.

Cuide das Pequenas Coisas

Nas reuniões virtuais de vendas, você está em destaque e, nessa situação, os detalhes importam. É preciso cuidar das pequenas coisas.

- Reveja seu plano de pré-reunião.
- Saiba qual é seu objetivo e o próximo passo desejado.
- Revise a ordem do dia e certifique-se de que tem uma cópia à sua frente. Gosto de enviá-la previamente e de postá-la no chat.
- Prepare-se para conversas informais. Alguém chegará atrasado, precisará reiniciar o computador ou, talvez, as partes interessadas na reunião podem querer bater papo por um momento. Garanta que está preparado para se engajar nas conversas pré-reunião.
- Reveja as perguntas que planeja fazer às partes interessadas. É uma boa ideia mantê-las à sua frente.
- Certifique-se de que você sabe o nome de todos que participarão da reunião. Acho válido pegar as fotos deles no LinkedIn e colá-las em um único documento, com o nome e a posição de cada um logo abaixo da foto. Imprimo uma cópia e a coloco em minha frente. Isso me ajuda a receber cada um pelo nome quando entram na reunião.
- Verifique se os recursos que planeja compartilhar na tela estão prontos.
- Certifique-se de que tem canetas, um bloco e água ao seu alcance.
- Vá ao banheiro. É difícil se concentrar com a bexiga cheia.

Gosto de deixar um quadro branco atrás de mim durante minhas reuniões virtuais de vendas, para fazer um brainstorming com as partes interessadas, captando ideias, ou para anotar temas sobre outro assunto (as pistas falsas). Isso faz com que a reunião siga conforme o planejado, facilitando a síntese e a verificação de que captei tudo, além de criar um ótimo efeito visual.

Aparência Física

Certa vez, fiz uma reunião inteira com meu colarinho para fora do meu paletó, — como John Travolta em *Os Embalos de Sábado à Noite*. Só fui perceber depois, quando assisti à gravação. Outro momento constrangedor, porque não realizei a verificação prévia. Antes de começar as reuniões virtuais de vendas, verifique seu cabelo, seus dentes, nariz, rosto e roupas.

Esteja Sempre Pronto para a Câmera.

18 | Mensagens de Vídeo

Os dados disponíveis sobre a influência que o vídeo causa no comportamento dos compradores são incontestáveis. Setenta e cinco por centro dos compradores afirmam que tomaram uma decisão de compra após assistir a um vídeo.[1] Consumimos vídeos online a um ritmo cada vez mais rápido. Eles representam 75% do tráfego na internet e projeta-se que chegarão a 82% em um futuro próximo.[2]

Como ferramenta de marketing de conteúdo, o vídeo deixou de ser inovador, passando a ser essencial. Tanto que comecei minha própria empresa de produção de vídeos chamada Knowledge Studios para oferecer serviços à Sales Gravy e aos nossos clientes.

O vídeo é tão poderoso que eu poderia escrever outro livro inteiro sobre vendas por meio de vídeos e de estratégias de marketing. Porém, em vez de sobrecarregá-lo, focarei especificamente as mensagens de vídeo e as ações que você pode fazer agora para implementá-las em seu arsenal de vendas virtuais.

As Mensagens de Vídeo Não São Piada

Enquanto o marketing por vídeo, como a maioria das estratégias de marketing de conteúdo, é uma ferramenta de geração de leads e de criação de marca direcionada para muitas pessoas de uma vez só, as mensagens de vídeo são individuais. É algo pessoal. Cada mensagem é singular, feita por você para um possível cliente ou para uma parte interessada.

As mensagens de vídeo são um meio poderoso que traz resultados. Em um estudo, a SalesLoft descobriu que os vídeos personalizados propiciaram uma taxa de fechamento de 75%. A conclusão deles foi: "Você não precisa estar há muito tempo em vendas para saber que uma taxa de fechamento de 75% não é piada."[3]

Em outro estudo de caso, a HubSpot percebeu um aumento de 400% na conversão de prospecção por e-mail quando passaram a incluir um vídeo personalizado.[4] De igual modo, a Hippovideo.io demonstrou que as mensagens de vídeo podem reduzir o ciclo de vendas em até 40%.[5]

Como ferramenta de venda virtual, as mensagens de vídeo são imbatíveis. Não há outro canal assíncrono que possa igualar seus resultados. Contudo, elas estão apenas começando a ser totalmente usadas. Os usuários pioneiros alcançam resultados tremendos ao mesclarem as mensagens de vídeo em seus processos de desenvolvimento de negócios de vendas.

Isso não é diferente da história que contei anteriormente sobre quando adotei o PowerPoint assim que ele foi lançado no mercado. Como poucas pessoas o conheciam, consegui encantar as partes interessadas, dar uma surra nos concorrentes e fechar muito mais negócios do que meus colegas. Esse é o motivo pelo qual agora é a hora de mergulharmos de cabeça nas mensagens de vídeo.

Aplicando a Lei da Reciprocidade

Estudos acadêmicos provam que as pessoas adoram e desejam conteúdos personalizados.[6] Mas você já sabe disso porque é humano, e também os adora e os deseja. A necessidade humana e os desejos mais insaciáveis são sentir-se importante, reconhecido e significante. Todos queremos saber que somos importantes.

Um vídeo que foi feito *exclusivamente para você* faz com que você se sinta dessa forma, sendo esse um dos principais motivos pelos quais os vídeos personalizados são um canal de comunicação tão poderoso e convincente.

Como a necessidade por significância é tão insaciável, quando você faz com que alguém se sinta importante, está dando a essa pessoa o melhor presente possível. O que é lindo a respeito dos presentes é que, quando você dá um, leva a outra pessoa a *sentir* a necessidade de retribuir.

Robert B. Cialdini, autor do livro *Influence* [Influência, em tradução livre], diz: "Uma das armas mais importantes de influência ao nosso redor é a regra da reciprocidade. Ela diz que deveríamos tentar retribuir, na mesma moeda, o que alguém nos proporcionou."[7] Tal sentimento de obrigação à necessidade de retribuir está profundamente enraizado na psicologia humana.

Em termos leigos, a lei da reciprocidade simplesmente explica que, quando você dá a uma parte interessada um presente — como uma mensagem de vídeo personalizada —, ela dispara um sentimento subconsciente de obrigação. Esse sentimento aumenta a probabilidade de que ela concordará em se reunir com você (prospectar), passando para o próximo passo na jornada de compra (venda) e, ainda, que ela lhe dará mais negócios (gestão de conta).

As Mensagens de Vídeo São Versáteis

Embora a maioria dos vendedores e dos líderes veja as mensagens de vídeo basicamente como uma ferramenta de prospecção, o que mais adoro nesse tipo de mensagem é sua versatilidade. Elas podem ser impulsionadas em toda a jornada de desenvolvimento de negócios, vendas e gestão de contas (Figura 18.1).

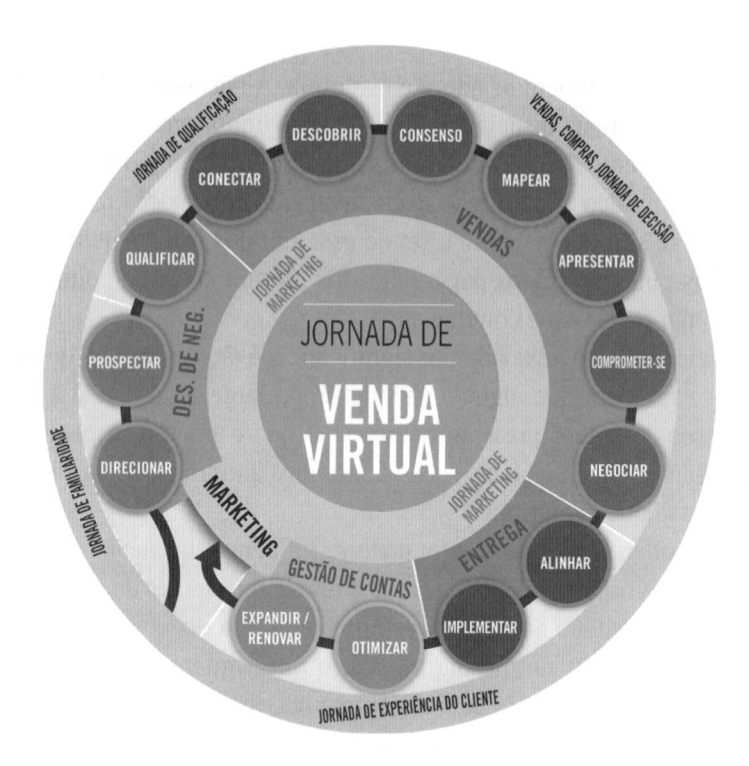

Figura 18.1 A Jornada das Vendas Virtuais

Você aprendeu que a experiência emocional das partes interessadas, enquanto estão trabalhando com você, é o previsor mais consistente de resultados do que qualquer outra variável. Em cada estágio da jornada de compras, a mensagem de vídeo, quando bem usada, vai ajudá-lo a proporcionar uma experiência emocional positiva.

Prospecção

As mensagens de vídeo personalizadas e anexadas a um e-mail ou uma mensagem direta aumentam exponencialmente as taxas de abertura, os cliques e as conversões de chamadas para ação [call to action]. Essas mensagens o ajudam a deixar o ruído para trás, a destacar-se e a chamar a atenção. Elas o ajudam a dar um rosto a um nome e a criar familiaridade. Quando são integradas com sequências bem desenvolvidas de prospecção, os resultados são fenomenais.

É importante observar que a criação de mensagens de vídeo toma tempo. Dependendo de seu grau de habilidade com a gravação e a edição básica do vídeo, pode levar de 3 a 15 minutos por mensagem. Portanto, para ser eficaz e continuar produtivo, é importante concentrar seus esforços em grupos selecionados de prospecções-alvo com alto potencial.

Convites

Os vídeos personalizados são um veículo perfeito para convidar prospectos para webinars, eventos online ou abertos, seminários, conferências e reuniões presenciais em feiras comerciais. É fácil. Apenas sorria para a câmera, apresente o *valor* (o que eles têm a ganhar) de participar do evento ou de visitar seu estande e diga-lhes o quanto está ansioso para vê-los.

Confirmação de Reuniões

O não comparecimento [no-shows] é uma droga. Ele rouba seu protagonismo e impacta sua atitude, especialmente quando você vem buscando uma oportunidade há um bom tempo e, finalmente, consegue marcar uma reunião.

Uma mensagem de vídeo curta e personalizada, enviada após o agendamento de uma reunião com o novo possível cliente, pode diminuir pela metade o número de não comparecimentos. A mensagem de vídeo o transforma em uma pessoa real, mostra seu entusiasmo e cria um senso de obrigação — diminuindo muito as chances de que seu cliente em potencial falte à reunião. Em situações nas quais ele realmente não pode comparecer ao compromisso feito com você, haverá muito mais chances de que a remarque de forma educada.

O Acompanhamento após as Reuniões de Vendas e o Avanço do Negócio

Enviar mensagens personalizadas de vídeo às partes interessadas após as reuniões de descoberta, as demonstrações e as apresentações demonstra profissionalismo, desenvolve a confiança e ancora os relacionamentos. Você continua a criar familiaridade (quanto mais as pessoas o veem, mais elas gostam de você); e, o mais importante, tais mensagens evitam que as negociações fiquem travadas no pipeline.

Aproveite as mensagens de acompanhamento [follow up] para informar às partes interessadas o quanto está agradecido pelo tempo que cederam a você, para reafirmar o que descobriu e para lembrá-las dos passos seguintes que foram acordados e da data e hora da próxima reunião. Por exemplo:

> *Olá, Ana (sorria e acene)! Muito obrigado por me ceder um tempo hoje e por ter me ensinado sobre seu fluxo de trabalho atual de processamento de pagamentos. Mal posso esperar para ter amanhã as informações sobre seu atual plano de benefícios. Com elas em mãos, farei uma proposta que podemos analisar em nossa próxima reunião, no dia 2, terça-feira. Tenha um ótimo fim de semana, nos vemos na semana que vem (sorria e acene)!*

Instrução, Insight e Microdemonstrações

As mensagens curtas de vídeo são uma forma não intrusiva de contar sua história e dar insights às partes interessadas durante a jornada de compra. Esses vídeos geralmente são compartilhados pelas partes com outras pessoas dentro da organização. Isso o ajuda a estender seu alcance e sua influência.

Esta manhã, um grupo de partes interessadas se reuniu para discutir minha proposta para um programa de treinamento de vendas virtuais. Na noite anterior, gravei um vídeo curto, mostrando os bastidores de nosso set de treinamento virtual e o enviei por mensagem de texto para nosso treinador da conta. A reunião era às 9h. Às 10h30, recebi uma resposta dele, dizendo o quanto todos na reunião ficaram impressionados com a nossa estrutura.

As microdemonstrações são gravações curtas e fáceis de serem consumidas para mostrar seu software (gravações de tela), seus produtos e seus serviços. Elas ajudam a instruir e a manter as partes interessadas engajadas durante a fase de descoberta do processo de vendas. Recentemente, fiz uma grande compra com um representante que me ajudou a entender todas as funcionalidades de seu produto em uma série de vídeos curtos que ele me enviou ao longo de uma semana. Seus vídeos facilitaram muito minha decisão de comprar com ele.

Muitas ferramentas de distribuição de mensagens de vídeo permitem que você acompanhe as taxas de abertura, de compartilhamento e de exibição. Os dados obtidos por meio dos vídeos de microdemonstrações também podem lhe dar um insight importante sobre o engajamento das partes interessadas. Com base nos dados de análise do vídeo, é possível ajustar a estratégia e a abordagem, para garantir que sua oportunidade continue avançando.

Influência na Tomada de Decisão

Quando as partes interessadas estão tomando decisões a respeito de quem vão comprar, um vídeo curto, expressando seu interesse em fazer negócios com eles, revendo e destacando seu caso de negócio e mostrando como vai ajudá-los especificamente, causa um impacto —, aumentado, assim, sua probabilidade de vitória.

Meus vendedores impulsionam vídeos desse tipo regularmente. Perto do fim do processo de vendas, logo antes da apresentação final e da proposta ou logo após ela, eles me pedem para enviar a seus possíveis clientes um vídeo personalizado. Dá certo. Ao longo dos últimos 3 anos, nossa taxa de fechamento nas contas que recebem esses vídeos foi de 94%.

É uma maneira excelente de potencializar sua equipe de liderança. Antes, quando todas as minhas reuniões de vendas eram presenciais, eu levava comigo alguns líderes, como o vice-presidente de meu grupo, para as reuniões de fechamento. Quando ele estava lá, quase sempre fechávamos o negócio.

O vídeo permite que você faça a mesma coisa com ainda mais oportunidades. Meus vendedores facilitam as coisas. Eles criam um pequeno script que inclui o nome (ou os nomes) da parte interessada e três tópicos que eles querem mencionar. Fazemos a revisão juntos. Em seguida, eles seguram a câmera e dizem: "Ação!" Tudo o que preciso fazer é sorrir e não errar minhas falas.

Gestão de Contas, Apreciação e Retenção de Clientes

Isso é fácil. Fique em frente à câmera e grave um vídeo curto e personalizado para as principais partes interessadas em suas contas. Uma mensagem curta com um agradecimento, um desejo de bom fim de semana, boas férias, feliz aniversário (ou feliz qualquer coisa), faz muita, muita diferença mesmo. Essas mensagens ancoram seus relacionamentos e criam lealdade; você ficará impressionado com a frequência com que elas levam a uma conversa sobre lhe trazer mais negócios.

Transferência de Contas

De tempos em tempos, será necessário apresentar outra pessoa da equipe a um contato ou às partes interessadas. Pode ser uma transferência para o gerente de conta, o engenheiro de vendas, o representante de sucesso de cliente, o gerente de serviços etc. Essas transferências de relacionamento podem ser constrangedoras para você e desconfortáveis para os clientes. A fim de facilitar as coisas, grave um vídeo curto com a pessoa que você está apresentando e informe-os de que estarão em boas mãos.

Gravar Mensagens de Vídeo É Mamão com Açúcar

Por todos os motivos que já analisamos, o primeiro passo para potencializar as mensagens de vídeo é superar sua aversão a ficar em frente a uma câmera. Quero assegurá-lo de que, quanto mais mensagens de vídeo criar, mais fáceis elas se tornarão.

Pare de ficar pensando no assunto e pressione "gravar". Deixe o perfeccionismo de lado. Será preciso sacrificar a qualidade em prol da quantidade, principalmente com os vídeos de prospecção. A maioria desses vídeos será assistida apenas uma vez. Então, não precisam estar absolutamente perfeitos. Relaxe e divirta-se.

Curtos, Espontâneos e Autênticos

As mensagens de vídeo devem ser curtas. Entre 30 a 60 segundos é o ideal. Para gravá-las, siga os três "S":

- Seja breve.
- Seja inteligente.
- Saia de cena.

É importante que suas mensagens de vídeo sejam autênticas e transmitam espontaneidade. Isso não quer dizer que você deve simplesmente improvisar. Não quer dizer que deve ser desleixado. É preciso ser atencioso com a mensagem e com o processo.

Isso quer dizer que não é preciso fazer um roteiro da produção do vídeo. Na verdade, isso pode ser prejudicial, pois transparecerá que você está dentro demais de um script. Portanto, é fácil gravar esses vídeos, porque é possível fazer a gravação em qualquer lugar, a qualquer momento e com praticamente qualquer fundo.

Praticamente Qualquer Fundo

Sempre dê uma olhada ao que está atrás de você quando estiver gravando e não deixe de verificar o que ficou aparecendo atrás de você na gravação antes de pressionar "enviar". Embora praticamente qualquer fundo seja aceitável nas mensagens de vídeo, é importante evitar aqueles que podem prejudicar a reputação de sua empresa ou de sua marca pessoal, ou, ainda, que revelem informações patenteadas da empresa.

Gosto de gravar mensagens de vídeo quando estou viajando. Antes de sair, faço uma lista de clientes fixos e em potencial a quem quero enviar as mensagens. Então, gravo os vídeos em lugares legais, para usá-los como fundo. Essas são as mensagens que sempre recebem mais respostas. Quando estou sozinho, peço a estranhos que segurem minha câmera e gravem o vídeo, para que eu possa ter um enquadramento melhor. Nunca recebi um não como resposta.

Quando não estou viajando, tenho um estúdio em meu escritório chamado "The Club House". Ele tem um fundo interessante, com uma tela plana de 65 polegadas, onde posso colocar o logotipo do meu cliente.

Câmera e Enquadramento

O bom na gravação de mensagens de vídeo é que você tem, no bolso, uma ótima câmera para fazer isso a qualquer momento. Basta pegar seu smartphone e começar a gravar. Da mesma forma, você pode simplesmente ligar sua webcam e gravar uma mensagem de vídeo. É realmente fácil assim. De tempos em tempos, também uso minha GoPro — especialmente quando estou viajando.

O enquadramento continua sendo importante. Siga as orientações sobre enquadramento no Capítulo 14. Certifique-se de que seu tórax esteja visível, de fazer contato visual e de que as linhas dos eixos vertical e horizontal fiquem simétricas.

Caso esteja gravando com o celular, use um tripé, para conseguir dar um passo atrás e ficar mais distante da câmera. Sempre carrego um tripé portátil comigo. Ele tem aderência nas bases, então sempre consigo encontrar algo em que posso apoiá-lo, o que me permite deixar a câmera ao nível dos olhos.

Porém, se eu estiver com outra pessoa, peço a ela que segure meu telefone e grave o vídeo. Durante a gravação, solicito que movimente a câmera de forma lenta e suave para a frente e para trás, na horizontal. Esse movimento suave acrescenta dimensão ao vídeo, chamando a atenção. É uma forma de imprimir um padrão. Se observar de perto, você perceberá movimentos parecidos nos filmes e nos programas de TV.

Luzes

Como você já aprendeu no Capítulo 14, as luzes importam. A câmera precisa de luz para capturar uma boa imagem. A maioria dos espaços cobertos e externos terão luz suficiente para uma boa gravação. As webcams, no entanto, geralmente precisam de iluminação suplementar, como um anel de luz LED, para conseguir uma boa imagem.

Evite gravar com janelas brilhantes ou com o sol atrás de você, pois acabará ficando com o efeito "proteção à testemunha". Evite, também, as janelas luminosas ou o sol diretamente à sua frente, pois, se a luz estiver forte demais, ela deixará sua imagem apagada.

Áudio

Para as mensagens de vídeo, o microfone em seu telefone ou webcam darão conta do recado. Certamente, se tiver uma estrutura com um microfone profissional, use-a. É o que faço quando estou em meu estúdio. No entanto, ele não é necessário para esses tipos de mensagens curtas e gentis.

O microfone em sua câmera é tão bom que isolará, da mesma forma, sua voz dos ruídos de fundo, inclusive em escritórios, ruas e aeroportos movimentados. É importante apenas evitar ruídos realmente muito altos, como buzinas de carro, que podem distraí-lo da mensagem. Sempre, sempre, sempre evite salas que criam muito eco.

Edição

Caso grave seu vídeo em um aplicativo de mensagem direta, como o LinkedIn, você não terá o luxo de editá-lo. Porém, se gravar em seu telefone ou webcam, é uma boa ideia fazer algumas edições mínimas, para melhorar a qualidade de sua mensagem. O básico da edição de mensagens de vídeo inclui:

- Cortar o início e o fim, para remover o típico momento em que traz sua mão para perto do vídeo a fim de iniciar ou encerrar a gravação.
- Acrescentar o logo de sua empresa no canto inferior direito.
- Cortar as pausas longas e os erros.
- Acrescentar legendas. Isso pode levar alguns minutos, mas, se conseguir ser rápido o suficiente, conseguirá mais visualizações, pois quem está assistindo não precisará ligar o som para "ouvir" sua mensagem.
- Acrescentar sobreposições gráficas personalizadas, como "Olá, Jeb!".

Há uma ferramenta simples de edição em seu telefone e inúmeros aplicativos para dispositivos móveis e computadores desktop que facilitam a edição de seus vídeos. Com a edição, quanto mais praticar e conseguir fazer a coisa andar, mais rápido será. Incluí uma lista desses aplicativos de edição em: https://www.salesgravy.com/vskit [conteúdo em inglês].

Microdemonstrações

As microdemonstrações são a exceção às regras anteriores. Esses vídeos serão mais longos — em geral, terão de 2 a 3 minutos. Quando as estiver gravando, a edição e a produção importam. Você estará demonstrando seu produto ou serviço. Então, é importante que brilhe. Tire um tempo para planejar sua mensagem e siga as regras que aprendeu nos Capítulos 14 e 15 para criar microdemonstrações que se destaquem e captem a atenção dos clientes.

Enviando as Mensagens de Vídeo

Há diversas opções para enviar as mensagens de vídeo, incluindo e-mail, mensagem de texto e mensagem direta. Pode, também, apenas subir o arquivo para uma conta gratuita no Vimeo ou no YouTube e enviar um link particular via e-mail, mensagem ou mensagem direta.

Uma boa prática ao enviar mensagens de vídeo por e-mail é incluir a palavra "Vídeo" no assunto. Por exemplo: "Vídeo em Anexo" ou "Jeb, fiz um vídeo para você". Isso comprovadamente aumenta muito a taxa de abertura.

Os aplicativos de mensagem direta, incluindo as mensagens básicas de texto, LinkedIn, Facebook Messenger, WhatsApp, WeChat, Instagram e Twitter, permitem que você grave e envie mensagens de vídeo personalizadas, incorporadas diretamente na mensagem direta.

Também há dezenas de plataformas criadas especificamente para enviar mensagens de vídeo de vendas, com a possibilidade de incorporar seu vídeo (geralmente com uma amostra em miniatura no formato GIF) diretamente no e-mail. Tais plataformas podem ser independentes ou integradas em seu programa de CRM (Customer Relationship Manager — Gestão de Relacionamento com o Cliente).

As plataformas de mensagens de vídeo, como Hippo e Vidyard, oferecem o benefício extra de levar os prospectos a páginas de internet personalizadas e oferecer dados de engajamento sobre as visualizações do vídeo, seu compartilhamento e quem o visualizou. Incluí links para algumas das plataformas mais populares de mensagens de vídeo em: https://www.salesgravy.com/vskit [conteúdo em inglês].

Elaborando Mensagens de Vídeo Personalizadas e Convincentes

Semana passada, recebi via e-mail uma mensagem de vídeo de uma representante de vendas. Os primeiros 15 segundos foram fantásticos. Era personalizado, autêntico e sobre mim. Pensei: "Uau, é coisa boa! Vou ligar para ela."

Então, ela estragou tudo ao fazer uma oferta genérica. Parecia que ela não sentia que a mensagem estava completa até que me desse seu discurso de elevador de 30 segundos. Foi um balde de água fria. Em vez de me engajar, cliquei em Deletar!

Ninguém gosta de discursos de vendas. Nem você, nem eu, nem os clientes fixos ou em potencial. Se não fizer nada além de recitar um discurso do manual de marketing, sua mensagem de vídeo vai dar com os burros n'água. Guarde seu discurso de elevador para os elevadores, preferivelmente quando estiver sozinho.

As mensagens de vídeo não tratam desses discursos, mas de conectar-se emocionalmente. Ao contrário de outros canais de comunicação assíncronos — como e-mail, mensagem de texto e mensagem direta, que são sempre iguais, com exceção de emojis aleatórios —, o vídeo dá dimensão à sua mensagem personalizada. Ele o ajuda a criar uma experiência emocional única.

Nos vídeos, as partes interessadas podem ver sua linguagem corporal e suas expressões faciais, além de ouvirem o tom de sua voz. Ele permite que você demonstre empatia. Durante a prospecção, a mensagem de vídeo o transforma de um estranho sem face em um ser humano real e autêntico.

Além disso, as mensagens de vídeo criam familiaridade. Quanto mais as partes interessadas o veem, mais elas gostam de você. Quanto mais gostam de você, maior é a probabilidade de fazerem negócios com você.

Primeiramente e mais importante, a mensagem de vídeo trata de autenticidade. Sorria, divirta-se e seja você mesmo. Seja sincero, bondoso e engajador. Seja humano. Nada diferente do que seria ao enviar uma mensagem a um amigo.

A busca por "autenticidade", no entanto, não significa que você pode cruzar a linha da comunicação profissional. Mês passado, um representante de vendas me enviou uma mensagem de prospecção que começou com: "Jeb, meu chapa." Totalmente desanimador. Senti-me desrespeitado. Deletar!

Tenha cuidado. Autenticidade sem consideração por seu público é arrogância. Sua mensagem e seu tom devem se adaptar à pessoa que os receberá e à fase em que estão na jornada de compras.

Estrutura de Quatro Passos para a Mensagem de Vídeo de Prospecção

Todos queremos aquelas palavras mágicas que saem de nossa boca como doce, chamam a atenção de um possível cliente e o trazem para nosso lado. A má notícia é que não há palavras mágicas. A boa notícia é que uma estrutura comprovada de quatro passos lhe possibilita elaborar mensagens impactantes de vídeo de prospecção que convencerão as pessoas a se engajarem (Figura 18.2).

1. Chame a atenção (Isca).
2. Relacione-se.
3. Faça a ponte.
4. Chame para a ação (Call to action — CTA).

Chame a atenção

A isca serve para chamar a atenção das partes interessadas e para convencê-las a continuar assistindo. Em nosso mundo loucamente corrido, em que todos estão em um estado de estresse quase constante e de sobrecarga de informações, isso é um desafio. Além do mais, você só tem alguns segundos para fazer isso.

A boa notícia é que é superfácil fazer com que mordam a isca. O segredo? Diga a palavra mais linda do mundo: *o nome deles*.

Porém, há um desafio. Muitos clientes em potencial começam a assistir ao vídeo antes de aumentarem o volume. Portanto, é necessário chamar a atenção deles com o que *eles veem* e com o que você *diz*.

Uma maneira fácil de fazer isso é usar um quadro branco pequeno e portátil (ou outro dispositivo visual ou sobreposição

Figura 18.2 Quatro Passos para as Mensagens de Vídeo

gráfica). Escreva o nome da pessoa e segure o quadro no início da mensagem de vídeo. Assim, ela poderá ver que o vídeo é personalizado, mesmo que não ouça seu nome. Apenas sorria e acene enquanto segura o quadro e diga:

Olá, Julian.

Relacione-se

Sua proposta genérica não é pessoal, é um ruído. Não acrescenta valor e cria uma resistência instantânea. Para seu potencial cliente, seu discurso se traduz em: "Adoraria desperdiçar uma hora de sua vida para falar sobre mim." Acredite no que estou dizendo, as pessoas não se engajarão com você para ouvi-lo despejar uma confusão de recursos diferentes, ou para aprenderem mais sobre sua empresa ser "a número um nisso" ou "a melhor naquilo".

Não faça discursos. Relacione-se. Lembre-se de que toda a questão da mensagem de vídeo, e o que a torna uma ferramenta tão poderosa de comunicação, é sua personalização. Coloque-se no lugar da parte interessada, seja empático e relacione-se com a situação dela. Você pode dizer, por exemplo:

> *Olá, Julian [sorria e acene]. Obrigado por assistir a esta breve mensagem que fiz especialmente para você. Não posso imaginar como deve ser desafiador estar em sua posição com tantos projetos de manutenção na mesa.*

Faça a Ponte

A ponte conecta os pontos entre os problemas ou as questões deles e a forma como você pode ajudá-los. Uma verdade básica e importante é que os possíveis clientes se engajam com você pelos motivos deles, não pelos seus. Portanto, você deve articular o valor de atenderem ao seu chamado para a ação no contexto do que é de maior importância e interesse deles. Pode ser algo assim:

> *Olá, Julian [sorria e acene]. Obrigado por assistir a esta breve mensagem que fiz especialmente para você. Não posso imaginar como deve ser desafiador estar em sua posição com tantos projetos de manutenção na mesa. Deve ser extremamente frustrante.*

> *É exatamente por isso que deveríamos conversar. Ajudo gerentes de propriedades e múltiplos lugares, como você, com uma ferramenta que elimina a necessidade de desperdiçar tempo correndo atrás de engenheiros e empreiteiros para conseguir as atualizações.*

Chame para a Ação

No fim de sua mensagem, é preciso chamar para a ação. De outro modo, qual seria o sentido? Você pode solicitar que:

- Liguem para você.
- Respondam a seu e-mail, mensagem direta ou vídeo em uma página personalizada.
- Cliquem no link do calendário e escolham uma hora para se reunirem com você, ou concordem com uma hora específica que você sugeriu.
- Cliquem em um link ou botão para acessar um recurso.
- Inscrevam-se em um webinar.
- Conectem você a alguma outra pessoa da organização.

Certifique-se de que seu chamado para a ação seja claro e confiante. Diga-o verbalmente. Se fizer sentido, faça-o de forma visual também. Segure um gráfico com sua solicitação ou use uma legenda ou sobreposição gráfica. Uma boa prática é dizer o nome da pessoa novamente e acenar, despedindo-se.

> *Olá, Julian [sorria e acene]. Obrigado por assistir a esta breve mensagem que fiz especialmente para você. Não posso imaginar como deve ser desafiador estar em sua posição com tantos projetos de manutenção na mesa. Deve ser extremamente frustrante. É exatamente por isso que deveríamos conversar. Ajudo gerentes de propriedades e múltiplos lugares, como você, com uma ferramenta*

que elimina a necessidade de desperdiçar tempo correndo atrás de engenheiros e empreiteiros para conseguir as atualizações. Que tal se nos encontrássemos na quinta-feira para uma breve reunião? Assim, posso aprender um pouco mais sobre sua situação, para ver se consigo ajudá-lo. Tenho um horário às 14h ou, se preferir, pode clicar no link de minha agenda logo abaixo deste vídeo e escolher outro horário que seja melhor para você. Muito obrigado por assistir a meu vídeo, Julian. Mal posso esperar pela nossa reunião [sorria e acene, despedindo-se].

PARTE IV
Telefone

19 | Faça a Porcaria da Ligação

Durante os primeiros dias da pandemia do coronavírus, o *New York Times* publicou um artigo sobre como as pessoas estavam, de repente, redescobrindo o "humilde telefone".[1] Em um artigo, o *Guardian* anunciou o "retorno do telefone" e descreveu como as pessoas estavam redescobrindo que "uma ligação oferece uma proximidade real".[2]

No LinkedIn, houve um volume infinito de posts elogiando os vendedores por "fazerem do telefone seu novo melhor amigo". Até mesmo os propagadores do refrão "o telefone está morto" parecem ter mudado de ideia e também encorajaram os vendedores a "telefonar para o cliente".

O mais decepcionante quanto a essas admoestações para "redescobrir o humilde telefone" é que elas apenas ilustraram o quanto deixamos a desejar em nossa profissão. Em vez de apenas pegar o telefone e conversar com as pessoas, os profissionais de vendas de todos os lugares — até mesmo os de vendas internas — substituíram essa linda e síncrona ferramenta de comunicação de vendas por canais assíncronos de comunicação.

A aversão dos profissionais de vendas em falar com as pessoas tornou-se tão extrema que, ao longo dos últimos cinco anos, pelo menos metade dos treinamentos e consultorias da Sales Gravy teve seu engajamento em uma coisa: ensinar e convencer os vendedores a **fazer a porcaria da ligação**.

O problema em fazer com que os vendedores usem o telefone é tão prevalente que mecanismos de engajamento de vendas omnicanal poderosos e sofisticados, incluindo VanillaSoft, HubSpot Sales Pro, Outreach e SalesLoft, tornaram-se um pouco mais do que maneiras caras de enviar milhares de e-mails automáticos disfarçados de atividade de vendas.

O Carro-chefe das Vendas Virtuais

Desde que Alexander Graham Bell disse as primeiras palavras no primeiro telefone há mais de 140 anos, "Sr. Watson — venha aqui, quero falar com você", o aparelho tem sido o carro-chefe das vendas virtuais. Tem sido e continuará sendo a ferramenta mais poderosa de vendas virtuais.

Aposto os royalties deste livro que há um telefone perto de você agora. As pessoas dormem com seus telefones, comem com eles; há mais chances de as pessoas perderem as chaves do carro e a carteira do que o telefone. Embora ele provavelmente seja usado mais para enviar mensagens, postar selfies e assistir a vídeos de gatinhos, se você ligar para um número, num piscar de olhos estará envolvido em uma conversa de vendas.

Portanto, vou dizer isso mais uma vez, bem devagar, para a turminha do fundão que não está acompanhando. Não há outra ferramenta que o conectará às pessoas de forma mais rápida, oferecendo os melhores resultados, preenchendo seu pipeline mais efetivamente e o ajudando a atingir mais pessoas em menos tempo do que o telefone.

Os vendedores que o ignoram estão deixando a desejar em sua produtividade e deixando de ganhar dinheiro vivo, pois estão se enganando. O humilde telefone é a ferramenta mais versátil de vendas virtuais. Ponto-final.

Quando Tiver Dúvida, Use o Telefone

Se você é um dos muitos vendedores que são rápidos em dizer, "Meus clientes preferem que eu use o e-mail", tenho uma mensagem para você. Isso é basicamente um papo-furado que VOCÊ continua dizendo a si mesmo para justificar por que VOCÊ não está falando com as pessoas.

Essa desculpa preguiçosa é o motivo pelo qual tantos vendedores involuíram, tornando-se assíncronos. Acredite no que estou dizendo, se você continuar com esse comportamento, os robôs tomarão seu lugar.

Não estou difamando o e-mail como um canal de comunicação. Há diversas situações nas quais ele é o canal mais apropriado. O que estou tentando fazê-lo entender é que, quando seu padrão é um canal de comunicação assíncrono como o e-mail, visto que é emocionalmente mais fácil manter as pessoas a certa distância, as conexões humanas começam a se desfazer.

Há, também, a questão de êxito na produtividade. Em muitos casos, um telefonema curto pode substituir cinco ou mais e-mails e a sensação frustrante de vai e volta que eles trazem. Quando há um mal-entendido, antes de começar a digitar cegamente outro e-mail, pare e pegue o telefone.

Durante meus diversos anos no ramo, descobri que o telefone é a forma mais rápida e eficaz de resolver problemas de forma fácil e completar inúmeras tarefas de vendas que exigem a conexão entre humanos.

É exatamente por isso que aplico, em minha vida, um mantra simples de vendas: ***quando tiver dúvida, use o telefone***.

- Problema no atendimento ao cliente? Use o telefone.
- Há algum mal-entendido? Use o telefone.
- Quer manter contato e fazer com que seus relacionamentos permaneçam enraizados? Use o telefone.
- Precisa de uma referência ou uma indicação? Use o telefone.
- Tem uma dúvida? Use o telefone.
- Precisa fazer um acompanhamento? Use o telefone.
- A venda travou? Use o telefone.
- Precisa qualificar uma oportunidade ou identificar uma janela de compra? Use o telefone.
- O pipeline está vazio? Desligue o vídeo de gatinhos e faça a porcaria da ligação!

Fechando Vendas Transacionais e de Ciclo Curto

Para fechar negócios transacionais e de ciclo curto, que ocorrem em uma ou duas reuniões, o telefone é um canal imbatível de vendas virtuais. Com essas oportunidades de baixo risco e de lances rápidos, o momentum é seu amigo, e o tempo, seu inimigo. Não há nenhuma outra ferramenta de vendas que faz com que a bola permaneça rolando no jogo como o telefone.

Porém, preciso destacar que, em um estudo abrangente com mais de 100 mil reuniões de vendas, a Gong.io revelou que 41% das negociações foram fechadas quando os representantes internos de vendas combinaram as ligações telefônicas e as videoconferências.[3] É apenas mais uma fonte de comprovação que ilustra o poder da *combinação*.

Do mesmo modo, quando você vende para uma base de cliente que está sempre em viagens e trabalha com dispositivos móveis, fazer uma combinação do telefone com as mensagens de texto e de vídeo, as ferramentas de apresentação virtual e as ferramentas digitais, como DocuSign, é poderoso. O sucesso das vendas com esse segmento de prospectos resume-se a manter o momentum enquanto facilita para o seu cliente fazer negócios com você.

Gestão de Contas

Você não me envia flores, não canta músicas românticas para mim, mal fala comigo. Barbara Streisand e Neil Diamond cantaram essas palavras em sua icônica canção "You Don't Bring Me Flowers" [Você Não Me Traz Flores], em que dois apaixonados que acabaram ficando distantes um do outro descrevem o sentimento de não terem recebido o devido valor.

Uma verdade brutal que você desvaloriza ao próprio risco é que quase 70% dos clientes estão perdidos em virtude da negligência. Não são os preços, os produtos, a economia ou os concorrentes agressivos.

É a negligência! Eles sentem a dor de não terem sido valorizados. Se alguma vez você se sentiu assim (e aposto que sim), sabe que isso traz sentimentos de insignificância, pequenez e ressentimento, o que pode levar ao desprezo.

O ressentimento e o desprezo são as duas emoções negativas mais poderosas no panteão de emoções humanas. São a gangrena dos relacionamentos, apodrecendo sob a superfície, geralmente não colocadas para fora, lentamente estragando as conexões que vinculam as pessoas até que o relacionamento esteja destruído.

O ressentimento pode ser tão debilitante emocionalmente que, quando disparado, a comunicação e a cooperação são geralmente cortadas, criando uma espiral negativa que não é facilmente revertida. Em tal situação insustentável e destruída pela desconfiança e pela falta de transparência, fica praticamente impossível salvar o relacionamento.

A negligência acontece lentamente. Ela se esgueira nas relações com os clientes. Os vendedores se iludem, na crença de que, se seus clientes não estão reclamando, devem estar felizes. Assim, passam todo o tempo apagando incêndios e lidando com reclamações, enquanto ignoram as contas que não se manifestam. Enrolados na coberta quentinha da ilusão, eles escancaram as portas e convidam os concorrentes a entrar.

Os concorrentes agressivos não perdem uma oportunidade de tomar o lugar de vendedores que negligenciam seus clientes. É exatamente por isso que você nunca deve perder de vista as consequências em longo prazo causadas pela negligência nos relacionamentos com os clientes.

Os relacionamentos importam e devem ser protegidos das investidas de concorrentes que batem implacavelmente à porta. Quando você fracassa na gestão proativa das relações com os clientes, os concorrentes conseguem entrar e encorajar os compradores a considerar outras opções.

Nunca dê um relacionamento como garantido. Presuma que todos os clientes e relacionamentos estão em risco.

Não estou dizendo que isso é fácil. Uma das coisas mais difíceis é manter os dedos monitorando o pulso do número de clientes.

Avaliações comerciais trimestrais e outras reuniões formais consomem tempo. Provavelmente, você tem uma conta grande e não consegue se reunir com todos eles. A cada dia, precisa apagar incêndios e lidar com problemas imediatos de serviço ao cliente.

A boa notícia é que o único segredo para defender as contas está em suas mãos. É simples. **Preste atenção em seus clientes**. Uma ligação telefônica simples, periódica e barata pode fazer a diferença.

- Como estão as coisas?
- O que posso fazer para ajudá-lo?
- Tenho uma ideia para você.
- Tenha um ótimo fim de semana.
- Obrigado pela parceria.

O contato telefônico periódico garante que você esteja no "top of mind" dos clientes. Ouvir sua voz lhes diz que você se importa.

Não precisa ser nada especificamente especial. Não precisa ter um motivo para dizer a seus clientes que se importa com eles.

Então, pegue o telefone e diga "Olá". Não custa nada dar atenção a eles.

Qualificação e Descoberta

Certamente, há uma quantidade gigantesca de informações de qualificação disponíveis por meio de pesquisas na internet e nas redes sociais. Empresas como a ZoomInfo também oferecem uma coleção valiosa de dados sobre as oportunidades que está buscando. Não obstante, há informações e insights que você pode obter apenas conversando com as pessoas. De igual modo, as informações que obtém nas fontes online precisarão ser verificadas.

É aqui que o telefone entra em cena. Com ele, você pode chegar mais longe dentro das organizações e falar com pessoas que talvez não tenham o poder de decisão, mas que têm informações internas que podem auxiliá-lo.

Por exemplo: uma de minhas clientes estava trabalhando em uma conta empresarial enorme. Antes de conseguir se engajar com o executivo da diretoria que tinha o poder de decisão no projeto, a representante de vendas passou diversas semanas telefonando para pessoas da base do organograma e conversando com usuários da linha de frente do sistema de software do concorrente.

Com as informações que coletou, ela conseguiu qualificar que o concorrente não estava conseguindo atender às necessidades da organização, além de não estar lhe dando o valor devido. Ela também desenvolveu um insight valioso e relevante que a ajudou a conseguir uma reunião com o tomador da decisão.

A descoberta é a alma do processo de vendas. Quando faz uma descoberta profunda, isso permite que você crie um caso de negócio poderoso que aumenta sua probabilidade de fechar o negócio. A descoberta profunda, no entanto, toma tempo. É necessário

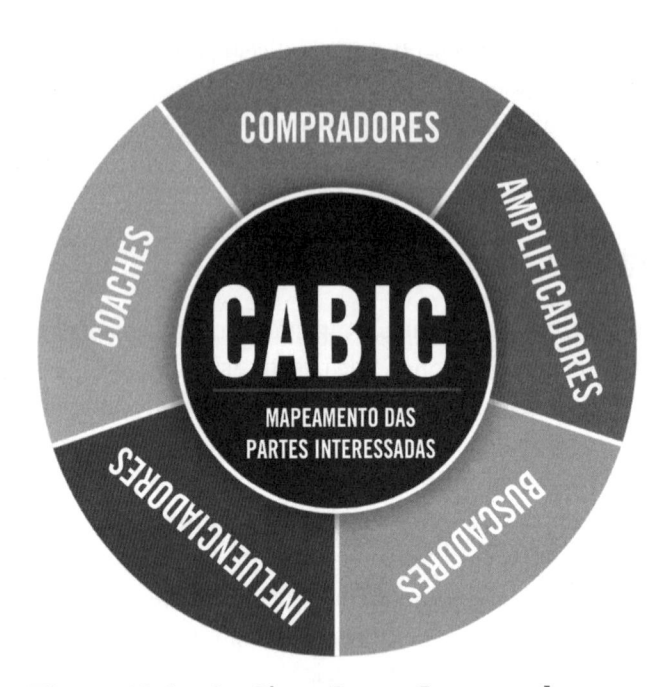

Figura 19.1   As Cinco Partes Interessadas

entrevistar e conversar com um grande número de partes interessadas dentro da organização de seu possível cliente. O telefone torna o processo eficiente em termos de tempo e dinheiro para conduzir as reuniões de descoberta.

Nas negociações complexas e em nível empresarial, será necessário ir além dos "tomadores de decisão" tradicionais e coletar informações necessárias para criar seu caso. Infelizmente, a maioria dos vendedores é preguiçosa demais ou não tem noção do que fazer para reservar um tempo, a fim de fazer a expansão em todos os sentidos com a descoberta. Os profissionais de vendas com desempenho ultra-alto, por outro lado, não dão nenhuma chance ao azar quando estão desenvolvendo seu caso de negócio. Eles trabalham ativamente para identificar e conversar com cada pessoa que tem uma "parte" no resultado do negócio.

Há cinco tipos de partes interessadas que, normalmente, você entrevistará durante a descoberta: compradores, amplificadores, buscadores, influenciadores e coaches — CABIC [em inglês, **b**uyers, **a**mplifiers, **s**eekers, **i**nfluencers e **c**oaches — **BASIC**] (Figura 19.1).

1. *Compradores* são os tomadores de decisão. São as pessoas com a autoridade máxima para dizer sim ou não.
2. *Amplificadores* são normalmente as pessoas que estão em um nível mais baixo, que usarão ou serão impactadas por seu produto ou serviço. Quando bem aproveitadas, podem lhe mostrar o estado real das coisas, tornar-se defensores da mudança e amplificar a mensagem, o problema, a dor ou a necessidade para os níveis mais altos da organização.
3. *Buscadores* são as partes interessadas que foram enviadas para buscar informações logo no início do processo de compra.
4. *Influenciadores* são as partes interessadas que exercem um papel ativo no processo de compra e têm influência no processo de tomada de decisão. Em vendas complexas e a nível empresarial, você passará a maior parte de seu tempo com essas pessoas.
5. *Coaches* são os internos que estão dispostos a defendê-lo, a ajudá-lo com informações internas e a remover barreiras.

Em cada negócio, as partes interessadas têm uma lista, que inclui os critérios de sucesso, as esperanças, os desejos, as necessidades, os resultados empresariais desejados, as métricas importantes, os fatores imprescindíveis, os fatores que podem levar a quebras de contrato e as motivações centrais. Conhecer essa lista lhe permite criar um caso de negócio mais forte, que impede os concorrentes de serem uma alternativa.

Há um bônus por reservar um tempo para entrevistar as partes interessadas durante a descoberta. Elas reconhecerão que você dedicou tempo para ouvi-las. Isso é tão verdade que, geralmente, elas se tornam aliadas e defensoras que trabalham ativamente para ajudá-lo a fechar o negócio.

Prospecção Ativa

Quando o assunto é a prospecção ativa, o telefone é a arma mais poderosa em seu arsenal de vendas. Nada pode conectá-lo a mais possíveis clientes, em menos tempo e com uma eficácia maior do que o telefone. Como é a ferramenta de prospecção ativa mais importante, passaremos os próximos cinco capítulos nos aprofundando em técnicas de prospecção por telefone.

20 Prospecção por Telefone

Em janeiro, quando eu estava realizando um Bootcamp de Prospecção Fanática para 200 profissionais de vendas do ramo de saúde, tivemos blocos de prospecção ao vivo por telefone. O exercício era simples. Pedi que fizessem 15 ligações em 15 minutos com o objetivo de conseguir uma reunião.

Anteriormente ao evento, solicitei à equipe de liderança da empresa que desse a cada profissional de vendas uma lista de possíveis clientes-alvo e que os informassem que realizaríamos os blocos de ligação ao vivo durante o evento. Não queríamos que fosse uma surpresa.

Seguindo um módulo de treinamento da Estrutura de Prospecção por Telefone em Cinco Passos, dei as instruções. *"Peguem seus telefones. Vocês têm 15 minutos para fazer 15 ligações e marcar uma reunião. Valendo!"*

Choque. Foi a expressão em seus rostos enquanto ficaram me olhando.

Chocados do tipo: "Está me zoando?", "Isso deve ser uma piada", "Você não está falando sério", "Quer dizer, realmente quer que liguemos para as pessoas?". Chocados dessa forma.

Então, alguém levantou a mão. "Sim?", perguntei.

"Ah... Jeb, acho que você não sabe. Ninguém atende ao telefone no setor médico. A única forma de fazer prospecção é presencialmente." Houve um aceno coletivo com as cabeças, em concordância. A sala se encheu de rechaços e mais argumentos que justificavam por que seria um engano e uma perda de tempo fazer as ligações.

O fato é que fiquei imóvel. Como concreto. Nenhuma desculpa colou. Além disso, eu tinha sinal verde da equipe de liderança para forçar os representantes a fazer as ligações. Os líderes da empresa estavam muito cientes da ineficiência de prospecções de porta em porta e como isso estava impedindo a organização de crescer.

Então, sorri educadamente e disse com uma voz amigável, porém firme: "Tudo bem. Vamos fazer uma tentativa assim mesmo. Vocês têm 15 minutos para fazer 15 ligações e marcar uma reunião. Valendo!"

Um a um, eles começaram a ligar, relutantemente. Foi uma cena mágica. Bum, alguém que estava no lado esquerdo da sala marcou uma reunião. Punhos ao ar. No meio, ouvi: "Meu Deus, foi fantástico!"

Cheguei perto e perguntei o que havia acontecido. Maria, a representante, balançava a cabeça, descrente: "Venho tentando me reunir com esse médico há três anos, sem sucesso. Acabei de falar com ele e marquei uma reunião para a semana que vem. Foi loucura."

Isso estava acontecendo em toda a sala. Um após o outro, os representantes estavam conversando, coletando informações e marcando reuniões. Os líderes, na parte do fundo da sala, mal podiam acreditar.

Naquele primeiro bloco de 15 minutos de ligações telefônicas, os representantes marcaram 93 reuniões. Na semana anterior à prospecção a pé (presencial), o grupo marcara apenas 27. Pare um momento e pense nisso. Considere o impressionante gap de produtividade entre 8 horas diárias indo de carro de lá para cá, batendo de porta em porta, a semana inteira (40 horas), contra 15 minutos de prospecção virtual por telefone.

Uma das cinco principais empresas de seguros disse que o único e maior desafio perante seus novos agentes era a prospecção por telefone. Nas palavras da empresa: "Estamos tendo muitas dificuldades para conseguir que eles apenas peguem o telefone e conversem com as pessoas."

Quando cheguei no treinamento aquela manhã, um dos líderes me chamou de canto e disse: "Espero que não o tenhamos colocado em maus lençóis. Não conversamos sobre a nova realidade em nosso setor, mas ninguém atende mais ao telefone. Sei que vai realizar blocos de ligações ao vivo, mas não espere muito."

Fizemos três blocos de ligações ao vivo naquele dia, usando as listas-alvo que os agentes trouxeram. Ao longo do dia, presenciamos uma taxa de contato colossal de 51% — possíveis clientes reais atendendo ao telefone — gerada por 19 agentes que fizeram 1.311 ligações ativas.

No fim do dia, mostrei os números ao líder. Ele não sabia o que dizer. "Não entendo como conseguiu esses resultados. Todos me dizem que as pessoas não atendem mais ao telefone."

"Quem está dizendo isso?", perguntei.

"Os agentes", ele respondeu.

"As mesmas pessoas que você diz que não fazem ligações?", rebati.

Ele concordou lentamente com a cabeça, conforme o peso de sua nova percepção o atingia.

Noventa recrutadores militares ficaram me encarando, descrentes. Eu acabara de lhes dar a ordem: "Vocês têm 15 minutos para fazer 15 ligações e marcar uma reunião." Acredite em mim quando digo isto: quando um grupo de oficiais militares não comissionados dos EUA, a maioria dos quais esteve em combate, encara você, pode ser intimidador. O cimento começa a rachar.

Eles argumentaram que os adolescentes não atendem ao telefone. Que era cedo demais para ligar, que era o dia errado. Desculpa após desculpa, até que não aguentei mais.

Fiquei parado lá, ao lado do Sargento Major de Comando, que estava me apoiando, e dei a ordem novamente: "Vocês têm 15 minutos para fazer 15 ligações e marcar uma reunião. Valendo!"

Quinze minutos depois, eles não podiam acreditar. Os soldados marcaram 133 reuniões — mais do que o batalhão inteiro tinha marcado nos 30 dias anteriores. O que acontece é que até mesmo os adolescentes atendem ao telefone.

Quero reforçar, de forma clara como cristal, que essas histórias não são anomalias. Minha equipe de master trainers testemunha de perto esses momentos reveladores e transformadores diariamente em nosso trabalho com as organizações de vendas. Obtemos esses resultados em todos os lugares a que vamos, com todos os grupos, em todos os setores.

A prospecção por telefone funciona. É rápida, eficiente e eficaz. Tudo o que você precisa é fazer a porcaria da ligação.

Ninguém Atende a um Telefone que Não Toca

Para milhares de vendedores, pegar o telefone e ligar para um cliente em potencial é a parte mais estressante de suas vidas. Diversos desses relutantes representantes ficam encarando o telefone, na secreta esperança de que ele desaparecerá. Eles enrolam, ficam organizando tudo e trabalham para garantir que tudo esteja perfeito antes da ligação. Qualquer desculpa — e, quero dizer, qualquer uma mesmo — para fazer qualquer outra coisa ganha prioridade.

Eles também atacam seus líderes. Choramingam que ninguém atende mais ao telefone. Argumentam que é perda de tempo. Reclamam que as pessoas não gostam de ser contatadas por telefone.

O mito de que o telefone não funciona mais porque as pessoas não o atendem é apenas isso, um mito. Todas as nossas evidências do mundo real são esfregadas bem na cara do mito, que é repetido vez após outra, de que o telefone tem uma taxa baixa de sucesso.

As estatísticas não mentem. Observamos uma taxa de contato de 15% a 80% pela prospecção via telefone, dependendo do setor, do produto e do nível de atuação do contato. Por exemplo, no segmento de serviços empresariais, as taxas de contato ficam consistentemente entre 25% e 40%. Isso, a propósito, é muito maior que as taxas de resposta por e-mail e mensagens diretas.

E não para por aí. Temos estatísticas de prospecção por telefone desde o início da década de 1990. Há tendências claras de que as taxas de contato via telefone de fato aumentaram cerca de cinco pontos percentuais. Há três motivos pelos quais as pessoas atendem ao telefone:

1. *Os telefones estão presos às pessoas, não às mesas.* É comum que os possíveis clientes atendam ao telefone móvel quando você liga para eles — seja porque é a única linha que têm ou porque a linha empresarial é transferida para seus celulares.
2. *Ninguém está ligando.* Visto que uma grande parte da comunicação de vendas foi transferida para e-mails, mensagens de texto e mensagens diretas, os telefones não estão tocando, nem de longe, o quanto costumavam tocar no passado. Por isso, os vendedores que ligam se destacam e conseguem o contato.
3. *Fadiga de e-mail e mensagens diretas.* As pessoas estão ficando esgotadas com tantos e-mails e mensagens diretas de prospecção que são impessoais e irrelevantes (muitas vezes, automatizadas). O e-mail e as caixas de entrada de redes sociais estão sendo abarrotados com porcaria. Os possíveis clientes estão sedentos por algo diferente — um ser humano autêntico e ao vivo.

Pense nisto: se as ligações telefônicas não funcionassem, por que há tantas empresas que fazem prospecção por telefone surgindo no mundo todo — e prosperando? As empresas estão gastando dezenas de milhares de dólares com terceirizados que usam o telefone para fazer a prospecção, pois não há outro modo de encher o pipeline.

Ninguém Gosta Disso; Supere Isso

No calor da pandemia global, quando ficou impossível fazer prospecção presencialmente, legiões de representantes de campo ficaram paralisados. Os pipelines se esvaziaram rapidamente. Em vez de pegar o telefone e ligar, eles ficavam apenas encarando o aparelho. A desculpa era: "Sou muito melhor em pessoa." Sob tal ponto de vista míope, a única forma de fazer prospecção era presencialmente.

Desde o início deste livro, estipulei que o contato presencial é uma forma mais eficaz de criarmos conexões emocionais, relacionamentos e confiança. Com a exceção de uma atividade — prospecção ativa. E, apenas para reforçar, não estou escolhendo representantes de campo. Há milhares e milhares de representantes internos de desenvolvimento de vendas que argumentam que são "muito melhores por e-mail". Ambos os grupos estão mortalmente errados.

Se você é um representante de campo, um dos motivos pelos quais tem emprego é que as vendas presenciais dão à sua empresa uma vantagem competitiva. Espera-se que você seja melhor presencialmente. Não obstante, como discutimos, as reuniões presenciais de vendas, combinadas adequadamente com as reuniões virtuais, o tornam mais ágil, aumentam sua produtividade e lhe dão uma vantagem competitiva.

Substituir as prospecções a pé pela prospecção por telefone lhe confere um impulso instantâneo de produtividade. Nas vendas, tempo é dinheiro, e é possível chegar muito mais longe, qualificar mais oportunidades e marcar mais reuniões em um bloco de uma hora de ligações direcionadas do que em um dia inteiro dirigindo por seu território e fazendo prospecções de porta em porta.

Considere a questão da seguinte maneira: quantos possíveis clientes você qualificaria ou quantas reuniões marcaria de forma presencial em um período de 8 horas? Mesmo nas ruas mais movimentadas da cidade, 30 no máximo. Na maioria dos territórios, com o tempo de deslocamento e de busca por um lugar para estacionar, seria mais próximo de 10. Se estiver muito calor, chovendo, nevando ou se estiver congelante do lado de fora, os números diminuem ainda mais.

Que tal uma hora no telefone, com uma lista de possíveis clientes-alvo? Quantas ligações você conseguiria fazer? Considerando uma média de 1 a 2 minutos por ligação, seria possível fazer entre 25 e 50. Portanto, se está contatando o dobro de prospectos em aproximadamente um décimo do tempo, em um ambiente com clima controlado, qual você acha que trará resultados melhores?

A resposta é mais do que óbvia. **_Faça a porcaria da ligação._**

21 | Cinco Passos para Prospecções por Telefone

Não vou suavizar o assunto. A prospecção por telefone é a atividade mais desprezada em vendas. Ligar para estranhos invisíveis e interromper o que estão fazendo é desconfortável. Você será rejeitado muito mais pelo telefone, pois, estatisticamente, gerará mais interações em tempo real com os possíveis clientes do que por meio de qualquer outro canal de prospecção.

Ainda assim, o telefone é mais eficaz do que qualquer outro canal assíncrono de comunicação, incluindo e-mail, mensagens diretas e redes sociais. Isso porque, quando está realmente conversando com outro ser humano, há uma probabilidade maior de marcar reuniões, realizar vendas e coletar informações de qualificação.

Infelizmente, muitos vendedores acham desconfortável usar o telefone para fazer prospecções porque:

- Temem ligar para estranhos invisíveis.
- Não sabem o que dizer, dizem coisas idiotas ou usam scripts esquisitos que geram resistência e rejeição.

- Não têm uma estrutura fácil de executar para a prospecção por telefone, que realmente funciona.
- Não sabem como lidar com objeções.
- Têm medo da rejeição.

No entanto, se deseja comissões mais gordas e ficar bem no topo do relatório de desempenho de sua equipe, você precisa aceitar que a prospecção por telefone é um porre e superar isso.

Quando Não Consegue Interromper, Você Fracassa

Uma interrupção é quando você pega o telefone e liga para um possível cliente sem que ele estivesse esperando sua ligação.

Em um mundo perfeito, os vendedores não interromperiam os clientes em potencial, e estes ficariam felizes por não serem interrompidos. Seria uma utopia adorável, em que os compradores e os vendedores se sentariam em círculos e cantariam "Kumbayá". Um mundo em que compradores qualificados entram em contato com vendedores no momento certo e no qual ninguém jamais teria que fazer ligações de prospecção externa outra vez.

Porém, isso é uma fantasia. Se quiser ter a paz de espírito de um pipeline recheado, se quiser um sucesso sustentado em sua carreira de vendas, e se quiser maximizar sua renda, então você precisa interromper os possíveis clientes.

A menos que você seja um representante de vendas que faça apenas prospecção passiva, se ficar esperando que o possível cliente o interrompa, você fracassará. Por quê? Porque o motivo número um do fracasso em vendas é um pipeline vazio, e o principal motivo dos vendedores terem um pipeline vazio é que eles fracassam por não usarem o telefone para ligar.

Pode ser um prospecto que tenha preenchido um de seus formulários online, ou que tenha baixado seu último livro branco. Talvez alguns tenham feito contato online. Ou, ainda, pode ser um antigo cliente que está tentando reativar, ou um possível cliente em seu banco de dados definido, uma lista que puxou do ZoomInfo, ou alguém que conheceu em uma feira comercial.

Não importa a circunstância — morna, quente ou fria —, a prospecção sempre diz respeito à disposição do vendedor em interromper. A interrupção implacável é fundamental para desenvolver pipelines robustos de vendas. Não importa qual é a sua abordagem de prospecção, se você não interromper implacavelmente, seu pipeline ficará anêmico. Quando fracassa em interromper, você é um fracasso.

Não Complique Demais

Poucas coisas em vendas são mais complicadas do que uma simples ligação de prospecção. A prospecção eficiente e eficaz por telefone deve levá-lo a um sim, um não ou um talvez o mais rápido possível; isso deve ocorrer de forma pouco intrusiva, por meio de um tom de voz descontraído, confiante e pessoal, a fim de reduzir a resistência. Assim, você traz mais rapidamente respostas positivas para a mesa e lida com as objeções de maneira direta, sem a dolorosa enrolação.

Pense em como você se sente quando seu trabalho é interrompido pela ligação de alguém que não esperava. Isso pode deixá-lo irritado, bravo ou ressentido, pois, na maioria dos casos, a ligação chega quando está você no meio de alguma outra coisa.

Vamos nos colocar em seu lugar. O que você quer?

Sua primeira resposta provavelmente é: "Não gostaria de receber a ligação, para início de conversa." Tudo bem. Ninguém quer ser interrompido, nem eu, nem você, nem seu cliente em potencial — mesmo que a ligação seja a respeito de algo que queremos.

Mas voltemos à realidade. Os vendedores que não interrompem os possíveis clientes têm filhos raquíticos. Como vendedor, você tem uma escolha a fazer: interromper ou começar uma nova carreira na padaria local, ganhando um salário mínimo.

Portanto, se vai ser interrompido, o que vai querer? Que a pessoa que está ligando vá direto ao ponto e que a ligação seja rápida, para que você possa voltar a postar vídeos de gatinhos no YouTube.

Agora, procure se colocar no lugar de seu potencial cliente. São pessoas como você, que não suportam ter a rotina interrompida por uma ligação não agendada. Portanto, como interromper as pessoas é seu trabalho, seja respeitoso; a ligação deve ser breve e direta, para que alcance seu objetivo e para que o cliente em potencial possa voltar ao que estava fazendo o mais rápido possível.

Para fazer isso de maneira eficaz, sua ligação deve ser estruturada de modo que possa ir direto ao ponto e passar a impressão de ser um profissional autêntico, e não um robô programado ou um estereótipo daqueles vendedores cafonas que geralmente são retratados em filmes.

Você precisa de uma estrutura que seja consistente e repetível. As estruturas o tornam ágil, libertando-o para se concentrar em sua mensagem, em vez de colocar o foco em um esforço que consome tempo para ficar repensando todo o processo a cada vez. Elas lhe dão trilhos sobre os quais se mover e que se adaptam ao contexto.

Tal estrutura tira a pressão sobre você e seu possível cliente. Como não está improvisando a cada ligação, não terá que se preocupar com o que dizer. Ligações mais curtas e impactantes significam que você conseguirá fazer mais prospecções em menos tempo e com melhores resultados.

Estrutura de Cinco Passos para a Prospecção por Telefone

A prospecção por telefone deve ser profissional e ir direto ao ponto. Não há motivos para exagerar nas complicações com scripts bregas que irritam os possíveis clientes, criam resistência e fazem com que você pareça um idiota.

Eis um exemplo:

Olá, Julie, aqui quem fala é Jeb Blount, da Sales Gravy. O motivo de minha ligação é para marcar uma reunião com você, pois acabei de ler na internet um artigo falando que sua empresa vai abrir vaga para 200 novos vendedores no próximo ano, e nosso sistema comprovadamente faz com que os vendedores vendam mais rápido, cortando pela metade o tempo de treinamento. Quero saber mais sobre sua empresa e sobre sua situação específica para ver se nosso programa pode ser uma boa opção. Que tal marcarmos para quarta-feira à tarde, em torno de 15h?

Atenção ▸ Identificação ▸ Motivo ▸ Afirmação do porquê ▸ Solicitação

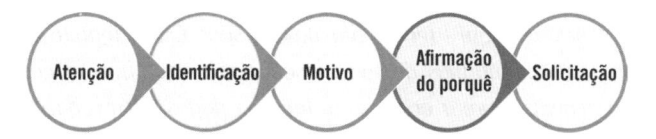

Figura 21.1   Estrutura de Cinco Passos para a Prospecção por Telefone

Vamos dar uma olhada mais de perto nos elementos da Estrutura de Cinco Passos para a Prospecção por Telefone (Figura 21.1):

Passo 1: Atenção. Consiga a atenção da pessoa, usando a palavra mais linda do mundo para ela, o nome dela.

Passo 2: Identificação. Diga seu nome e o nome de sua empresa.

Passo 3: Motivo. Diga o que você quer.

Passo 4: Porquê. Apresente um motivo convincente para marcarem uma reunião com você.

Passo 5: Solicitação. Com uma confiança descontraída e assertiva, solicite aquilo de que precisa.

Eis outro exemplo:

Olá, Ian, me chamo Jeb Blount e falo da Tudo de Bom Suprimentos para Restaurantes. O motivo de minha ligação é para marcar uma reunião com você, pois sei que está construindo um restaurante novo na Avenida Brasil e quero entender melhor seu processo de compra de equipamentos de cozinha. Sei que

> *estou ligando um pouco cedo no processo, mas descobri que, quando conseguimos que nossa equipe de design trabalhe com sua equipe antes de tomar decisões cruciais sobre o layout da cozinha, você terá mais opções e poderá economizar com custos de construção com um layout mais eficiente e alinhado. Que tal marcarmos uma videoconferência curta amanhã às 14h, para que eu possa entender melhor seu processo e o que você deseja?*

Veremos outro exemplo, no qual meu objetivo é qualificar e fazer com que você passe diretamente para uma conversa de vendas:

> *Olá, Carolina, aqui é Jeb Blount, da HubSpot. Estou ligando para tomar uns minutinhos de sua atenção, pois você baixou nosso livro branco sobre a criação de landing pages para a geração de leads. Trabalho com diversos executivos de marketing como você, que vêm lutando para conseguir leads suficientes de qualidade, para atingir as metas de crescimento. Tenho algumas das melhores práticas que meus clientes estão usando para gerar mais e melhores leads e terei o maior prazer em compartilhá-las com você. Tenho um tempo agora ou amanhã de manhã, às 10h; o que fica melhor para você?*

Ao usar essa estrutura, você perceberá que tropeçará menos nas palavras e chegará ao seu objetivo com mais frequência.

Um fator importante sobre essa técnica é que ela não tem pausas. No momento em que faz uma pausa, você perde o controle da ligação. Assim que o potencial cliente atende ao telefone, começo a falar e passo pelos cinco passos sem interrupções. Meu objetivo é respeitar o tempo da pessoa ao ir direto ao ponto, para obter uma resposta rápida: sim, não, talvez.

Consiga a Atenção da Pessoa

Assim que o possível cliente atende ao telefone, você tem uma fração de segundo para conseguir sua atenção. A maneira mais rápida e fácil de fazer isso é usar a palavra mais linda do mundo para a pessoa: o nome dela.

Em qualquer lugar e momento, quando você diz o nome de outra pessoa, ela faz uma pausa e olha para cima. Durante essa fração de segundo, você ganha a atenção dela. A mesma dinâmica acontece durante a prospecção por telefone; é importante usar isso em seu favor. Apenas diga: "Olá, Julie."

Outro ponto importante: percebeu que não perguntei à Julie "Tudo bem?"

Há um motivo para isso. Quando interrompe o dia de um possível cliente, você causa resistência. A resistência atinge um pico assim que a pessoa percebe que você é um vendedor e que ela caiu no erro de atender ao telefone.

Tal percepção acontece imediatamente após você dizer algo do tipo: "Olá, aqui é o João da empresa de computador. Tudo bem?" Você faz uma pausa.

É aqui que o instinto do possível cliente para sair do telefone e voltar ao que estava fazendo entra em cena. Eles imediatamente o atingem com uma resposta de reflexo, como: "Não tenho interesse"; ou perguntam: "Quem está falando?"

Ele estava tendo uma linda manhã quando o telefone tocou, interrompendo seu dia. Então, percebeu seu engano assim que você perguntou: "Tudo bem?" De repente, entra em cena o mecanismo "saia rápido dessa conversa com o vendedor".

Então você fez uma pausa, dando-lhe a oportunidade de soltar uma objeção num tom austero de voz. É assim que seu potencial cliente está se sentindo, e é assim que você perde o controle da ligação.

Não pergunte "Tudo bem?" e não faça pausas ou qualquer silêncio constrangedor. Diga o nome da pessoa e continue a falar.

Identifique-se

Vá direto ao ponto. Diga o nome do potencial cliente, depois diga quem você é e o motivo da ligação. A transparência traz dois benefícios:

1. Demonstra que você é um profissional e que respeita o tempo da outra pessoa — deixando o papo-furado de lado, até que tenha estabelecido um relacionamento real.
2. Ao dizer quem é e por que está ligando, você reduz o risco de estresse na outra pessoa, porque as pessoas ficam mais à vontade quando sabem o que esperar.

A única coisa de que tenho certeza é que os clientes em potencial são pessoas exatamente como você. Eles não querem ser enganados, manipulados ou interrompidos. O que querem é ser tratados com respeito. A melhor forma de demonstrar respeito é ser verdadeiro, relevante e ir direto ao ponto.

Diga o Porquê

Quando pede a alguém que faça algo por você, como ceder seu tempo, haverá mais chances de a pessoa fazer isso se você lhe der um motivo — um porquê. O *porquê* conecta os pontos entre o que você quer e por que a pessoa deveria lhe dar isso. Você interrompeu o dia dela, disse por que está ligando e, agora, deve dar um motivo para que lhe cedam mais de seu precioso tempo.

A pessoa para quem você está ligando não poderia estar menos interessada em seu produto, serviço ou recursos. Ela não se importa com o que você quer, o que "adoraria" ou "gostaria" que fizesse. Não se importa com seus desejos, sua quota ou se você vai "estar na região dela".

Ela se importa apenas com o que é relevante para si no momento. A pessoa concordará em fazer uma reunião com você pelos motivos dela, e não pelos seus. É por isso que a mensagem importa. O que você diz e como diz pode gerar resistência e objeções ou quebrar barreiras e abrir a porta para um sim.

Evite dizer coisas como:

- "Quero conversar com você sobre meu produto."
- "Adoraria me reunir com você para mostrar o que temos a oferecer."
- "Quero lhe falar sobre nosso novo serviço."

Tais afirmações tratam puramente de você, e as palavras *conversar*, *mostrar* e *falar* enviam uma mensagem sutil de que seu real desejo é fazer uma apresentação. Posso lhe garantir que a última coisa que seu possível cliente quer, ou para a qual tem tempo disponível, é você apresentando algo para ele.

Em vez disso, use expressões que indicam que você poderia ser uma solução para o problema dele:

- Aprender mais sobre você e sua empresa.
- Compartilhar alguns insights que ajudaram outros clientes.
- Compartilhar algumas boas práticas que outras empresas em seu setor estão usando para…
- Compreender sua situação singular.
- Analisar como podemos ser uma boa opção.

Use palavras emocionais que causam impacto:

- Flexibilidade.
- Opções.
- Paz de espírito.
- Economia.
- Frustração.
- Preocupação.
- Estresse.
- Desperdício.
- Tempo.
- Dinheiro.

Essas afirmações e palavras tratam da outra pessoa. Os potenciais clientes querem sentir que você os entende e também entende seus problemas, ou que, pelo menos, está tentando compreendê-los, antes que concordem em ceder seu tempo para você. No próximo capítulo, vamos analisar mais profundamente como elaborar frases eficazes sobre o porquê.

Solicite o que Quer e Cale a Boca

O passo mais importante é solicitar o que você quer.

- Se estiver qualificando, peça as informações de que precisa.
- Se quiser uma reunião, peça um dia e um horário.
- Se quiser engajar-se em uma conversa de vendas, faça perguntas abertas que os façam falar.

Seu objetivo é conseguir um sim, um não ou um talvez rapidamente. Não desperdice tempo. Não fale em círculos. Não use uma linguagem passiva e desanimada nem expressões como "talvez, se não houver problema e não estiver muito ocupado, poderíamos, quem sabe, nos reunir por alguns minutos, o que você acha?".

Faça o pedido de forma descontraída, assertiva e confiante. Solicite e dê como certo. Depois, cale a boca. O único maior erro que os vendedores cometem em ligações de prospecção é ficarem falando em vez de dar ao prospecto a oportunidade de responder à solicitação. Isso aumenta a resistência, cria objeções e dá ao prospecto uma forma fácil de sair da conversa.

Cale a boca e deixe seu possível cliente responder. Há objeções quando você pede o que quer? Certamente. É uma realidade — em vendas, sempre há objeções. No entanto, como você não desperdiçou tempo para chegar à objeção, terá mais tempo para responder, o que, por sua vez, lhe dará uma chance maior de atingir seu objetivo.

Vamos mergulhar de cabeça nas técnicas para refutar as objeções de prospecção no Capítulo 23. Quero que fique marcado em sua mente, porém, apenas quantos potenciais clientes dirão sim quando você for direto, confiante e der como certo; por meio de suas palavras e de seu tom de voz é que as pessoas dirão sim.

22 Desenvolvendo Afirmações Efetivas do Porquê

Robert Cialdini, autor de *Influence*, escreveu: "Um princípio muito conhecido do comportamento humano diz que, quando solicitarmos a alguém que nos faça um favor, teremos mais sucesso se dermos um motivo. As pessoas simplesmente gostam de ter motivos para o que fazem."

Durante a prospecção, se der ao possível cliente um motivo *bom o suficiente* (sob a perspectiva dele) para que se reúna com você, ele dirá sim. Bom o suficiente é o nome do jogo. As afirmações sobre o porquê são como ferraduras e granadas de mão, não precisam ser perfeitas — apenas *boas o suficiente* para converter sua ligação de prospecção em um compromisso, uma reunião de vendas ou informações de qualificação.

O Poder do *Porquê*

Em um estudo histórico sobre o comportamento humano, a psicóloga Ellen Langer e uma equipe de pesquisadores de Harvard demonstraram como o uso da palavra *porque* convence as pessoas a atenderem aos pedidos que você faz.[1] Langer e sua equipe tentavam cortar a fila, entrando na frente de pessoas que estavam esperando o acesso para as fotocopiadoras.

Ela descobriu que, quando o pesquisador pedia educadamente para entrar na frente da outra pessoa que estava esperando sua vez, sem dar um motivo — *"Com licença, tenho cinco páginas. Posso usar a copiadora?"* — o sujeito dizia sim em cerca de 60% das vezes. No entanto, quando ele qualificava o pedido com um motivo válido — *"porque estou com pressa"* — o sujeito dizia sim, em média, 94% das vezes.

As coisas ficaram interessantes. Quando o pesquisador deu um motivo meio sem sentido, como: *"Com licença, tenho cinco páginas. Posso usar a copiadora? Porque preciso fazer as cópias"*, o sujeito ainda dizia sim em 93% das vezes.

Foi uma descoberta impressionante. Apenas dizer a palavra *porque* — dando um motivo — era mais importante para ganhar aceitação do que o motivo em si. O estudo comprovou que, quando as pessoas recebem um motivo, elas têm mais chances de aceitar um pedido.

Pois bem, quero deixar totalmente claro que não estou aconselhando-o a inventar coisas sem sentido e usar isso na prospecção. O que estou dizendo é que as afirmações simples e diretas do *porquê* — dando motivos relevantes para uma reunião com você — funcionam como mágica.

Por exemplo, apenas dizer "Gostaria de 15 minutos do seu tempo porque quero aprender mais sobre você e sua empresa" funciona surpreendentemente bem com donos de pequenos negócios.

O Segredo para Elaborar Afirmações Poderosas do *Porquê*

O verdadeiro segredo para elaborar afirmações do *porquê* que reduzem a resistência e transformam as ligações de prospecção em reuniões é nunca se esquecer de uma premissa simples, porém poderosa:

As pessoas tomam decisões com base na emoção primeiro e, depois, justificam com a lógica. Quer dizer, elas sentem, depois pensam.

É por isso que fazer uma apresentação lógica — com recursos — não funciona. Acredite no que estou dizendo. Seus clientes em potencial abominam esse tipo de apresentação. Não querem ficar ouvindo seu discurso de elevador ou seu comercial de 30 segundos. Esse, a propósito, é o motivo pelo qual você recebe tanta resistência por aqueles longos scripts que o departamento de marketing escreve por você.

Em vez disso, os potenciais clientes querem sentir que você realmente os entende, assim como seus problemas (emocionais e lógicos), ou que você pelo menos está tentando entender, antes de concordar em ceder seu tempo para uma reunião com você. Torne sua mensagem relevante e ofereça valor:

- Valor emocional. Você se conecta diretamente com eles no nível emocional. Isso pode ser simplesmente a expressão de um desejo para aprender mais sobre eles. Os empresários, em particular, adoram falar de si mesmos. Isso também pode significar relacionar-se com emoções dolorosas, como estresse, preocupação, insegurança, desconfiança, ansiedade, medo, frustração e raiva OU lhes oferecer paz de espírito, segurança, opções, menos estresse, menos preocupação ou esperança.
- Valor de insight (curiosidade). Você oferece informações especiais que lhes trazem conhecimento, poder, vantagem competitiva ou os destaca em relação a outras pessoas. A maioria dos possíveis clientes se preocupa com a manutenção de sua vantagem competitiva — como empresa ou indivíduos. Ficam ansiosos, pois pode haver algo no mercado sobre o qual não estão a par. Querem saber quais são

as tendências futuras. O desconhecido é desconcertante — principalmente se o concorrente tem melhor prática, informações, sistemas ou processos que eles não têm.
- Valor tangível (lógica). As pessoas valorizam demonstrações em que você coloca a mão na massa, com testes, coisas gratuitas, pilotos, acessos exclusivos, dados e estudos de caso.

O que Você Traz à Mesa

Uma afirmação do porquê precisa criar uma ponte entre as questões que seu cliente em potencial está enfrentando e a forma como você pode ajudá-lo — *usando a linguagem dele, e não a sua*. Falar a linguagem dele é o segredo, pois passa a sensação de que você o entende. Todos querem ser entendidos.

Comece o processo respondendo a uma pergunta básica: "Quando as pessoas escolhem (ou ligam para) nossa empresa (ou para mim)?" Analise os pontos fortes e fracos entregues por seu produto ou serviço. Avalie suas vantagens competitivas e o valor que você coloca no mercado. Busque coisas em comum entre seus melhores clientes. Por que eles são tão leais a você? Dê uma olhada mais de perto nos negócios que vocês estão fechando e obtenha uma compreensão mais profunda dos eventos acionadores que abrem janelas de compras.

Coloque-se no Lugar Deles

Em seguida, coloque-se no lugar de seu possível cliente. Nunca se esqueça de que as pessoas se reúnem com você pelos motivos delas, e não pelos seus. Use sua empatia concedida por Deus para perceber as emoções delas e considerar o que pode ser importante para elas ou por quais situações talvez estejam passando. Considere como você se sentiria nessa situação. Foque as emoções:

- O que lhe causaria estresse? Quando se sente estressado?
- O que o deixa preocupado? Quando se preocupa? Por qual motivo?
- O que gera ansiedade? Quando se sente ansioso?
- Como se sente quando fica sem tempo para coisas importantes?
- Como se sente quando não tem dinheiro suficiente para alcançar seus objetivos? Quando isso ocorre?
- Como se sente quando não tem recursos suficientes para alcançar seus objetivos? Quando isso ocorre?
- Como se sente quando não tem conhecimento suficiente para alcançar seus objetivos? Quando isso ocorre?
- Como se sente quanto fracassa em alcançar seus objetivos?
- Quando fica sobrecarregado e como se sente?
- O que impacta sua paz de espírito ou sua sensação de segurança?
- Como se sentiria se tivesse opções limitadas?
- O que está fazendo com que se sinta frustrado ou travado?
- O que o deixa furioso?
- O que o faz sentir desconfiança?
- O que lhe causa medo?
- O que lhe causa angústia?
- Como se sente quando _____ acontece?
- O que talvez queira saber?
- Qual desconhecido o preocuparia?
- Quais informações teme que caiam nas mãos de seus concorrentes?
- O que um concorrente pode estar fazendo que você também gostaria de fazer?
- Quais informações acredita que lhe dariam uma vantagem competitiva?
- O que o deixaria curioso?
- O que pode estar roubando seu tempo, dinheiro ou recursos?

Use as respostas a essas perguntas para criar afirmações do porquê que estão centradas em seu possível cliente, e não em você. Por exemplo:

Porque tantos empresários em sua posição se estressam para cumprir as novas regras de folha de pagamento, estamos desenvolvendo um sistema que tem a garantia de eliminar as multas.

Direcionando as Afirmações do Porquê

Dá trabalho criar afirmações efetivas do porquê. Para fazer certo, é preciso pensar. Você deve testar e aperfeiçoar suas mensagens.

Quando tem uma grande base de clientes em potencial e expectativas altas de atividade, não há tempo de parar e criar afirmações personalizadas do porquê para cada um deles. Não faria sentido pesquisar cada um e criar um porquê exclusivo antes das ligações. Para continuar eficiente, você precisa elaborar afirmações do porquê que possam ser usadas com múltiplos clientes em potencial.

Com uma base grande de potenciais clientes, você não terá informações aprofundadas e detalhadas sobre questões, problemas ou preocupações específicos de cada um. É improvável que as informações em seu sistema de CRM (caso haja algum) sejam precisas. Portanto, para criar afirmações efetivas do porquê, será necessário deduzir quais são os problemas, com base nas tendências econômicas ou em seu conhecimento sobre o que as outras empresas estão experimentando no mesmo setor, área geográfica, segmento de mercado ou com determinado produto da concorrência.

Comece segmentando seu banco de dados de prospectos em grandes grupos similares — tamanho da empresa, potencial de receitas, papéis de tomada de decisão, verticais do setor, aplicativos do produto ou serviço, contas dos concorrentes e assim por diante. Depois, crie diversas afirmações do porquê para cada segmento. Com o passar do tempo, você iterará e refinará naturalmente sua mensagem conforme se engaja em mais conversas com os prospectos. Vejamos um exemplo:

> *Olá, Candace, aqui é Jeb Blount, da Sales Gravy. O motivo de minha ligação é conseguir alguns minutos em sua agenda, PORQUE percebo que muitos líderes como você estão frustrados com o tempo excessivo necessário para treinar os vendedores até que atinjam a produtividade total. Nosso novo sistema de aprendizado provou reduzir pela metade o tempo de treinamento para novos representantes de vendas e fazer com que comecem a vender rápido. Que tal marcarmos uma breve reunião para que eu possa aprender mais sobre você e ver se faz sentido marcarmos uma demonstração? Tenho um horário na quinta-feira, às 14h.*

Você deve ter percebido que presumi que Candace está frustrada porque leva muito tempo para que seus vendedores estejam treinados e vendendo. Não sei exatamente se essa é a dificuldade dela, mas, como a maioria das empresas que está contratando tem esse problema, há uma boa chance de que ela também tenha.

Pare agora e pratique a criação de afirmações do porquê para cada um de seus principais tipos ou segmentos de prospectos no formato mostrado na Tabela 22.1.

Tabela 22.1 Elabore Afirmações do Porquê

Tipo/Segmento do Prospecto	Afirmação do Porquê

Personalizando as Afirmações do Porquê

Quando há muito em jogo, no entanto, é necessário criar uma afirmação personalizada do porquê específica à conta e à pessoa para quem está ligando. Essas afirmações personalizadas exigem pesquisa e um esforço concentrado para que a mensagem esteja correta. Em alguns casos, talvez você tenha apenas uma chance para engajar um executivo da diretoria em uma conta empresarial, então precisa ser relevante e dar um motivo convincente para conseguir a reunião.

Personalizar os porquês para cada parte interessada consome tempo. No entanto, com oportunidades de alto valor, o investimento tem uma relação positiva de risco x recompensa.

Comece definindo o objetivo do contato com seu cliente em potencial. Isso o ajudará a permanecer focado e relevante:

- Está tentando obter mais informações para qualificar mais profundamente a oportunidade e a janela de compra?
- Está buscando uma possibilidade de contato com outra pessoa?
- Quer marcar uma reunião inicial?

Em seguida, pesquise:

- Configure os alertas do Google, para que informações sobre a empresa ou a pessoa sejam enviadas diretamente para sua caixa de entrada.
- Avalie as observações e o histórico em seu sistema de CRM.
- Faça pesquisas sobre a empresa/divisão/localidade online e nos boletins de imprensa.
- Verifique as páginas da empresa e os perfis individuais no LinkedIn, Twitter, Facebook e YouTube.
- Tome nota sobre jargões, valores centrais, prêmios, eventos de disparo, iniciativas, mudanças e problemas que pode resolver.
- Pesquise as tendências do setor e leia os artigos mais recentes sobre a área.

Então, elabore sua mensagem para demonstrar que pode se relacionar com a situação singular deles e resolver problemas específicos que estejam enfrentando, usando a linguagem *deles*. Eis um exemplo:

> *Olá, Windsor, aqui é Jeb Blount, da Sales Gravy. O motivo de minha ligação é que quero marcar uma reunião com você. Li na* Fast Company *que você está contratando 100 representantes de vendas. Trabalhei com diversas empresas em seu setor para ajudá-las a reduzir o tempo de treinamento dos novos vendedores. Na Xjam Software, por exemplo, cortamos esse tempo em 50%. Embora não saiba se nossa solução será uma boa escolha para sua situação singular, tenho algumas ideias e melhores práticas que já vi darem certo em empresas como a sua; pensei que você poderia se interessar em aprender mais sobre elas. Que tal marcarmos uma reunião breve na quinta-feira, às 14h?*

Pare agora e elabore afirmações personalizadas do porquê, como na Tabela 22.2, para suas cinco principais contas dos sonhos ou as que deseja conquistar.

Tabela 22.2 Elaborando as Afirmações do Porquê

Potenciais clientes	Afirmações do Porquê

23 Contornando Objeções de Prospecção por Telefone

A triste verdade é que muitos vendedores começam seu dia com a intenção de pegar o telefone e se engajar com novos clientes em potencial. Porém, acabam desperdiçando com besteiras seu tempo precioso de prospecção, evitando o inevitável.

Por fim, quando ligam relutantemente para o primeiro número, as mãos ficam suadas e o coração bate mais forte, enquanto rezam secretamente para que ninguém atenda.

"Alô, pois não?" A voz na outra linha é fria.

Nervoso, o vendedor se embanana com o script e BUM! É atingido com: "Veja bem, estamos felizes com nosso fornecedor atual."

A mente do vendedor dá um branco, e uma onda de constrangimento o atinge enquanto sua tentativa fraca de superar a objeção é refutada, e o possível cliente desliga. Com isso, a motivação pela prospecção por telefone evapora.

Para evitar ter que fazer qualquer outra ligação, eles "pesquisam", ficam brincando no LinkedIn, cavocam o sistema de CRM e verificam o e-mail — qualquer coisa, menos ligar para outro número. Então justificam, para o chefe, a pouca atividade por estarem sobrecarregados com trabalho administrativo, ou por serem "muito melhor em pessoa".

De todas as objeções de vendas, as de prospecção são as mais severas. São geralmente duras e frias; às vezes, são uma rejeição direta. É por isso que muitos vendedores tratam a prospecção por telefone como uma praga e se permitem evitá-la apenas para conseguirem prejudicar sua carreira e suas chances de melhorar a renda.

Há um motivo simples pelo qual a prospecção por telefone é tão difícil emocionalmente e por que ela gera uma rejeição tão dura: a prospecção é interrupção. Você não gosta de ser interrompido. Nem seus possíveis clientes, e eles não têm vergonha nenhuma de informá-lo sobre isso.

A Estrutura de Cinco Passos para Prospecção por Telefone, juntamente com as afirmações efetivas do porquê, são projetadas para tornar as interrupções mais eficazes e reduzir a resistência. Mas não importa o quanto seja bom, você ouvirá objeções de prospecção.

As Objeções de Prospecção Podem Ser Previamente Antecipadas

Quando pergunto aos vendedores quantas objeções em potencial às prospecções por telefone eles podem receber, a resposta mais comum é: "Infinitas."

Infelizmente, é assim que a maioria dos vendedores pensa. Eles abordam cada objeção de prospecção como se fosse um evento singular e aleatório, improvisando em cada ligação. Improvisar nas ligações de prospecção é um grande erro, pois é quase impossível controlar a resposta emocional à rejeição sem ter um plano.

A verdade é que há um número finito de maneiras pelas quais um possível cliente dirá não. De fato, há conjuntos comuns de objeções em cada setor e, geralmente, 3 a 5 que compõem 85% ou mais das objeções que você enfrentará.

Quando solicito aos vendedores que listem todas as possíveis objeções de prospecção nas quais conseguem pensar, raramente passam de 15. Quando solicito que listem aquelas que eles ouvem com mais frequência, raramente passam de 5. As objeções de prospecção mais comuns incluem:

- Já estamos satisfeitos ou preparados.
- Não tenho interesse.
- Não temos orçamento.
- Estamos com um contrato aberto.
- Não sou a pessoa certa.
- Preciso falar com alguém antes...
- Estou ocupado demais.
- Apenas me envie as informações.
- Sobrecarregado — coisas demais acontecendo.
- Já trabalhamos com você e não deu certo.
- Fazemos isso internamente.
- Não trabalhamos com vendedores externos.
- Um de seus representantes me ligou na semana passada e eu já disse que não.
- Já tentamos esse produto/serviço antes e não funcionou.
- Estou apenas verificando (leads passivos).

Nem sempre os clientes em potencial usam exatamente essas palavras. Por exemplo, em vez de dizerem "Estamos felizes", podem dizer "Trabalhamos com seu concorrente há anos, e eles fazem um bom trabalho para nós". As palavras são diferentes, mas a intenção é a mesma — estamos felizes.

Fazer uma lista das principais objeções que você encontra durante as interações de prospecção é o primeiro passo para aprender como antecipá-las e elaborar respostas eficazes. Faça uma pausa agora e use a Tabela 23.1 para listar todas as objeções de prospecção que você recebe nas ligações. Depois, classifique-as de mais frequentes para menos frequentes.

Tabela 23.1 Liste as Principais Objeções de Prospecção

Objeção de Prospecção	Classificação com Base na Frequência

Planejando-se para as Objeções de Prospecção

Você terá objeções de prospecção, e elas acionarão suas emoções disruptivas. Porém, visto que basicamente todas as objeções de prospecção podem ser antecipadas, você pode planejar as respostas. Saber exatamente o que dizer permite que você consiga controlar suas emoções, quebrar o padrão de pensamento de seu prospecto e mudar o jogo.

Para dominar e se tornar eficaz na arte de contornar as objeções de prospecção, é necessário apenas:

1. Identificar todas as objeções em potencial (veja a Tabela 23.1) singulares ao seu setor, produto, localidade, serviço, condições atuais de mercado e verticais do cliente.
2. Potencializar a *Estrutura de Três Passos para Contornar as Objeções de Prospecção por Telefone,* de modo a desenvolver scripts simples e repetíveis que você diz sem pensar — permitindo que seja descontraído, assertivo e confiante.

Por que ter um script repetível e simples para as objeções de prospecção? No Capítulo 17, exploramos a reação de lute ou fuja e como as ameaças sociais, como a rejeição, dificultam muito a agilidade de raciocínio. É exatamente por isso que você se perde em suas palavras e diz coisas das quais se arrepende quando tenta improvisar nas objeções de prospecção.

Em situações emocionalmente tensas, os scripts liberam sua mente, libertando-o do fardo de ter que se preocupar com o que dizer e deixando-o no controle total da situação. Um script praticado deixa sua entonação de voz, o estilo de sua fala e o fluxo de som confiantes, descontraídos, autênticos e profissionais — mesmo quando suas emoções estão assolando sob a superfície.

Os scripts funcionam especialmente bem com as objeções de prospecção porque você tende a obter as mesmas respostas repetidas vezes. Para observar o poder dos scripts, basta assistir a um filme. O diálogo entre os atores está no script. De outro modo, não seria divertido.

É só notar a diferença entre quando um político está falando sem um script em um confronto com os repórteres e quando ele está dando um discurso com o auxílio do teleprompter. No palco, o político é incrivelmente convincente. Mas, sem um script, tropeça nas palavras e comete muitos dos mesmos erros que os vendedores, quando estes improvisam nas ligações de prospecção.

Tabela 23.2 Escreva Como Responde às Objeções de Prospecção Agora

Cinco Principais Objeções	Como as Responde Agora

A preocupação da maioria dos vendedores, no entanto, é: "Não vou parecer eu mesmo se usar um script." É uma preocupação legítima. A autenticidade importa. E é por isso que atores, políticos e os principais profissionais de vendas ensaiam e praticam até que o script soe natural e se torne seu discurso.

A boa notícia é que você já tem o hábito de dizer certas coisas de determinadas formas nas ligações de prospecção. Portanto, comece analisando o que já está fazendo. Depois, formalize o que está dando certo em um script que pode ser repetido com sucesso várias vezes.

Agora, reserve um momento para escrever suas cinco principais objeções de prospecção e como as responde atualmente (Tabela 23.2). Considere o que está ou não está dando certo. Busque padrões em suas mensagens. Anote aquelas que o fazem sentir e soar mais autêntico.

A Estrutura de Três Passos para Contornar as Objeções de Prospecção (RDP)

Anteriormente, você aprendeu que uma estrutura age como um guia para lhe dar uma base, mas que se adapta ao contexto. As estruturas lhe dão agilidade, no calor do momento, para mudar sua mensagem diante de determinada situação e prospecto. Com as objeções de prospecção, você empregará uma estrutura simples, mas poderosa, de três passos:

1. Recomposição.
2. Disrupção.
3. Solicitação.

Quando você dominar essa estrutura, ganhará confiança para lidar primorosamente com qualquer objeção que apareça no caminho. (Veja a Figura 23.1).

Figura 23.1   Estrutura de Três Passos para Contornar as Objeções de Prospecção por Telefone

Recomposição

Quando você é atingido por uma objeção de prospecção, a reação de lutar ou fugir entra em cena, disparando uma enxurrada de emoções disruptivas. O segredo para estar acima de tais emoções é dar ao cérebro racional uma chance de se localizar e assumir o controle. Em situações de movimentos rápidos, como as objeções de prospecção por telefone, a fim de lidar efetivamente com essas emoções disruptivas, você precisa apenas de um milissegundo para que o cérebro lógico acorde e diga ao cérebro emocional para sair de cena. Isso permite recobrar o equilíbrio e o controle da conversa.

Em seu livro *Alquimia Emocional*, Tara Bennett-Goleman denomina isso de "o quarto de segundo mágico",[1] que lhe permite evitar que as emoções disruptivas que você está sentindo controlem sua reação e seu comportamento subsequentes. A técnica mais eficaz para ativar o quarto de segundo mágico é chamada de *recomposição*.

A recomposição é uma resposta memorizada e automática que não exige que você pense. Ela dá ao cérebro lógico o momento necessário para se atualizar, superar as emoções disruptivas e ganhar o controle. Como as objeções de prospecção tendem a evocar reações emocionais fortes, a técnica de recomposição é uma parte crucial na estrutura de contorná-las.

Exemplos de afirmações de recomposição incluem:

- Foi exatamente por isso que liguei.
- Esperava que você dissesse isso.
- Outras pessoas disseram o mesmo antes de descobrirem que...
- Imaginei que pudesse dizer isso.
- Isso é fantástico!
- Faz sentido.
- Tudo bem.

Disrupção

Seu possível cliente foi condicionado com centenas, senão milhares, de ligações de prospecção. Quando lança uma objeção, ele tem uma expectativa do que você provavelmente dirá na sequência. Quando seu comportamento está dentro do que ele espera, não há necessidade de pensar, ele apenas reage reflexivamente.

Você aprendeu que o cérebro de seu cliente em potencial (especificamente a amígdala) ignora os padrões e é atraído pelas anomalias — coisas diferentes, inesperadas, brilhosas e reluzentes. Portanto, o segredo para contornar a objeção de seu possível cliente é apresentar uma afirmação ou uma pergunta que cause disrupção no padrão esperado.

A criação de padrão — fazer o inesperado — é como você inverte o script de seu possível cliente, contorna-o e o atrai. Veja alguns exemplos.

Contornando Objeções de Prospecção por Telefone 223

Quando os possíveis clientes dizem que estão felizes, em vez de você argumentar que pode deixá-los mais felizes se apenas lhe derem uma chance, responda com algo totalmente inesperado:

Fabuloso! Se está conseguindo ótimos preços e serviços, nem pense em mudar. Tudo o que quero são alguns minutos de seu tempo para aprender mais sobre você e ver se chegamos a ser uma opção. No mínimo, farei uma cotação competitiva que o ajudará a manter aquele pessoal honesto.

Quando dizem que estão ocupados, em vez de argumentar que apenas precisa de um pouquinho do tempo deles, cause uma disrupção no padrão ao concordar:

Foi exatamente por isso que liguei; pensei que estaria ocupado mesmo, e tudo o que quero é encontrar um momento que seja mais conveniente para você.

Quando dizem "Apenas me envie mais informações", você pode aceitar o blefe e forçar o engajamento, ou trazer a real objeção à superfície:

Isso é fantástico! Fico feliz em ouvir que está interessado em aprender mais. Porém, como temos tantas informações, a última coisa que quero fazer é sobrecarregá-lo, pois sei que está muito ocupado. Pode me dizer especificamente quais informações gostaria de receber?

Quando dizem "Não tenho interesse", responda:

Faz sentido. A maioria das pessoas não tem interesse na primeira vez em que ligo, e é exatamente por isso que deveríamos nos reunir.

Também é importante evitar usar palavras que apenas vendedores usam. No momento em que fizer isso, entra automaticamente na expectativa do potencial cliente. Frases usadas em exagero, como "Entrar em contato", "Apenas queria...", "Ótimo" e "Entendo" fazem com que você soe exatamente como todos os outros representantes e torne-se um padrão fácil de ser ignorado.

Solicitação

Para obter o que quer, é necessário solicitar. Talvez você apresente o contorno disruptivo perfeito, mas, se não fizer a solicitação novamente, não conseguirá o objetivo desejado.

A solicitação é o momento em que a maioria dos contornos às objeções cai por terra. O vendedor hesita e espera que o possível cliente faça o trabalho no lugar dele. Acredite em mim, isso não acontece.

Você deve controlar suas emoções e solicitar novamente — de forma pretensiosa e assertiva, sem hesitação, logo em seguida de seu script de refutação. Em cerca de metade das vezes, você ouvirá outra objeção — uma que tende a estar mais próxima da verdade. Esteja preparado para contorná-la e solicite novamente.

Uma coisa que você nunca deve fazer é brigar. Não vale a pena. Quando recebe duas objeções e ainda não consegue contorná-las, siga em frente graciosamente e ligue de volta outro dia. Como dizem, há muitos peixes no mar.

Juntando Tudo

É essencial que você evite supercomplicar esse processo. Você precisa de scripts de refutação que funcionem e que soem naturais em seus lábios. Eles precisam fazer com que você soe autêntico, real e confiante. Simplifique-os para que sejam fáceis de lembrar e de repetir. Os scripts de refutação não precisam ser perfeitos nem funcionar o tempo todo, mas você precisa de scripts que lhe deem a maior probabilidade de obter um sim.

Vejamos alguns exemplos:

Possível cliente: "Já usamos seu produto/serviço e tivemos uma experiência ruim."

Rep. de Vendas: "Nancy, foi exatamente por isso que liguei; quero tomar uns minutinhos de seu tempo para entender exatamente o que aconteceu. Que tal nos reunirmos na próxima quarta--feira, às 15h?"

Possível cliente: "Não temos interesse."

Rep. de Vendas: "Sabe, foi isso o que muitos de meus clientes disseram até descobrirem o quanto eu poderia ajudá-los a economizar. Veja, ainda nem sei se meu serviço é uma boa opção para você, mas não faria sentido nos reunirmos, mesmo assim, para descobrirmos? Que tal na sexta-feira, às 14h?"

Possível cliente: "De forma alguma podemos pagar isso."

Rep. de Vendas: "Foi exatamente isso que os outros clientes disseram até descobrirem nossos preços. Tudo o que quero é uma oportunidade para conhecer um pouco mais sobre sua empresa e mostrar como ajudamos tantos outros estabelecimentos que estavam na mesma situação a reduzir e a controlar os riscos sem aumentar as despesas. Posso visitá-lo na quinta-feira, às 11h30?

Possível cliente: "Fazemos isso internamente."

Rep. de Vendas: "Perfeito, porque a maioria de meus clientes tem programas internos. Complementamos o que já estão fazendo e tornamos o processo ainda melhor. Como não sei se isso seria uma boa opção para você, por que não nos reunimos para que eu lhe mostre como ajudo os outros clientes de seu setor para podermos decidir se faz ou não sentido continuar essa conversa? Tenho um horário na segunda-feira, às 14h."

Agora é sua vez de criar os próprios scripts. Usando a Tabela 23.3, comece com as cinco principais objeções de prospecção. Escreva uma recomposição e desenvolva uma afirmação de disrupção. Terminado o primeiro passo, deixe-o de lado por um dia, depois faça-o novamente. Você descobrirá que isso dá ao cérebro uma chance de se ajustar ao processo de mensagens, o que o ajudará a iterar seus scripts e a deixá-los ainda melhores.

Tabela 23.3 Crie um Script de Refutação

Principais Objeções de Prospecção	Recomposição	Disrupção

24 | Deixando Mensagens de Voz Eficazes

Quando você faz prospecção por telefone, a maioria de suas chamadas cai na caixa postal. É um fato. Porém, muito frequentemente, os profissionais de vendas sentem que deixar uma mensagem de voz é desperdício de tempo. Pode parecer que está enviando essas mensagens para um grande buraco negro, pois muitas delas nunca recebem retorno.

É exatamente por isso que a pergunta mais frequente que recebo a respeito das mensagens de voz não é *como* deixar uma mensagem eficaz, mas se *deveria* deixá-la. Francamente, se não está perguntando isso, você não é humano.

Em minha experiência, vejo dois grupos nesse caso. Um diz que você nunca deveria deixar uma mensagem de voz, e o outro, que você sempre deveria deixar uma mensagem. Ambos estão errados. Deixar mensagens de voz eficazes é importante porque:

- As pessoas ouvem as mensagens e as retornam.
- Uma série de mensagens de voz, com o tempo, educa e cria familiaridade.

- Elas dizem a seu possível cliente que você se importa o suficiente e não dará as costas, por ser persistente.

Se você nunca deixar uma mensagem de voz, nunca receberá uma ligação de retorno. Você sinaliza ao potencial cliente que não se importa o suficiente para ir atrás dele, abdicando sua responsabilidade de educá-lo e dificultando esforços para criar familiaridade. Visto que receber uma ligação de retorno é algo muito bom, não faz sentido *nunca* deixar uma mensagem de voz.

Contudo, há algumas circunstâncias em que pode não fazer sentido deixar uma mensagem de voz. Por exemplo, caso esteja ligando para uma lista completamente fria de possíveis clientes e se o objetivo é fazer o máximo possível de ligações para se conectar com o número máximo desses clientes e no menor tempo, as mensagens de voz o desacelerarão. Pode levar de 30 a 60 segundos para deixar uma mensagem, fazendo com que gaste uma quantidade significativa de ligações para deixar mensagens de voz para potenciais clientes totalmente frios e não qualificados.

No entanto, na maioria das ligações de prospecção, você deveria deixar uma mensagem de voz. Analisamos dados sobre quantos contatos são necessários para conseguir que um possível cliente se engaje, em um grande conjunto de fontes e setores. Os dados nos dizem que a prospecção raramente é uma atividade de uma só tacada. É necessário ter persistência e realizar muitos contatos para conseguir o engajamento de vendas. Considere estes números:

- De 1 a 3 contatos para engajar novamente um cliente inativo.
- De 1 a 5 contatos para engajar um possível cliente que está na janela de compra e familiarizado com você e sua marca.
- De 3 a 10 contatos para engajar um possível cliente que tem um alto grau de familiaridade com você ou sua marca, mas que não está na janela de compra.
- De 5 a 12 contatos para engajar um lead passivo receptivo.
- De 5 a 20 para engajar um possível cliente que tem certa familiaridade com você e sua marca.
- De 20 a 50 para engajar um possível cliente frio, que não conhece nem você nem sua marca.

Tenha em mente que são médias em uma distribuição estatística ampla. Dependendo do reconhecimento de sua marca, da localização geográfica, do canal de prospecção, do produto, do serviço, do ciclo de vendas e da vertical do setor, talvez você descubra que esses números mudam a seu favor ou contra.

A questão, contudo, não trata dos números, mas da história que eles nos contam. São necessários diversos contatos para conseguir o engajamento dos clientes em potencial, e isso significa que, para ser bem-sucedido, você precisará dominar diversos canais de prospecção, incluindo telefone, e-mail, mensagem direta, mensagem de vídeo, mensagem de texto, redes sociais e mensagem de voz.

Compromisso com a Persistência

Richard deixou 71 mensagens de voz, pedindo para marcar uma reunião. Enviou 18 e-mails. Ele me perseguiu no LinkedIn.

Conseguiu que eu atendesse o telefone em pelo menos três ocasiões. Mas me livrei dele todas as vezes. Ele também ligou, escreveu e se conectou nas redes sociais com cada uma das principais partes interessadas em minha organização.

Durante cinco meses, Richard pediu inúmeras vezes por uma oportunidade para demonstrar sua solução de software. E, por cinco meses, não chegou a lugar nenhum — até que, finalmente, ele me pegou no momento certo. Era maio, cinco meses após sua primeira tentativa de marcar uma reunião.

Quando atendi ao telefone, reconheci sua voz. Quase me livrei dele novamente, mas, visto que não tinha nenhuma outra coisa agendada e que ele fora tão persistente, senti uma obrigação subconsciente de lhe dar uma chance.

Richard não perdeu tempo em conseguir minha aceitação para uma demonstração. Sua solução de SaaS era impressionante e resolvia um de nossos problemas de entrega de treinamento.

Menos de uma hora depois, ele solicitou meu compromisso para comprar. Antes que pudesse perceber, ele já tinha meus dados de cartão de crédito, e a Sales Gravy era seu novo cliente. Caso ele não tivesse persistentemente deixado todas aquelas mensagens de voz, essa venda não teria acontecido.

O autor e treinador de vendas Anthony Iannarino diz isso de uma forma mais clara: "Seu comprometimento com a persistência e com múltiplos contatos determina duas coisas: mostra que você não vai desistir, que pretende continuar ligando, e demonstra que você acredita ser sua responsabilidade ligar, em vez de esperar que liguem para você."

Três Objetivos das Mensagens de Voz

Há três objetivos das mensagens de voz:

1. *Educar*. Isso é normalmente realizado ao deixar uma série de mensagens de voz curtas que forneçam insights e informações valiosas para ajudar o possível cliente a aprender mais sobre os desafios e os problemas que seu produto ou serviço os ajuda a superar ou a resolver.
2. *Criar familiaridade*. Quando os potenciais clientes não o conhecem, é muito mais difícil conseguir uma ligação de retorno. Mas é possível criar familiaridade com o passar do tempo, por meio de contatos sequenciados e repetidos de prospecção. Quanto mais um possível cliente ouve e vê seu nome, mais familiarizado fica e as probabilidades de que se engajará aumentam. Esse é um dos motivos centrais pelos quais a persistência vale a pena. A familiaridade, como um objetivo da prospecção, exige um foco de longo prazo, pois melhora por meio do impacto cumulativo da atividade contínua de prospecção. É por isso que profissionais especialistas em vendas criam sequências de prospecção e buscam planos que potencializam diversos canais de comunicação virtual. A mensagem de voz desempenha um papel fundamental em tais sequências.

3. *Obter uma resposta.* Isso quer dizer que sua mensagem convence o possível cliente a responder. Uma resposta é o ideal, pois, quando ligam de volta para você, as taxas de conversão vão às alturas.

Há três motivos, dentro de seu controle, pelos quais as mensagens de voz não obtêm retorno:

1. *Prolixo.* Em algum momento das divagações, os clientes em potencial pressionam "deletar".
2. *Nada de relevante ou interessante.* A mensagem não motiva os possíveis clientes a querer ligar de volta.
3. *Difícil.* Você diz seu número muito rápido ou apenas uma vez, de modo que os potenciais clientes precisam ouvir a mensagem mais de uma vez a fim de obterem as informações necessárias para ligarem de volta. Eles geralmente não perdem tempo com isso.

Se for honesto consigo mesmo, esses são os mesmos motivos pelos quais você não retorna as mensagens de voz.

Estrutura de Cinco Passos para as Mensagens de Voz

Isso nos leva à fórmula para conseguir mais retornos para suas mensagens. A fim de serem eficazes, as mensagens de voz precisam ser curtas, diretas e fáceis de serem retornadas. Devem dar ao seu possível cliente um motivo convincente para fazer a ligação de retorno para você.

O segredo para colocar em prática os fatores curto, fácil e convincente é usar a Estrutura de Cinco Passos para Mensagens de Voz (Figura 24.1). Os profissionais de vendas que adotam essa estrutura duplicam sua taxa de resposta.

Identifique-se → Número de Telefone duas vezes → Propósito → Motivo Convincente para Retornarem → Número de Telefone duas vezes

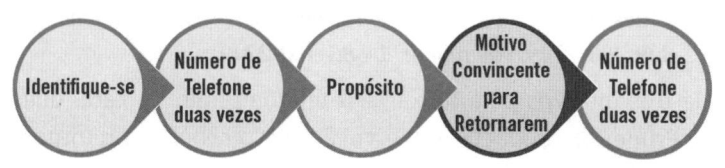

Figura 24.1 Cinco Passos para as Mensagens de Voz

Passo 1: Identifique-se. Diga quem é e o nome de sua empresa logo de cara. Isso o faz soar profissional e crível.

Passo 2: Fale seu número de telefone duas vezes. Dê suas informações de contato logo no início, duas vezes — de forma lenta e clara. As pessoas não podem ligar de volta se não tiverem seu número.

Passo 3: Informe seu propósito. Diga o que o fez ligar e/ou especificamente o que quer.

Passo 4: Apresente um motivo convincente para receber um retorno. Motive-os a ligar de volta, atiçando a curiosidade; ou, se seu objetivo for basicamente educar, apresente um insight convincente.

Passo 5: Repita seu número de telefone duas vezes e identifique-se. Dê suas informações de contato novamente, de forma lenta e clara. Antes de encerrar a mensagem, repita seu nome e o nome da empresa.

Algo parecido com isto:

Olá, Rick, aqui é Jeb Blount, da Sales Gravy. Meu telefone é 1-888-360-2249, vou repetir, 1-888-360-2249. O motivo de minha ligação é que você baixou nosso livro branco sobre vendas virtuais; quero aprender mais sobre sua situação e o que o levou a buscar essas informações. Também tenho alguns recursos gratuitos de treinamento sobre prospecção por telefone, e gostaria que você passasse para sua equipe de vendas. Pode me ligar no número 1-888-360-2249, repetindo, 1-888-360-2249. Aqui é Jeb Blount, da Sales Gravy.

Passos 1 e 2. Comece sua mensagem de voz de forma confiante, identificando-se e dizendo o nome de sua empresa. Depois, fale seu número duas vezes — de forma lenta e clara. Isso passa uma sensação de profissionalismo e transparência, o que aumenta a probabilidade de que o prospecto continuará ouvindo. Diga:

Olá, Rick, aqui é Jeb Blount, da Sales Gravy. Meu telefone é 1-888-360-2249, vou repetir, 1-888-360-2249.

Há três motivos para deixar seu telefone logo de cara, duas vezes. Primeiro, deixa claro que você quer receber um retorno e facilita isso.

Segundo, como tantas mensagens de voz são transcritas automaticamente nos telefones celulares ou via aplicações baseadas em e-mail, seu número fica destacado proeminentemente já no início, facilitando que o possível cliente apenas clique em seu número e ligue de volta.

Por fim, após ouvirem seu nome e o nome de sua empresa, talvez não precisem ouvir o restante da mensagem. Se trabalha para uma marca muito conhecida, os potenciais clientes têm uma necessidade imediata, ou você já construiu familiaridade suficiente por meio de uma sequência de vários contatos de prospecção, eles podem pular o restante da mensagem e ligar para você imediatamente.

Passo 3. No passo 3, diga por que ou o que motivou sua ligação e, especificamente, o que você quer. Diga:

Estou ligando para marcar um horário em sua agenda.

O motivo de minha ligação é agendarmos uma demonstração.

Estou ligando porque a Susie, da empresa ABC, disse que seria uma boa ideia conversarmos.

O motivo de minha ligação é que você baixou nosso livro branco sobre ligações frias e quero aprender mais sobre sua situação e o que o levou a buscar essas informações.

Tal transparência é tanto respeitosa como profissional. Estar preparado com uma solicitação específica ajuda a deixar sua mensagem sucinta e direta, evitando divagações. Deixar uma mensagem curta e gentil passa a ideia de que você não pretende desperdiçar o tempo da pessoa.

Passo 4. Os possíveis clientes ligam de volta e se engajam quando você lhes dá um motivo convincente para isso. Mantenha suas mensagens de voz curtas, simples, diretas e relevantes. Seja autêntico, humano e engajador.

Considere como você pode conseguir se relacionar com as situações singulares de seus potenciais clientes e como pode expressar a situação para eles, em uma mensagem concisa, de modo que liguem de volta. Convincente pode ser:

- Algo que desperta a curiosidade.
- Ofertas exclusivas.
- Escassez.
- Ofertas especiais ou por tempo limitado.
- Conhecimento, insight ou informação.
- Solução para um problema.
- Dizer que recebeu o contato de alguém que conhecem.

Pode ser simples assim:

Também tenho alguns recursos gratuitos de treinamento sobre prospecção por telefone que gostaria que passasse para sua equipe de vendas.

Mensagens de voz chatas sobre sua empresa, produto ou serviço não funcionam. Evite coisas supercomplicadas e que dão a impressão de que você está lendo um roteiro de marketing. Coloque-se no lugar de seus possíveis clientes. Veja as coisas sob a perspectiva deles. Elabore sua mensagem com base no que pode ser importante para eles. É assim que conseguirá uma ligação de retorno.

Caso tenha milhares de potenciais clientes para ligar, não faz muito sentido perder tempo pesquisando e elaborando uma mensagem de voz única para cada um. Você fará melhor uso de seu tempo se criar uma série de mensagens direcionadas com base em problemas e tendências comuns em seu setor específico, ou com base em seu conhecimento sobre o que outras empresas estão enfrentando na mesma área geográfica ou segmento de mercado.

As mensagens direcionadas de voz funcionam melhor com grupos grandes de potenciais clientes semelhantes, funções de tomada de decisão, verticais do setor ou aplicações do produto ou serviço. São mais apropriadas quando você tem poucas informações e quando o custo/benefício de fazer a pesquisa não vale a pena.

Porém, quando estiver deixando mensagens para oportunidades de alto valor e partes interessadas como executivos de diretoria, será importante elaborar uma mensagem de voz personalizada. Esse tipo de mensagem exigirá pesquisa e esforço, visto que sua mensagem precisa ser específica e relevante para aquela pessoa.

Para pesquisar seus clientes em potencial e elaborar mensagens direcionadas e personalizadas:

- Configure os alertas do Google, para receber informações sobre a empresa ou a pessoa diretamente em sua caixa de entrada.
- Reveja as observações e o histórico em seu sistema de CRM.
- Pesquise sobre a empresa, por meio de pesquisas online, visitas ao site, boletins de imprensa e páginas no LinkedIn e no Facebook.
- Visite os perfis deles nas redes sociais.
- Avalie posts em blogs e redes sociais, para identificar jargões, valores centrais, RP, prêmios, eventos desencadeadores, iniciativas e problemas que possa resolver.
- Pesquise sobre as tendências do setor e leia os artigos comerciais mais recentes.

Elaborar mensagens de voz personalizadas para um único cliente em potencial consome tempo. Porém, quando há muito em jogo, ou se você tem apenas uma chance com um executivo de diretoria, será importante deixar uma mensagem relevante.

Os vendedores podem, às vezes, ficar tentados a dizer ou fazer coisas que ludibriam os possíveis clientes a ligarem de volta. Não faça isso. Não seja velhaco, cafona e tente ludibriar esses clientes a retornar, porque você foi críptico a respeito de suas intenções ou porque insinuou algo que não é verdade.

Não há nada mais irritante para um comprador do que um vendedor que não é honesto e transparente a respeito de suas intenções. Nada destruirá mais rápido sua credibilidade e romperá a confiança. Você é um profissional de vendas, portanto, seja profissional. Seja direto e transparente sobre quem é e o que quer.

Passo 5. Diga seu número novamente, duas vezes. Fale lenta e claramente. Lembre-os de seu nome e do nome de sua empresa. Diga:

> *Pode me ligar no número 1-888-360-2249, de novo, 1-888-360--2249. Aqui é Jeb Blount, da Sales Gravy*

Pode também escolher deixar seu e-mail, caso seja simples e fácil de entender.

> *Pode me ligar no número 1-888-360-2249, repetindo, 1-888--360-2249. Ou, meu e-mail é jeb@salesgravy.com, repetindo, jeb@salesgravy.com. Aqui é Jeb Blount, da Sales Gravy.*

Você deixa suas informações de contato por uma segunda vez no final porque, se sua mensagem os convenceu a retornar, não terão que escutá-la novamente. Isso aumenta a probabilidade de receber a ligação de retorno.

Estou ciente de que é estranho dizer seu telefone quatro vezes numa mesma mensagem de voz. Mas eu lhe garanto que essa técnica funciona e resultará em muito mais ligações de retorno. Apenas lembre-se de que seu objetivo é fazer com que seja fácil e agradável para a pessoa retornar, e não mais confortável para você.

A Única Coisa que Nunca Deve Fazer em uma Mensagem de Voz

Em uma mensagem de voz, você tem poucos segundos para chamar a atenção de seu possível cliente. Nesses poucos momentos preciosos, o que fala e como fala importa. Seu tom de voz deve ser confiante, animado, profissional e entusiasta. Uma das verdades sobre o comportamento humano é que as pessoas tendem a responder da mesma forma. Se quiser que os potenciais clientes fiquem entusiasmados em se reunirem com você, seja entusiasta sobre uma reunião com eles.

Um dos desafios que envolvem as mensagens de voz é manter um tom de voz positivo, à medida que deixa diversas mensagens durante um bloco de ligações. Enquanto trabalha exaustivamente em repetidas mensagens de voz, você pode começar a soar entediado ou como um robô sem sentimentos. Também é natural começar a falar mais rápido nas mensagens.

Por esse motivo, é importante que mantenha a percepção de seu tom de voz, sua inflexão e seu ritmo. Muito embora possa estar deixando diversas mensagens, seu possível cliente ouvirá sua mensagem apenas uma vez. Portanto, você deve dar seu melhor em cada mensagem. Um tom de voz confiante e entusiasmado, juntamente com um ritmo descontraído, com certeza convencerão os potenciais clientes a ligar de volta.

Quando você deixa diversas mensagens de voz para um cliente em potencial que não retorna, é natural que fique frustrado. Quando isso ocorre, os vendedores, muitas vezes, cometem o erro de tirar satisfação com esse cliente por ele não ter retornado. Eles dizem coisas do tipo:

Já deixei várias mensagens de voz.

Enviei uma mensagem de voz para você na semana passada.

Esta é minha terceira mensagem de voz.

Além disso, seu tom de voz muda. Você pode ficar queixoso e desagradável. Imagine, por um momento, que um amigo ligou para você e lhe deixou uma mensagem de voz que você não retornou. Então, alguns dias depois, ele deixa outra mensagem de voz, tirando satisfações por não ter ligado de volta. Como você se sentiria? Se for humano, certamente se sentiria mal e, depois, bravo, por seu amigo tê-lo feito se sentir assim.

É exatamente assim que os potenciais clientes reagem quando você tira satisfações ao dizer que eles não retornaram sua mensagem. Eles ficam furiosos e não gostam de você. Quando isso acontece, tendem a não se engajar. Portanto, nunca, jamais deixe uma mensagem indicando que já deixou outras mensagens e não obteve retorno.

Truque para a Produtividade nos Blocos de Mensagem de Voz

Um dos objetivos centrais das vendas virtuais é fazer mais em menos tempo e com melhores resultados. Um truque fácil de produtividade com relação às mensagens de voz que o ajudará a alcançar esse objetivo é agendar um bloco de ligações dedicado às mensagens de voz.

Com isso, seu objetivo é deixar mensagens de voz em vez de marcar reuniões. Por exemplo, caso tenha ligado para uma lista de 20 possíveis clientes durante seu bloco matutino de ligações e conseguiu falar apenas com 7, agende um bloco de mensagens de voz para os 23 remanescentes na parte da tarde. Visto que a mensagem de voz é uma comunicação assíncrona, pode ser enviada a qualquer hora do dia e fora do horário nobre de prospecção.

Uma melhor prática é criar listas de possíveis clientes semelhantes, a fim de deixar a mesma mensagem básica para cada um deles. Isso o torna muito mais eficiente, pois, assim, não fica alternando o estilo das mensagens.

Você descobrirá que os blocos agendados de mensagens de voz permitem que se concentre e deixe muito mais mensagens de voz em um período mais curto do que faria durante o bloco de ligações matutinas. Isso também faz com que o bloco matutino seja mais eficaz, pois você fará mais ligações e falará com mais pessoas durante o horário nobre das ligações, quando não está deixando mensagens de voz a cada uma delas.

PARTE V

Mensagens de Texto, Mensagens Diretas, E-mails e Chat

25 | Combinando Mensagens de Texto na Gestão de Contas e na Comunicação do Pipeline

Adoro mensagens de texto. Como ferramenta de comunicação virtual, são rápidas, eficientes, menos formais do que o e-mail e permitem uma comunicação síncrona, ao alcance das mãos, não intrusiva e com característica pessoal.

São extremamente versáteis. Podemos anexar vídeos, imagens, mensagens de voz e links para artigos e outros recursos. E, quando a pessoa para quem você está escrevendo não está disponível, a mensagem de texto muda de síncrona para assíncrona.

Uso-as basicamente para a gestão de conta, para o atendimento ao cliente, para nutrir relacionamentos e para avançar as oportunidades no pipeline. Secundariamente, faço prospecções por meio delas, apresento ofertas e negócios e, posteriormente, fecho negócios.

Há dois motivos pelos quais as mensagens de texto são uma ferramenta poderosa de vendas virtuais:

1. *São móveis.* As mensagens de texto estão integradas em dispositivos móveis e vestíveis que carregamos 24 horas por dia, 7 dias por semana. São os principais dispositivos de comunicação em nossa vida e empresa. Todos têm um telefone móvel e, para os usuários da Apple, as mensagens de texto são integradas em todos os dispositivos e desktops.
2. *São uma prioridade.* Um dos principais motivos pelo qual as mensagens de texto funcionam tão bem é que a maioria das pessoas se sente forçada a lê-las e/ou respondê-las imediatamente.

Combinando as Mensagens de Texto na Atividade de Gestão de Conta

É por esses motivos que as mensagens de texto são o canal perfeito de comunicação virtual para se combinarem com a gestão de contas e as atividades no pipeline. São uma maneira fácil de fazer o seguinte:

- Entrar em contato e mostrar ao cliente que você se importa.
- Enviar atualizações e dados da conta.
- Enviar insights e recursos educacionais.
- Mantê-los informados sobre envios e informações de pedidos.
- Marcar reuniões.
- Verificar como se encontram.
- Enviar ofertas e promoções.

- Promover conversas que levem a oportunidades adicionais.
- Ser proativo na resolução de questões.

O segredo para combinar as mensagens de texto em seu processo de gestão de conta é duplo. Primeiro, as mensagens de gestão de conta não devem ser aleatórias. Crie esse canal de comunicação em seu plano de gestão de conta e seja intencional e sistemático.

Segundo, não permita que os textos sejam uma maneira fácil de escapar das reuniões com seu cliente por telefone, vídeo ou presencialmente.

Recentemente, encerrei um relacionamento que durou muitos anos com um de meus fornecedores porque meu gerente de conta estava apenas "mandando mensagens". Sempre usamos as mensagens de texto como uma forma de mantermos contato. Gostava de me comunicar com ele e de poder fazer perguntas ou resolver problemas rapidamente. Cheguei, inclusive, a comprar diversos itens via mensagens de texto.

Um ano antes, no entanto, as mensagens de texto se tornaram seu canal primário. Costumávamos conversar, mas ele nunca mais me ligou. Não estava mais combinando as mensagens em seu processo de gestão de conta; elas tinham se tornado seu processo de gestão de conta. Quando tinha um upsell ou uma oferta especial, ele enviava por mensagem de texto. Quando estava na hora de reabastecer os estoques, eu recebia a mensagem de texto. Não demorou para que eu sentisse que ele estava me dando como garantido, como se sentisse que não precisava mais se esforçar para reter minha empresa.

Esse é o lado sombrio das mensagens de texto. São rápidas e fáceis, mas não substituem a conversa com as pessoas e o investimento nos relacionamentos. A comunicação interpessoal é uma combinação de palavras, tom de voz, linguagem corporal e expressões faciais. Visto que as partes interessadas não podem associar as palavras em suas mensagens de texto com o contexto de seu tom de voz e suas expressões faciais, acabam atribuindo o próprio significado, o que pode levar a desentendimentos ou, em meu caso, a ressentimento.

Infelizmente, para meu gerente de conta, uma de suas concorrentes me ligou. Ela investiu no relacionamento. Eu lhe passei algumas informações sobre minha empresa e ela fez um ótimo trabalho. Conforme a relação comercial despontava, eu dava cada vez mais informações. Não demorou até que ela tivesse todas.

E meu antigo gerente de conta? Ainda não me ligou. Mas recebi uma linda mensagem de texto dele esta manhã, perguntando como estou. Tudo o que posso fazer é enviar um emoji de desaprovação.

Atendimento Ágil ao Cliente

As questões aparecem para os clientes. Podem deixar uma mensagem de voz, enviar um e-mail ou ligar para o centro de atendimento ao cliente. Frequentemente, essas questões surgem em um momento inoportuno, quando você está ocupado com outro cliente ou projeto.

Os clientes não esperam que você seja perfeito, mas esperam que seja ágil. As relações comerciais raramente são prejudicadas quando as coisas dão errado. O dano ocorre quando os clientes são deixados às moscas, esperando uma resposta. Acredite em mim, a mente deles sempre foca o pior dos cenários possíveis.

Há duas maneiras importantes de aproveitar as mensagens de texto para gerenciar questões no serviço ao cliente:

1. *Resposta*. Uma mensagem simples e oportuna, informando ao cliente que você está ciente da questão, a está acompanhando e dizendo quando ele pode esperar seu contato, vale ouro. Esse simples ato de resposta diz à pessoa que você se importa e gera uma enorme lealdade do cliente.

2. *Atualizações*. As mensagens de texto são uma ferramenta fantástica para manter os clientes informados sobre o processo em andamento para a resolução. Isso lhes dá paz de espírito, porque eles sabem que você e sua equipe estão trabalhando na questão e faz com que não fiquem ligando a cada cinco minutos para ver como está, permitindo que você se concentre no problema. Porém, tenha cuidado, pois elas não são um substituto para fazer uma ligação por telefone e fazer com que as pessoas ouçam sua voz.

Verificando a Temperatura das Partes Interessadas após Conversas por Videoconferências

Como você já aprendeu, um grande desafio das reuniões de venda por vídeo e telefone é a inabilidade de enxergar todo o panorama e mensurar uma reação. Uma mensagem de texto é uma forma simples de ancorar as conversas virtuais e verificar a temperatura e o engajamento da parte interessada. Costumo enviar algo como:

> *Janice — Foi muito bom me reunir com você hoje cedo. Obrigado por me ceder esse tempo. Estou ansioso para nos reunirmos novamente na quarta-feira, para nossa demonstração. — Jeb*

De igual modo, mensagens de texto resolutas também podem ajudá-lo a manter as negociações em andamento em seu pipeline e permanecer no top of mind do grupo de partes interessadas. Geralmente envio links de artigos e recursos relevantes.

Caso obtenha uma resposta positiva, sei que estou no caminho certo. Se há emojis, fomos fenomenais. No entanto, se não obtenho resposta, isso me diz que pode haver um problema, o que me permite repensar nossa abordagem ou estratégia.

Dica de Mensagem de Vídeo: não se esqueça de que você pode substituir uma mensagem de texto por uma de vídeo. Às vezes, para os clientes, ver seu rosto e ouvir sua voz faz toda a diferença.

26 | Mensagens de Texto para Prospecção

Ao usar as mensagens de texto para fazer prospecção, é provável que a conversão de sua mensagem — convencer seu possível cliente a agir — aumente exponencialmente se:

- Ele estiver familiarizado com você.
- Sua mensagem venha após o contato por meio de outro canal.

A familiaridade é tudo nas mensagens de texto. Elas são o meio preferido para a comunicação com a família, os amigos e os colegas de trabalho e representam um abrigo em nossos telefones, pois geralmente não são afetadas por spam ou influências externas.

Todos podem fazer uma relação com esse fato. A maioria das pessoas recua quando recebe uma mensagem de alguém que não conhece. Não queremos que nossa caixa de entrada seja invadida por estranhos ou abarrotada com lixo e spam. Por esse emotivo, a mensagem de texto não é um veículo efetivo para um contato puramente frio.

As pessoas têm aversão a receber mensagens aleatórias de quem não conhecem — especialmente vendedores. Assim, é importante usar as mensagens de texto com uma lista projetada de potenciais clientes com quem você tem, no mínimo, alguma familiaridade.

A maneira mais eficaz de aproveitar as mensagens de texto com uma lista projetada é integrá-las em uma sequência de prospecção, em vez de usá-las como um canal individual.

Por exemplo: Mensagem de Voz > E-mail > LinkedIn > Mensagem de Texto

De acordo com um estudo conduzido pela Velocify, que abrangeu 3,5 milhões de registros de mais de 400 empresas, uma mensagem de texto enviada sozinha converte 4,8%. A mesma mensagem enviada após um contato telefônico aumenta a conversão em 112,6%.[1] É muito mais provável que sua mensagem cause conversão quando é enviada após uma mensagem de voz, um e-mail, uma interação em rede social ou uma interação positiva presencial de networking.

Acompanhamento após Eventos de Networking e Feiras Comerciais

As mensagens de texto são veículos excelentes para marcar reuniões após interações presenciais em eventos de networking, feiras comerciais, conferências e outras situações nas quais você teve um encontro positivo com um cliente em potencial.

Muitos desses encontros acabam com uma promessa vaga de reunirem-se em um momento futuro. Contudo, a maioria dessas promessas nunca se cumpre, pois você fica ocupado e falha no acompanhamento; ou seu acompanhamento se perde no ruído da caixa de entrada transbordante da outra pessoa.

A mensagem de texto é uma forma muito mais rápida e fácil de passar pelo ruído, obter atenção e marcar uma reunião. Visto que quase todos incluem um número de telefone móvel em seus cartões de visita atualmente, está mais fácil do que nunca mandar uma mensagem rápida de acompanhamento e agradecimento, solicitando o próximo passo. Faça desta forma:

1. Durante a conversa, quando é feito um combinado vago de se encontrarem num momento futuro, diga casualmente: "Parece bom. Vou lhe enviar uma mensagem, para que possamos marcar uma reunião por vídeo ou telefone, a fim de discutirmos o próximo passo." (É altamente improvável que protestarão se a conversa foi positiva.)
2. Assim que sair da conversa, envie um pedido de conexão personalizado no LinkedIn, usando o aplicativo dessa plataforma em seu telefone. Isso ancora seu nome, de modo que se lembrarão de você; quando se tornarem uma conexão de primeiro nível, você pode enviar mensagens diretas para eles com texto, voz e vídeo.
3. Dentro de 24 horas após o evento, envie uma mensagem de texto, agradecendo pela conversa, e solicite uma reunião. Personalize-a com informações que você coletou durante a conversa.
4. Caso não obtenha uma resposta, envie a mensagem novamente um dia depois. Em muitos casos, eles não reconhecem seu número de telefone e podem ignorar sua tentativa inicial.
5. Se sua segunda tentativa fracassar, mude para o telefone e e-mail a fim de fazer contato. Não adianta criar uma potencial má vontade ao continuar enviando mensagens de texto.
6. Sempre envie, por correio, uma nota manuscrita ou um cartão personalizado uma semana após o evento — isso o destacará da multidão e ancorará o relacionamento com uma experiência emocional positiva. Recomendo usar o OutboundCards.com [conteúdo em inglês] para os cartões enviados por correio.

Cultive Potenciais Clientes de Alto Valor

Enviar mensagens de texto pode desempenhar um papel integral na manutenção de clientes em potencial:

- Com que você tem um relacionamento, mas que ainda não estão na janela de compra.
- Que adiaram tomar uma decisão de compra.
- Que decidiram, em algum momento, comprar de seu concorrente (fechamento/perda).
- Que são clientes inativos que você quer reconquistar.

Com esses potenciais clientes, uma mensagem de texto bem colocada e com valor agregado é uma maneira fácil de permanecer no top of mind sem parecer estar pressionando, sendo ávido ou intrusivo demais.

Com possíveis clientes de alto valor como esses, meu objetivo é simples: permanecer no top of mind para que, quando chegar o momento, eles se engajem.

Frequentemente, envio links para artigos, vídeos, podcasts e recursos que sejam relevantes para eles, sua situação e seu setor. Quando envio, quase sempre recebo uma resposta curta de agradecimento. As respostas mais entusiastas eu recebo quando envio notícias sobre seus concorrentes.

Minha estratégia é permanecer no top of mind e nutrir o relacionamento sem desgastar meu acolhimento. Não envio mais do que uma mensagem por mês (geralmente, apenas duas vezes por trimestre), a menos que tenha alguma informação particularmente boa para eles. Quero que minhas mensagens sejam valiosas e apreciadas para que, quando as coisas mudarem, eles sintam obrigação de me dar uma chance com sua empresa.

Use as Mensagens de Texto após Eventos Desencadeadores

Um evento desencadeador é uma disrupção no status quo que pode forçar seu potencial cliente a agir. Quando você fica sabendo de um evento assim, cria uma oportunidade de contatar esse cliente via mensagem de texto.

As mensagens de texto funcionam com os eventos desencadeadores porque criam uma urgência para agir, e as mensagens são percebidas como mais urgentes. Esteja ciente, no entanto, de que a lei da familiaridade está em vigor nas mensagens de texto, após um evento desencadeador. Certifique-se de que o potencial cliente saiba quem você é antes de enviar esse tipo de mensagem.

Descobri uma abordagem suave com os eventos desencadeadores que funciona melhor. Exige um pouco de paciência e criatividade. O segredo é se tornar um recurso ao agregar valor e transformar isso em uma conversa mais profunda.

Apenas envio a mensagem com um link para um artigo que faz referência ao evento desencadeador e pergunto como estão as coisas. Caso o evento seja impactante, isso geralmente leva a uma conversa mais profunda.

Sete Regras para Estruturar Mensagens de Texto Eficazes de Prospecção

Para que suas mensagens de texto sejam eficazes, você precisa engajar seu cliente em potencial e fazer com que ele aja em um piscar de olhos. Delimitar a mensagem em um espaço pequeno exige que você seja atencioso, criativo e focado. Há sete regras para mensagens eficazes:

1. *Identifique-se.* Nunca dê por garantido que seu cliente em potencial (ou, até mesmo, cliente) tenha suas informações salvas no celular. Na maioria dos casos, ele não tem e não reconhecerá seu número. Como melhor prática, inclua seu nome e o nome da empresa no topo da mensagem.

2. *A mensagem importa.* O que você fala e como fala causa impacto. Tome cuidado para que o tom de voz não seja interpretado de forma negativa. Use frases completas para evitar passar a impressão de ser abrupto, severo, sarcástico ou frívolo.
3. *Seja direto — seja breve.* Diga exatamente o que pretende por meio de frases claras, precisas e bem escritas, com uma boa gramática e ortografia. Lembre-se de que é uma mensagem profissional. A mensagem deve ter de 1 a 4 frases, ou menos de 250 caracteres, se possível. Evite frases longas e confusas. Apenas use emojis com clientes que conhece bem.
4. *Evite abreviações.* Evite usar abreviações nas mensagens a possíveis clientes. Abreviações como KKK, VC, Q, P e outras não são profissionais, e a pessoa que as lê pode não entender o que você quer dizer. Da mesma forma, evite acrônimos e gírias.
5. *Use links transparentes.* As pessoas suspeitam muito de hyperlinks abreviados. Quando enviar uma URL a possíveis clientes lincando artigos ou outros recursos, envie a URL completa, para que saibam do que se trata.
6. *Antes de pressionar "enviar" — faça uma pausa e leia novamente.* Faça disso uma regra em termos de mensagens de texto (ou melhor, com todas as comunicações escritas).
7. *Não envie mensagens de texto enquanto dirige —* LARGUE ESTE SMARTPHONE!

27 | O Básico sobre E-mails

Há algo engraçado sobre os e-mails. Quase desde quando Ray Tomlinson enviou o primeiro e-mail, em 1971, e essa forma de comunicação dominou nossas vidas, especialistas vêm prognosticando sua morte.[1] Eles esperavam que as redes sociais matariam o e-mail, que os millenials trariam a corda do carrasco, que mecanismos de colaboração, como o Slack, o atropelariam e que as mensagens de texto colocariam um prego em seu caixão.

Contudo, ele ainda vive. O e-mail está em funcionamento — em nossas vidas profissionais e fora dela também. Damos uma olhada nele antes de dormir. O verificamos quando acordamos. Novos e-mails tomam o lugar dos antigos em uma cascata infinita, sempre em movimento e irresistível. Reclamamos violentamente da enxurrada de e-mails que recebemos, enquanto adicionamos à torrente ao enviarmos ainda mais.

Perto de 300 bilhões de mensagens de e-mail são enviadas e recebidas diariamente.[2] Os governos estão trabalhando para regulá-lo. Filtros de spam tentam filtrá-lo. Hackers tentam hackeá-lo. Apesar de todas as medidas para controlá-lo, assim como enviar algo físico pelo correio, podemos enviar um e-mail para qualquer pessoa, desde que saibamos seu endereço eletrônico. E, assim, ele continua a existir.

Como um canal de vendas virtuais, o e-mail é usado em demasia. É a forma primária de comunicação assíncrona do vendedor. O e-mail é o canal perfeito para evitar a interação humana e manter as pessoas à distância de suas mãos.

É frio, unidimensional e, geralmente, causa mal-entendidos. Diversos gerentes de contas e profissionais de atendimento ao cliente trocaram o telefone pelo e-mail, o que causou grandes danos nos relacionamentos com os clientes e perda de receitas.

Mesmo assim, ele ainda trabalha duro para os profissionais de vendas. Sob as circunstâncias certas, o e-mail:

- Gera leads.
- Engaja os potenciais clientes.
- Marca reuniões.
- Qualifica oportunidades.
- Coleta informações e faz descobertas.
- Faz acompanhamento e avança nas negociações.
- Recebe pedidos.
- Negocia.
- Assina ordens de compra e contratos.

Em alguns aspectos, o e-mail é como o caminhão de entrega das vendas virtuais: carrega pacotes e informações de um endereço para outro. É um dos dispositivos mais eficientes de transporte de dados, imagens, documentos e vídeos, por sete motivos importantes:

1. *É rápido.* Você pode acessá-lo ou respondê-lo em uma fração de segundo.
2. *É devagar.* Ele lhe dá espaço para pensar cuidadosamente sobre sua mensagem e, é claro, permite aos destinatários que tomem um tempo antes de respondê-lo também.

3. *Pode ser agendado.* Você pode decidir quando o e-mail é enviado.
4. *Está sempre trabalhando.* O e-mail o segue aonde quer que vá. Por meio de seu smartphone, você pode acessá-lo em qualquer lugar e a qualquer momento.
5. *É privativo.* É muito difícil que as pessoas espiem uma conversa de e-mail, a menos que estejam olhando por cima de seu ombro enquanto você escreve um.
6. *O contato visual não é necessário.* Você pode fazer várias coisas ao mesmo tempo quando se comunica por e-mail.
7. *Permite manter o desapego emocional.* Ele também lhe fornece distanciamento emocional para lidar com situações que podem ser muito mais difíceis presencialmente. Por exemplo, na negociação, permite que você não fique apegado emocionalmente.

Quatro Tipos de E-mails de Vendas

Para os profissionais de vendas, há quatro tipos principais de e-mails (excluindo os e-mails internos da organização):

1. Marketing em massa.
2. Prospecção.
3. Vendas.
4. Gestão de conta.

No próximo capítulo, daremos um mergulho profundo nas regras e estruturas para elaborar e-mails eficazes de prospecção. Primeiramente, no entanto, discutiremos por que dominar a comunicação básica por e-mail é um conjunto fundamental de habilidades de vendas virtuais para os profissionais de vendas.

Os *e-mails de vendas* servem, basicamente, para manter as oportunidades avançando no pipeline. São enviados às partes interessadas que estão engajadas no processo de vendas para acompanhamento, descoberta, esclarecimento de dados após reuniões de descoberta, definição dos próximos passos, apresentar a si mesmo para outras partes interessadas, enviar informações e negociar.

Os *e-mails de gestão de conta* são enviados regularmente ao fazer negócios com seus clientes. Especialmente em conversas emocionalmente desconfortáveis e problemas de atendimento ao cliente, esses e-mails podem ser a maior causa de mal-entendidos e de relacionamentos prejudicados.

No curso normal dos negócios, enviamos mensalmente centenas de e-mails para as partes interessadas em nossas contas geridas e oportunidades no pipeline. Tanto que nem sempre consideramos o impacto dessas mensagens.

Enviamos tantos e-mails que você acharia que, a essa altura, já o teríamos dominado como um canal de vendas virtuais e que este capítulo seria desnecessário. Infelizmente, nem sempre é o caso. Os profissionais de vendas cometem erros escandalosos com e-mails que prejudicam a credibilidade, a confiança e suas reputações.

Uma grande parte desse problema é um mal-entendido de que o estilo de comunicação rápida, aceito nas mensagens de texto e nas redes sociais, não fica bem nos e-mails. O foco deste capítulo é relembrá-lo da etiqueta, da tática e das técnicas que melhorarão sua comunicação por e-mail, consolidarão sua reputação e criarão confiança.

Escrever ou Não Escrever: Eis a Questão!

Por todos os motivos previamente demonstrados, o e-mail é uma ferramenta essencial da comunicação virtual. Usado adequadamente, pode ajudá-lo a conseguir fazer muitas coisas de forma rápida. Usado inadequadamente, pode causar desentendimentos, confusão, aumentar sua carga de trabalho e deixá-lo em maus lençóis.

Como disse em mais de uma ocasião, o e-mail é usado em demasia. Os vendedores e os gerentes de contas estão muito mais propensos a usarem o e-mail como padrão, em vez de fazerem a porcaria da ligação. Isso, então, pede que pensemos: *escrever ou não um e-mail?*

A Comunicação Escrita Não É Comunicação Privada

Sempre presuma que qualquer coisa que você escreva será compartilhada com outras pessoas. Trate a mensagem como um registro permanente. Acredite em mim, não há nada como estar em uma audiência e o advogado de acusação esfregar em sua cara um e-mail que você nem se lembra de ter escrito e questioná-lo sobre o conteúdo — totalmente fora de contexto.

Os advogados usam a comunicação por e-mail como armas. Da mesma forma que as equipes de compra em suas contas o farão durante as negociações de renovação de contrato.

- Nunca envie um e-mail que o deixaria desconfortável se outras pessoas o lessem.
- Não envie e-mails que digam qualquer coisa negativa sobre qualquer pessoa.
- Nunca, jamais, use profanidades.
- Evite sarcasmo e outras formas de humor. Isso não se traduz bem na escrita e pode ser facilmente tirado do contexto.

O e-mail não é uma comunicação privada. Sempre mantenha sua escrita formal, emocionalmente neutra e profissional; assim, nunca dará bola fora.

Quando Usar a Comunicação por E-mail

É adequado usar a comunicação por e-mail para estes propósitos:

- O conteúdo de seu e-mail não exige uma resposta imediata nem é urgente.
- Fazer o acompanhamento após uma reunião de vendas com uma carta de entendimento sobre os itens de ação e os próximos passos esperados.
- Enviar convites e confirmar reuniões com as partes interessadas.
- Expressar apreciação ou parabenizar alguém por uma realização.

- Enviar informações para diversas pessoas ao mesmo tempo.
- A pessoa para quem escreve é difícil de ser contatada por telefone.
- Enviar anexos, dados, mensagens de vídeo e outras mídias.
- Você precisa tirar o seu da reta.
- Você precisa manter um registro escrito da correspondência.

Quando a Comunicação por E-mail É Inadequada

Há momentos em que o e-mail não é a ferramenta certa. Às vezes, ele não funciona bem; em outras, é descaradamente inapropriado. Vejamos alguns exemplos:

- Você precisa expressar ideias complexas que não podem ser explicitadas em um e-mail curto.
- Algo é difícil de ser explicado por escrito ou você precisa apresentar um contexto que exija uma história.
- Sua mensagem é confidencial e você não quer que ela seja compartilhada com outras pessoas.
- Você está lidando com questões com muita carga emocional, e elas serão mais bem dispersadas por meio de um telefonema ou de uma videoconferência.
- Você não estaria disposto a dizer presencialmente aquilo que está escrevendo.
- Você não gostaria que sua mãe lesse esse e-mail.
- Você está bravo.
- Há uma chance de que seu tom e sua mensagem possam ser interpretados erroneamente.
- Um telefonema rápido pode resolver o problema.

Lembre-se do mantra: *quando em dúvida, use o telefone.*

Definição do Assunto

Minha caixa de entrada está sempre transbordando. Não é incomum que eu receba 1 mil novos e-mails diariamente. Quando estou trabalhando com um representante de vendas para comprar um novo serviço ou produto, às vezes preciso buscar um e-mail em minha caixa de entrada a respeito de uma ação que devo tomar.

Considero totalmente enlouquecedor quando, por causa de um problema da definição do assunto, levo o dobro do tempo para encontrar o que preciso. Isso reflete mal para a outra pessoa e faz com que eu tenha uma experiência ruim com ela e sua marca. Fico constantemente impressionado em ver como os vendedores consideram tão pouco o que escrevem no assunto.

Definições do assunto vagas ou que não refletem precisamente o conteúdo do e-mail são uma de minhas maiores implicâncias. Nos e-mails de vendas e de gestão de contas, a definição do assunto importa. Pense nisso como se fosse a manchete de um artigo em seu aplicativo favorito de notícias.

É preciso ser claro, direto, específico e congruente com o conteúdo do e-mail. Caso não seja, você frustrará o leitor. O destinatário deve saber exatamente de que trata o e-mail apenas ao ler o assunto. Isso, a propósito, deve ser seu teste decisivo.

Novo Fio = Novo Assunto

Há uma regra muito importante a respeito dos assuntos. Quando há um novo fio em uma sequência de e-mails, você precisa de uma nova definição de assunto.

Acontece o tempo todo. No meio de uma sequência de e-mails, alguém começa uma conversa sobre um tema não relacionado. Contudo, a definição do assunto do e-mail original continua a mesma.

Isso é confuso e dificulta muito a busca em sua caixa de entrada para procurar o fio correto de e-mail. Assim que aparecer um novo fio, mude o assunto, para que ele reflita a nova conversa — mesmo que não a tenha iniciado.

De igual modo, não seja preguiçoso e pressione "responder" em uma mensagem antiga apenas porque o endereço de e-mail de que precisa estava naquela mensagem. Seja profissional e escreva uma mensagem nova.

Escrita Formal Comercial

Quando envia mensagens de e-mail com erros de digitação e de gramática, isso pode prejudicar sua credibilidade e sua confiança. O que é especialmente verdade quando está enviando tais missivas para tomadores de decisão e influenciadores de nível executivo. E-mails mal escritos prejudicam sua reputação.

Se tem dificuldades com escrita e gramática, vá devagar ao escrever mensagens de e-mails e reserve tempo suficiente para fazer uma revisão. É fácil cometer erros graves quando está indo rápido demais. Tome cuidado com os corretores automáticos, especialmente ao compor um e-mail em seu dispositivo móvel. Isso pode e irá constrangê-lo exatamente no momento errado.

Uma de minhas ferramentas favoritas para escrita [em inglês] é o Grammarly. É um aplicativo gratuito que é incorporado em seu e-mail e no Google Chrome. O Grammarly o orienta quando está escrevendo e-mails, mensagens diretas e, até mesmo, posts em redes sociais. Quanto mais utilizar ferramentas como essa, melhor será sua escrita.

Você pode, inclusive, considerar fazer um curso de escrita comercial. Escrever bem é muito importante! Gramática, pontuação e ortografia importam. Pesquisas mostram que as pessoas tendem a vê-lo como menos inteligente, confiável e consciencioso quando seus e-mails contêm erros desses tipos.[3]

Dispense os Emojis

Como o e-mail é uma comunicação formal, dispense os emojis. Tornou-se normal e natural acrescentar essas imagenzinhas às mensagens de texto e aos posts de redes sociais, como uma forma de expressar emoção. Contudo, pesquisas demonstraram que acrescentar emojis a uma comunicação por e-mail prejudica sua reputação.[4]

Legibilidade

É uma triste constatação da vida moderna, que está dominada por mensagens de texto e redes sociais, que nosso tempo de atenção ficou tão reduzido quanto o dos mosquitos. Não temos mais paciência, desejo ou capacidade mental de lidar com mensagens de e-mails prolixas e difíceis de ser compreendidas.

As pessoas estão sobrecarregadas pela comunicação de entrada. Lembra-se de nossa conversa anterior a respeito da sobrecarga cognitiva? Se sua mensagem exige que o cérebro do leitor trabalhe mais intensamente porque seu e-mail é difícil de ser lido, a probabilidade de que ele não o leia aumenta. Caso o leia, é provável que, em tal estado, não faça nada a respeito.

Por esse motivo, é importante deixar os e-mails legíveis. Ao fazer isso, você terá muito mais chances de chamar e manter a atenção da outra pessoa. Siga estas diretrizes:

- Não use mais de três parágrafos.
- Deixe seus e-mails com até 250 palavras ou menos (100 palavras ou menos para mensagens diretas). É importante que seu leitor consiga ler e absorver sua mensagem entre 30 e 60 segundos.
- Divida a mensagem em parágrafos curtos e deixe um espaço em branco entre os parágrafos.
- Escreva frases curtas.
- Expresse ideias e listas em tópicos fáceis de serem entendidos.
- Use títulos em negrito para separar ideias importantes.
- Destaque datas, números e prazos importantes.

Clareza e Brevidade

Um bom e-mail deve ser claro, conciso e breve. Use voz ativa em vez de passiva. Conforme revisa e edita sua mensagem, reduza o número de palavras. Coloque-se no lugar do leitor:

- Ele entenderá a mensagem?
- A mensagem levará ao resultado pretendido?

E-mails desorganizados, complexos e divagadores causam confusão. A confusão leva a desentendimento. Isso, por sua vez, causa uma enorme perda de tempo conforme você e o leitor continuam trocando e-mails para resolver esse desentendimento. A fim de garantir que a mensagem de seu e-mail seja clara, siga estas cinco regras:

1. A frase do assunto deve ser congruente com o conteúdo do e-mail.
2. Aponte claramente qual é o propósito e o objetivo de seu e-mail no primeiro parágrafo.
3. Forneça contexto. Não presuma que o leitor tenha todas as informações. Forneça um quadro de referência para facilitar que o destinatário lhe dê uma resposta, especialmente quando está fazendo perguntas, ou para uma decisão. Anexe dados, documentos, imagens e vídeos que deem contexto.
4. Mantenha os e-mails com apenas um assunto. Há muito mais chances de as pessoas agirem quando você o mantém simples.
5. De forma clara e sucinta, aponte o resultado desejado. Diga ao leitor exatamente o que deseja que ele faça e quando.

Quando o assunto é e-mail, você nunca dará bola fora se seguir os três "S": Seja Breve, Seja Inteligente, Saia de Cena.

Verifique Seu Tom e Cuide de Suas Maneiras

A comunicação escrita é facilmente desconstruída porque pistas visuais e auditivas, como inflexão de voz, expressões faciais, gestos e linguagem corporal não estão lá para dar apoio às palavras. A escolha errada de palavras, expressões, e até mesmo de pontuação, pode deixar a mensagem confusa e ofender a outra parte.

É fácil ser respeitoso. Nada de gírias, como "mano", "irmão", "meu chapa", "e aí" ou abreviações como KKK, AMD, PQP etc. Sempre, sempre, sempre mantenha o mais alto nível de respeito. Como eu, por diversas vezes, preciso relembrar aos vendedores que se esquecem do beabá do respeito: *não venha com mano para cima de mim, até que nos tratemos assim.*

A mensagem importa. As palavras que você usa importam. A forma mais fácil de evitar esse tipo de mal-entendido é cuidar de seus modos. Use um tom educado. Use "por favor" e "obrigado". Seja legal. Seja agradável. Sempre use uma saudação amigável na conclusão de seu e-mail:

- Sinceramente.
- Atenciosamente.
- Obrigado.
- Muito obrigado por seu tempo.
- Agradeço desde já.
- Muito obrigado por sua ajuda.
- Saudações.

Não custa nada ser legal.

Assinatura de E-mail

Não permita que sua assinatura de e-mail seja uma preocupação tardia. É um reflexo de sua marca pessoal e de sua empresa. Ela também é funcional. Faço diversas ligações telefônicas por dia apenas clicando no número de telefone presente na assinatura do remetente do e-mail. Veja algumas das melhores práticas para criar uma assinatura eficaz de e-mail:

- Foto. Apresenta um rosto com um nome.
- Nome e cargo. Diz às pessoas quem você é.
- Nome e logo da empresa. Cria o reconhecimento da marca e lhe confere credibilidade.
- Link de calendário. Permite que as pessoas agendem reuniões com você facilmente.
- Telefone comercial e celular. Facilita que liguem de volta.
- Endereço. Legitima-o.
- Perfil no LinkedIn e em outras redes sociais relevantes. Cria conexões de networking.
- Link para um recurso, uma página de internet, boletins de imprensa etc. Gera leads.
- Vídeo de apresentação em sua assinatura (use uma imagem GIF em movimento). Torna-o humano.
- Cores e fontes que sejam consistentes com sua marca. Garante que sua assinatura fique bonita tanto em computadores desktop quanto em dispositivos móveis.

Os departamentos de marketing da maioria das grandes empresas têm modelos-padrão de assinatura, então verifique lá primeiro. Se trabalha para uma empresa pequena, que não tem esse recurso, você encontrará mais recomendações para assinaturas de e-mail juntamente com uma ferramenta que o ajudará a criar uma assinatura profissional em: https://www.salesgravy.com/vskit [conteúdo em inglês].

Faça uma Pausa Antes de Pressionar "Enviar"

Antes de pressionar enviar, faça uma pausa e revise tudo. Leia uma vez. Depois, mais uma. Verifique as fontes, as cores, os anexos e os links. Imprima os e-mails realmente importantes e revise-os no papel. Considere chamar um colega ou amigo para revisar junto com você. Se o e-mail é importante, deixe-o de lado por um tempo, depois revise-o novamente. É incrível o que você pode encontrar quando dá um descanso ao cérebro.

Caso o e-mail esteja com sobrecarga emocional, deixe para o dia seguinte. Você ficará feliz ao fazer isso. Tempo e espaço têm uma forma maravilhosa de ajudá-lo a ganhar perspectiva e mudar seu tom. Uma boa prática com e-mails desse tipo, aliás, com todos os e-mails, é acrescentar por último os endereços nos campos PARA e CC. É como uma trava de segurança em uma arma. Isso evitará que cometa o engano constrangedor de enviar um e-mail antes do planejado.

Também é importante verificar os campos CC. Isso pode evitar que passe um enorme constrangimento quando pretende clicar em *responder* para apenas uma pessoa, mas, por engano, clica em *responder a todos*.

De igual modo, verifique o que está abaixo da mensagem que acabou de escrever antes de encaminhá-la para outra pessoa. Coisas ruins acontecem quando você usa o recurso encaminhar para enviar um anexo, mas deixa partes da sequência de e-mails que não pretendia que o destinatário lesse.

Sou o rei dos erros de digitação. Estou bastante seguro de que você pode ter encontrado alguns enquanto lê este livro. Portanto, encerro este capítulo com um humilde conselho de alguém que cometeu o terrível engano de não fazer uma pausa antes de pressionar "enviar" e enviou um e-mail cheio de erros de digitação, ortografia e gramática para um cliente. É uma lição que você não precisa aprender pelo modo mais difícil.

Faça uma pausa antes de pressionar "enviar".

28 | Quatro Regras Fundamentais da Prospecção por E-mail

A prospecção por e-mail mal aproveitada irrita os clientes em potencial e prejudica a marca de sua empresa. Quando feita de forma errada, desperdiça seu tempo e o faz parecer um otário. Quando aproveitada de maneira inteligente, especialmente em sequências com outros canais de prospecção, o envio de e-mails obtém resultados.

Nos próximos dois capítulos, vamos nos aprofundar nas técnicas de prospecção e mensagens por e-mail. Primeiro, contudo, é importante fazermos uma distinção entre marketing em massa por e-mail e prospecção individual por e-mail.

Marketing em Massa por E-mail

Os e-mails em massa são uma comunicação *de um para muitos* enviada *em grande quantidade* para muitas pessoas de uma só vez. É uma abordagem genérica indiscriminada, normalmente focada em ofertas diretas e geração de leads por meio dos veículos de newsletters, anúncios e mensagens educacionais.

Os e-mails em massa estão basicamente no domínio dos profissionais de marketing. A maioria dos vendedores NÃO deve enviar e-mails em massa. Devido às regras de compliance com relação aos e-mails em massa e aos danos causados quando não são muito bem compostos, nem mesmo eu permito a meus profissionais de vendas que os enviem.

A arte e a ciência dos e-mails de marketing em massa, sozinha, já dá um livro inteiro. Por isso, não vamos nos aprofundar. No entanto, para algumas funções de vendas, eles são uma ferramenta fundamental de marketing que você ignora ao próprio risco.

Caso seja empreendedor, dono de um negócio ou vendedor independente, como corretor imobiliário, de seguros ou assessor financeiro, e caso seu sustento dependa da geração de leads passivos, você precisa se concentrar e dominar o marketing por e-mail em massa. Essa é a peça mais importante de muitas campanhas eficazes de marketing.

Criação de Listas

O domínio dos e-mails em massa começa e termina com a criação de listas. Crie-as por conta própria, não as compre. Comprar listas é o caminho mais rápido para que seu endereço de e-mail seja classificado como spam, fazendo com que seja expulso de sua plataforma provedora dos serviços de correspondência eletrônica.

Inclua a criação de listas em sua rotina diária de trabalho. Quando comecei na Sales Gravy, em 2006, tínhamos 12 pessoas em nossa lista de marketing por e-mail. Atualmente, esse número aumentou para 1,4 milhões. A criação de listas é uma labuta diária. Leva-se muito tempo para acumular uma lista grande, mas muito mais tempo se não fizer disso sua prioridade.

Plataforma

Você precisa enviar os e-mails a partir de um provedor de serviços de e-mail (ESP — e-mail service provider). Uma boa plataforma lhe dará as ferramentas e os modelos para os e-mails em massa, oferecerá as análises, permitirá que aprimore suas mensagens com testes A/B e o manterá atualizado.

Valor e Consistência

Se ignorar seu público, eles o ignorarão também. É importante enviar e-mails regularmente — pelo menos uma vez por semana — para sua lista. Assim como é importante oferecer valor, para que o público fique aguardando seus e-mails. Isso os mantêm engajados, de modo que, quando for o momento certo, terá a oportunidade de convertê-los em clientes.

E-mails de Prospecção

A maioria dos profissionais de vendas envia e-mails de prospecção de uma forma ou de outra. Esses e-mails concentram-se no engajamento dos potenciais clientes e no agendamento de reuniões ou chamadas de vendas. Eles contêm um chamado direto para a ação. Há dois tipos de e-mails de prospecção: personalizados e direcionados.

Personalizados

Os e-mails personalizados de prospecção são escritos e enviados especificamente para uma única parte interessada. Tais mensagens demandam um investimento significativo de tempo para serem escritas e, normalmente, são reservadas para situações em que há muito em jogo e para tomadores de decisão de alto nível.

Direcionados

Os e-mails direcionados de prospecção são mensagens escritas de *uma pessoa para muitas*, enviadas no formato *individual*. A mensagem é customizada para uma lista de possíveis clientes que foram segmentados com base em atributos semelhantes, incluindo:

- Vertical do setor.
- Geografia.
- Papel do tomador de decisão.
- Desafios.
- Comportamento de compra.
- Afiliação com concorrente.
- Necessidades, problemas ou oportunidades específicas.

Visto que as mensagens desses e-mails são direcionadas para um segmento, em vez de serem escritas para um único cliente em potencial, elas atingirão o objetivo com alguns desses clientes e falharão com outros. O segredo para o sucesso é elaborar mensagens que tenham uma alta probabilidade de se conectarem com a maioria dos possíveis clientes a quem você está se dirigindo e fazer com que sintam que escreveu o e-mail especificamente para eles.

Usando Plataformas

Os e-mails de prospecções devem ser enviados individualmente. Você pode fazer isso enviando uma mensagem de cada vez a partir da plataforma de e-mails de sua empresa. Contudo, isso pode consumir muito tempo.

Uma maneira melhor é aproveitar uma plataforma de engajamento de vendas, como a HubSpot Sales Pro (https://br.hubspot.com/products/sales) ou a VanillaSoft. Essas ferramentas permitem agendar e enviar e-mails facilmente para uma lista direcionada de possíveis clientes, com um esforço mínimo e, ainda, conseguir criar uma sensação de que a mensagem é individual e personalizada.

A prospecção eficaz por e-mail exige ponderação e esforço para que a mensagem seja a certa. Os dados que tais ferramentas fornecem também tornam mais eficazes seus esforços de prospecção por e-mail, pois você pode testar e mensurar as taxas de resposta. Isso o ajuda a aprimorar e a aperfeiçoar sua mensagem para uma vertical específica de mercado ou para um grupo de possíveis clientes semelhantes.

Porém, independentemente de qual plataforma você escolher, pequenos erros podem fazer com que seu e-mail não seja entregue, aberto ou convertido. Neste capítulo, vamos explorar as quatro regras fundamentais da prospecção por e-mail que, quando seguidas, tornarão sua prospecção mais eficaz.

Regra 1: Seu E-mail Deve Ser Entregue

Para que qualquer coisa aconteça, em primeiro lugar seu e-mail deve chegar à caixa de entrada de seu potencial cliente. Caso contrário, o envio foi uma total perda de tempo e de esforço.

A maioria das pessoas e das empresas tem filtros que bloqueiam ou movem os e-mails "spam" para uma pasta específica. Não há uma ciência perfeita para contornar completamente os filtros de spam. No entanto, há coisas que você pode fazer para aumentar a probabilidade de que sua mensagem seja entregue. Essa não é uma lista completa — pelo contrário, é uma lista com as táticas mais óbvias e importantes.

O E-mail de Prospecção É Individual

É um e-mail de seu endereço enviado para uma pessoa, uma mensagem por vez. Só isso deve ajudá-lo a derrubar 90% das barreiras de spam. Enviar e-mails em massa de seu endereço pessoal é a forma mais fácil e rápida de ficar marcado, ser bloqueado e ficar parecendo um completo imbecil. Apenas envie e-mails em massa de marketing usando uma plataforma provedora de serviços de e-mails.

Não Direcione a Mensagem para Muitas Pessoas da Mesma Empresa

Os filtros de spam ficam de olho para ver quantas mensagens você está enviando ao mesmo tempo. Isso é basicamente projetado para pegar os remetentes que enviam e-mails em massa para grandes listas. No entanto, caso esteja enviando mensagens para diversos clientes em potencial da mesma empresa, vale a pena enviá-las em horários diferentes do dia, em vez de enviá-las todas de uma vez só.

Não Envie E-mails Demais para a Mesma Pessoa

Isso pode parecer contraintuitivo, mas, quando se trata de e-mails, uma persistência exagerada pode prejudicá-lo. Caso se torne impertinente, o destinatário de sua mensagem poderá marcá-la como spam. Isso pode não apenas bloqueá-lo de sua caixa de entrada como também, em alguns sistemas, marcá-lo de forma negativa em toda uma organização.

Evite Anexar Imagens

Visto que os hackers e os spammers incorporam malwares nas imagens, muitos programas de e-mail marcam as mensagens com imagens como spam, ou as bloqueiam, até que seja dada permissão para baixá-las. Sua melhor aposta na prospecção por e-mail é evitar enviar imagens. A exceção a essa regra é quando você está enviando mensagens de vídeo; uma miniatura de seu vídeo (especialmente uma imagem GIF com movimento) resultará em mais cliques à sua mensagem de vídeo.

Minimize os Hiperlinks

A ferramenta básica dos hackers é o hiperlink. Você clica nele, e o hacker insere um malware em seu computador e rouba suas informações. Por isso, as pessoas desconfiam muito de hiperlinks incorporados aos e-mails.

- Evite incorporar a URL no texto.
- Inclua a URL inteira para mostrar uma transparência completa.
- Evite as URLs abreviadas, que obscurecem o endereço do site. Alguns especialistas dizem que as URLs longas truncam a mensagem. É um ponto válido. Em alguns casos, talvez seja necessário usar uma URL abreviada. É importante saber que pode perder cliques.
- Limite o número total de URLs para o menor possível.

Evite Anexos

Os hackers tornaram-se adeptos de anexos para infectar os computadores com malwares, hackear sites e infiltrar redes. Devido a esse perigo, os filtros de spam podem pegar seu e-mail caso ele contenha anexos. Sua melhor aposta é evitar enviar anexos diretos nos e-mails de prospecção. Se quiser que seu possível cliente baixe um recurso, inclua um link que o direcione para uma página em que pode obtê-lo.

Não Use Palavras e Expressões ao Estilo Spam

O que você escreve e como escreve pode acionar os filtros de spam. Por exemplo, usar CAIXA ALTA em um assunto, acrescentar muitos pontos de exclamação ou usar palavras como "Oferta GRATUITA" ou "Compre Agora", inclusive símbolos como $$$$ ou !!!!, pode acender as luzes de spam como se seu e-mail fosse uma árvore de Natal.

Há centenas de palavras e expressões que, quando usadas sozinhas ou em conjunto com outras palavras, podem enviar seu e-mail direto para a caixa de spam. A questão é: você deve ser cuidadoso e ponderado quanto às palavras e símbolos que usa e como compõe essas palavras — especialmente no campo assunto do e-mail. A melhor coisa a fazer é colocar-se no lugar do spammer — ver aqueles spams incômodos que recebe e fazer exatamente o contrário.

Há diversas outras palavras e expressões de spam para serem listadas aqui. Incluí alguns recursos sobre isso em: https://www.salesgravy.com/vskit [conteúdo em inglês].

Livre-se dos E-mails que Voltam

Muitos filtros de spam começam a bloquear seus e-mails caso envie diversas mensagens para endereços que não existem mais. Isso geralmente acontece quando a pessoa que você está tentando contatar saiu da empresa ou quando o endereço está errado. Quando um e-mail voltar, veja isso como uma oportunidade de coletar informações melhores.

Primeiro, atualize o contato em seu sistema CRM e remova o endereço de e-mail, para que não envie uma mensagem por engano novamente. Depois, verifique o LinkedIn, um provedor de dados, como ZoomInfo, ou faça uma pesquisa no Google, para descobrir se o contato ainda está na empresa.

- Caso não esteja, remova o contato de seu CRM ou atualize-o com as informações da nova empresa.
- Caso esteja, entre em contato por telefone ou online para descobrir um endereço de e-mail correto.

Tenha Cuidado com Setores Sensíveis

Tenha um cuidado dobrado quando entrar em contato com setores sensíveis, como instituições financeiras, empresas de defesa, saúde e entidades governamentais. Os hackers ficam tentando incansavelmente infiltrar-se nessas organizações para roubar dados e, consequentemente, há firewalls estritos em funcionamento. Com esses grupos, recomendo usar apenas texto sem links, anexos ou imagens.

Regra 2: Seu E-mail Deve Ser Aberto

Um funcionário de escritório comum recebe 90 e-mails por dia.[1] É muita coisa. Os tomadores de decisão com que está buscando se engajar, no entanto, recebem mais que o dobro disso.

De acordo com a *Harvard Business Review*, o executivo comum recebe mais de 200 e-mails por dia.[2] Agora, acrescente as mensagens diretas, de texto, internas e bate-papo em ferramentas como Slack; fica simplesmente impossível ver todas.

Em tal estado de sobrecarga extrema, as partes interessadas enfrentam caixas de entrada que recebem uma "recarga infinita" da mesma forma que você: *Seleção e Triagem*.

Assim como você, eles precisam tomar decisões instantâneas, em frações de segundo, para abrir, deletar ou guardar para depois. Nesse paradigma, para ser aberto, seu e-mail de prospecção deve se destacar de todo o ruído e ser convincente o bastante para atrair um clique.

A Familiaridade Faz com que Seu E-mail Seja Aberto

Imagine que está verificando sua caixa de entrada. Um e-mail de alguém que você conhece chama sua atenção. Qual é sua próxima ação mais provável?

Quanto mais familiarizado seu possível cliente estiver com seu nome, sua marca ou sua empresa, mais chances terá de abrir seu e-mail. É por isso que aproveitar as ligações, mensagens diretas e canais sociais antes de enviar um e-mail pode aumentar as chances de conseguir com que sua mensagem seja aberta.

Por exemplo, você pode ligar e deixar uma mensagem de voz, marcar a pessoa no LinkedIn e, então, enviar um e-mail (ou vice-versa). Essa "ameaça tripla" aumenta a familiaridade e potencializa sua persistência em múltiplos canais.

É por isso que a sequência de prospecção funciona. Quando você deixa uma mensagem de voz eficaz, envia uma mensagem direta, conecta-se pelo LikedIn, curte, comenta ou compartilha (CCC) algo que seu potencial cliente postou na rede social, isso o torna mais familiar. Então, quando virem seu nome e endereço de e-mail na caixa de entrada, sua mensagem receberá mais que um relance de olhos.

Seu Campo Assunto Deve Gritar "Me Abra"

O campo assunto, no entanto, pode ser o segredo mais importante para conseguir que seu e-mail seja aberto. Infelizmente, a maioria dos campos assunto dos e-mails de prospecção não se destacam nem são convincentes. A maioria, de fato, grita "Me delete!"

> **Comprido Demais.** Dados de diversas fontes do ecossistema de vendas provam que as frases curtas no assunto se sobressaem, de longe, às longas. Francamente, é intuitivo. Uma frase comprida no assunto exige que o cérebro de seu cliente em potencial trabalhe mais. Tal esforço extra no contexto de decisões em frações de segundo sobre o valor de um e-mail faz com que você seja deletado.
>
> Tampouco as frases compridas no assunto se dão bem nos dispositivos móveis. Estima-se que 50% ou mais dos e-mails são abertos nesses dispositivos. Com o tamanho de tela limitado, você tem apenas um vislumbre do campo assunto. Se pensar sobre o próprio comportamento em seu telefone móvel, é ainda muito mais rápido para deletar uma mensagem ali. Mais de 50 caracteres no campo assunto, e a taxa de abertura diminui exponencialmente.

Solução: Deixe a frase no campo assunto supercurta — 3 a 6 palavras, ou 40 a 50 caracteres, incluindo os espaços. Lembre-se — menos é mais. É importante observar que, quando seu e-mail tem uma mensagem de vídeo, os dados da Vidyard indicam que, quando a palavra "Vídeo" está no assunto, a probabilidade de que ele seja aberto é oito vezes maior.[3]

Perguntas. Basicamente, todos os grandes estudos conduzidos sobre a eficácia de diferentes tipos de frases no campo assunto conclui quando apresentam uma pergunta, isso destina seu e-mail rapidamente para o corredor da morte pelo botão deletar. Embora possa haver momentos e lugares para usar uma pergunta no assunto do e-mail, na maioria dos casos fique longe do ponto de interrogação.

Solução: Use palavras de ação e afirmações diretas em vez de perguntas. Frases de assunto com base em listas incluem um testemunho, como "3 Motivos Por Que a ABC nos Escolheu" são especialmente poderosas, assim como aquelas que incluem uma referência, como "Jeb Blount Disse que Devemos Conversar", e aquelas com base em afirmações, como "A Maior Tendência Comercial em Imóveis".

Impessoal. Frases impessoais e genéricas no campo assunto são chatas. Quando está tentando se engajar com executivos que são difíceis de serem contatados, uma falha o enviará direto para o lixo. Pense nisso. Todos os vendedores em seu setor estão tentando se conectar com os potenciais clientes de mais alto valor no mercado. Esses executivos são inundados com solicitações de reuniões. Você nunca atravessará esse ruído e conseguirá a atenção deles com frases bregas e impessoais no campo assunto.

Solução: Conecte a frase no assunto a uma questão que seu possível cliente está enfrentando — especialmente se for emocional ou estressante. Cumprimente-os por uma conquista recente ou algo que sabe que os deixa orgulhosos. Por exemplo, a forma mais fácil e rápida de fazer com que eu abra um e-mail é quando o assunto diz: "Sou um grande fã de seus livros."

Somos todos autocentrados e quase sempre focamos nossos próprios problemas, questões, realizações e ego. Portanto, tente a sorte e deixe sua frase de assunto voltada para o potencial cliente. É realmente fácil fazer isso, se tirar um tempinho a mais para pesquisar sobre o destinatário de seu e-mail de prospecção.

Não Existe Panaceia

A realidade brutal, no entanto, é que não há uma fórmula secreta para sempre criar a frase perfeita para o assunto. O que funciona em uma situação pode não funcionar em outra. Conselhos que dão certo em uma vertical de setor podem não ser aplicados dentro de seu setor ou sua base de potenciais clientes. É por isso que a experimentação e os testes são o verdadeiro segredo para o sucesso com as frases de assunto.

No entanto, os vendedores não fazem testes. Em vez disso, criam assuntos rapidamente e enviam e-mails para um buraco negro, esperando conseguir uma resposta. É como lançar dardos em um alvo com os olhos vendados, na esperança de acertar o centro sem qualquer auxílio que o direcione corretamente.

Testar ajuda-o a focar quais frases de assunto são as mais abertas. Geralmente, encontramos padrões que levam a frases de assunto que funcionam de maneira fenomenal dentro de determinados grupos de prospecções, cargos, áreas geográficas e problemas empresariais.

Com essa informação, você poderá se concentrar nas palavras e expressões que obtêm as melhores respostas, e seus e-mails se destacarão e serão abertos, enquanto aqueles enviados por seus concorrentes serão relegados à pasta "lixo".

Regra 3: Seu E-mail Deve Causar Conversão

Demasiados profissionais de vendas abandonaram a prospecção ponderada por e-mail e passaram a enviar puros spams. Eles enviam modelos genéricos de mensagens que são copiadas e coladas, enviadas aleatoriamente para uma grande variedade de clientes em potencial, independentemente da relevância e sem qualquer pesquisa. Tal comportamento preguiçoso e inconsequente prejudica sua marca pessoal e a da empresa, além de conseguir que seja bloqueado.

Desenvolver e-mails de prospecção que causem conversão é trabalho pesado. Ponderação e intenção são necessárias para elaborar mensagens relevantes que se conectem emocionalmente e levem os possíveis clientes a agir.

Isso não significa que todos os e-mails que você envia devem ser criados do zero. Certamente, dentro de determinados mercados, verticais e cargos de tomada de decisão específicos do setor, haverá um campo em comum e padrões suficientes, de modo que você conseguirá desenvolver modelos que podem ser customizados para listas direcionadas, permitindo que faça mais contatos de prospecção por e-mail em um período mais curto de tempo.

No entanto, mesmo usando um modelo customizável para ser eficaz, você deve conduzir pesquisas, a fim de que os e-mails passem o sentimento e a aparência de serem únicos ao destinatário. Se o destinatário não sentir que a mensagem foi elaborada especificamente para ele, vai entrar por um ouvido e sair pelo outro.

Tal investimento de seu tempo precioso e limitado é o motivo pelo qual é imperativo que seus e-mails de prospecção causem conversão de:

- Reuniões.
- Visualização da mensagem de vídeo.
- Informações de qualificação.
- Contato com um tomador de decisão.
- Reencaminhamento a outros influenciadores.
- Download de documentos.
- Inscrições em webinar.
- Compra.

Caso o e-mail não convença o destinatário a agir, seu tempo e esforço foram em vão. É por isso que investir tempo para que sua mensagem seja a certa é crucial.

Regra 4: Seu E-mail Deve Estar em Compliance

Da LGPD da Europa [e do Brasil], à CAN-SPAM dos EUA e à CASL do Canadá, os governos vêm buscando regular as mensagens de e-mail com um olho na proteção de privacidade. A maioria dessas leis foram aprovadas em resposta à gigantesca quantidade de SPAM enviada às caixas de entrada. Nenhuma delas conseguiu interromper o fluxo imenso dessas mensagens.

Algumas dessas regras são observadas com mais zelo; outras, não. Muitas regulações relacionadas a e-mails se aplicam basicamente a B2C e e-mails de marketing em massa, enquanto dão mais espaço para a comunicação de vendas de B2B. Com todas as regras, há uma área cinzenta.

Também há regras restritas para o que você pode escrever (palavras que pode usar) e enviar em e-mails para setores altamente regulados, como serviços financeiros e bancos. Violar essas regulações pode resultar em multas altíssimas para sua empresa.

Sua empresa pode interpretar tais regras diferentemente de outras. Caso trabalhe em uma organização grande, a sensibilidade ao compliance será muito maior do que no caso de trabalhar em uma empresa pequena. A única coisa de que você pode ter certeza é que a regulação continuará a se expandir e as regras sempre mudarão.

Em resumo, é sua responsabilidade familiarizar-se com as regulações e regras de sua empresa com relação aos e-mails, para que permaneça em compliance.

29 | Estrutura de Quatro Passos para a Prospecção por E-mail

Visto que sou empresário e tomador de decisões, sou bombardeado por e-mails e mensagens diretas de prospecção de todos os lados — em meu e-mail de trabalho, no LinkedIn, Instagram, Twitter, Facebook Messenger e WhatsApp. Recebo dezenas todas as semanas, alguns cômicos — um constrangimento para os vendedores que os enviaram e para suas empresas.

O objetivo da elaboração de um e-mail de prospecção é convencer o leitor a agir. Não precisamos ir longe para vermos que "convincente" é algo raro em termos de prospecção por e-mail. A vasta maioria é horrível.

Fico perplexo pela frequência com que os vendedores, que reservam um tempo para me enviarem um e-mail, não pesquisam nada. Como o e-mail que recebi de um representante de uma grande empresa de treinamento de vendas, que enviou uma apresentação sobre treinamento de vendas para minha empresa, que faz treinamento de vendas; ou o representante que me solicitou uma reunião para discutirmos produtos de segurança para minha equipe de engenharia, ou, ainda, aquele que queria se reunir comigo para falarmos sobre como a empresa dele pode me ajudar a transformar meus livros em programas de treinamento. Sério, uma avaliação de 20 segundos no meu perfil do LinkedIn ou em meu site teria evitado a chateação.

E-mails ruins destroem o patrimônio, a credibilidade e a imagem de sua marca. Fico chocado com o fato de tantas empresas permitirem que seus vendedores disseminem essas porcarias. Ou, pior, a maioria das organizações de vendas não passam tempo nenhum ensinando aos vendedores como escrever e-mails eficazes de prospecção. Os piores e-mails são:

- Aparentemente apresentações importantes que usam um jargão incompreensível — cheios de palavras sem qualquer significado.
- Depósitos de mensagens focadas nos recursos do produto.
- Torcedores que gritam a respeito de sua empresa grande, fantástica e ganhadora de prêmios.
- Aqueles que erram meu nome — sério, é Jeb: três letras!
- Aqueles enormes, que me fazem revirar os olhos.
- Aqueles que não são relevantes.

Deleto 99,9% deles.

Relevância e Autenticidade

De vez em quando, no entanto, recebo um e-mail brilhante, que me faz parar tudo o que estou fazendo. Essa mensagem de ouro se conecta comigo, faz sentido, é relevante e me convence a responder. O remetente reservou um tempo para pesquisar e planejar.

Recebi um e-mail assim de uma representante recentemente. Estava bem escrito, personalizado, era específico para minha situação e se conectava totalmente comigo. Ela solicitava uma reunião, e eu aceitei. Até o momento, já gastei mais de US$100 mil com a empresa dela.

Antes de escrever a primeira palavra em um e-mail de prospecção, considere seu público. Customize a mensagem para seu possível cliente. Eles são pessoas — e não robôs; portanto, seu e-mail de prospecção deve ser autêntico e pessoal.

A mensagem que você elabora deve ser forte o suficiente para convencer o destinatário a agir. Deve demonstrar que você entende a pessoa e seus problemas, além de ser relevante à situação dela. A forma mais eficaz de customizar sua mensagem à pessoa a quem escreve é colocar-se no lugar dela e fazer algumas perguntas básicas:

- O que chamará a atenção dela?
- O que é importante para ela?
- O que fará com que ela me dê o que estou solicitando?

O segredo é reservar um tempo para fazer uma pesquisa básica, de modo que conheça seu potencial cliente. Use essas informações para uma base sobre a qual você constrói sua mensagem.

Estrutura de Quatro Passos para a Prospecção por E-mail

A Estrutura de Quatro Passos para a Prospecção por E-mail reflete a estrutura das mensagens de vídeo (veja a Figura 29.1):

1. *Chame a atenção*. Chame a atenção com uma frase de assunto e uma frase/afirmação de abertura convincentes.
2. *Relacione-se*. Demonstre que você conhece a pessoa e seu problema. Mostre empatia e autenticidade.
3. *Faça a Ponte*. Conecte os pontos entre o problema da pessoa e como pode ajudá-la. Explique o que ela ganhará com isso.

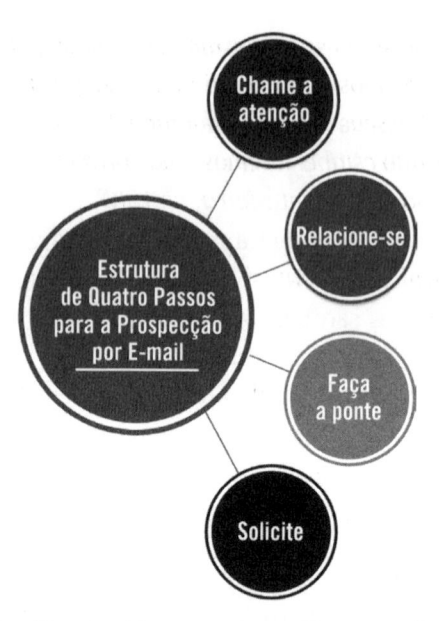

Figura 29.1   Quatro Passos para a Prospecção por E-mail

4. *Solicite*. Seja claro e direto sobre qual ação você quer que a pessoa faça e facilite para que isso aconteça.

Veja este exemplo de um e-mail de prospecção enviado para o COO de um banco. Ele usa a estrutura de quatro passos:

Assunto: COO — O Trabalho Mais Difícil no Banco
Lawrence,
A Ernst & Young apontou recentemente que o COO tem o papel mais difícil de diretoria.
Os COOs com quem trabalho me dizem que a complexidade cada vez maior do ambiente bancário deixou seu trabalho mais difícil e estressante do que nunca.
Ajudo COOs como você a reduzirem o estresse ao mitigarem os riscos colaterais e minimizarem as surpresas regulatórias.

Embora eu não saiba se somos uma boa opção para seu banco, por que não marcamos uma reunião curta, para me ajudar a aprender mais sobre seus desafios singulares? A partir daí, podemos decidir se faz sentido estabelecermos uma conversa mais profunda.
Que tal na próxima quinta-feira, às 15h?
Dave Adair
Executivo Sênior de Contas
JunoSystems

Vamos compará-lo com este e-mail de prospecção que recebi hoje de manhã, um fracasso total:

Assunto: Soluções de TI
Prezado Jeb,
Meu nome é Sandler Gleason e trabalho na MainLogic TI em Richmond, VA. Somos uma provedora de soluções de TI ganhadora de prêmios.
Trabalhamos para mantê-lo seguro, atualizado e apoiado, <u>sem arruinar suas finanças</u>*. Seja com:*

- *Virtualização de Desktops.*
- *Serviços na Nuvem.*
- *Gestão de Dispositivos Móveis.*
- *Segurança de Redes.*
- *Backup de Dados.*
- *Comunicação Unificada.*
- *VoIP.*
- *Ou simplesmente descomplicando sua equipe de TI, podemos ajudar.*

Somos uma empresa em rápido crescimento, listada na INC 5000, e sabemos que podemos ajudá-lo. Adoraria aprender mais sobre você e quaisquer projetos nos quais esteja trabalhando.
Atenciosamente,
Sandler

Disclaimer: se não quiser receber nossos e-mails, por favor nos responda e escreva "Descadastrar" no assunto.

Consegue ver a diferença entre essas duas mensagens de e-mail? Vamos analisar cada uma das quatro partes.

Chame a Atenção (Isca)

Você tem cerca de três segundos para captar a atenção de seu possível cliente. Para fisgá-lo. Durante esses segundos, sua frase no campo assunto deve convencer a pessoa a abrir o e-mail, e a primeira frase deve atraí-la para continuar lendo. Kendra Lee, autora de *The Sales Magnet* [O Ímã das Vendas, em tradução livre], chama isso de "fator olhadela".

Os clientes em potencial escolhem ler suas mensagens pelos motivos deles, e não pelos seus — a situação única por que passam e seus interesses. Portanto, a melhor forma de chamar a atenção deles é fazer com que sua frase no assunto seja relevante e que a frase de abertura seja sobre eles.

Vamos analisar o campo assunto e a frase de abertura do e-mail que foi um fracasso (nome e empresa alterados para proteger o culpado):

Assunto: Soluções de TI

Prezado Jeb,

Meu nome é Sandler Gleason e trabalho na MainLogic TI em Richmond, VA. Somos uma provedora de soluções de TI ganhadora de prêmios.

Primeiro, o campo assunto não tem relevância para mim. O que "Soluções em TI" sequer significa? Tenho uma empresa de treinamento de vendas. Outra coisa, nunca se usa "Oi", "Olá", "Prezado" ou qualquer outra saudação à frente do nome do cliente em potencial. Ninguém no ramo faz isso, com exceção dos vendedores. "Oi, _____" diz: "Sou um representante de vendas, por favor, me delete."

Segundo, como o fato de Sandler estar em Richmond, VA, traz um mínimo de interesse? Meu escritório fica na Geórgia. Como isso pode ser relevante para mim? Por que esse fato chamaria minha atenção? Além do mais, o nome dele está na assinatura do e-mail.

Por fim: *"Somos uma provedora de soluções de TI ganhadora de prêmios."* E daí? Quem se importa? Isso não é relevante.

Vamos dar uma olhada em nosso modelo de e-mail:

Assunto: COO — O Trabalho Mais Difícil no Banco
Lawrence,
A Ernst & Young apontou recentemente que o COO tem o papel mais difícil de diretoria.

O e-mail está sendo enviado para o COO de um banco. No campo assunto, há o acrônimo "COO" e a palavra "banco". Ele sugere que o COO tem o trabalho mais difícil no banco. Isso é convincente, pois mexe com nossas emoções. Todos acreditamos que temos o trabalho mais difícil em nossa empresa.

Em seguida, dirigimo-nos ao potencial cliente de forma profissional, como se ele fosse um colega.

Por fim, a frase de abertura é uma grande isca. Ao usarmos uma fonte confiável, a Ernst & Young, captamos a atenção do COO ao nos colocarmos em seu lugar e demonstrarmos que o entendemos (o papel mais difícil da diretoria).

Relacione-se

As mensagens eficazes se conectam com o destinatário em um nível emocional. O motivo é simples: as pessoas tomam decisões com base nas emoções. A maneira mais fácil de se conectar emocionalmente com seu possível cliente é demonstrar que o entende, bem como entende seus problemas — que você pode se relacionar com suas lutas e suas questões.

Vejamos a tentativa de Sandler de se relacionar:

Trabalhamos para mantê-lo seguro, atualizado e apoiado, <u>sem arruinar suas finanças</u>. Seja com:

- Virtualização de Desktops.
- Serviços na Nuvem.
- Gestão de Dispositivos Móveis.
- Segurança de Redes.
- Backup de Dados.
- Comunicação Unificada.
- VoIP.
- Ou simplesmente descomplicando sua equipe de TI, podemos ajudar.

Como isso se relaciona comigo ou com qualquer um de meus problemas? Perceba que esse parágrafo é apenas um despejo de recursos diferentes. É semelhante a jogar lama na parede para ver se um pouco dela fica grudada. Minha reação: BOCEJO.

Por outro lado, em nosso modelo de e-mail, Dave faz um esforço para se relacionar. É claro, como ele mesmo não é, e nunca foi um COO, seria mentira se dissesse que entende a situação de Lawrence. Assim, ele usa seu relacionamento com outros COOs para demonstrar que pode se relacionar.

Os COOs com quem trabalho me dizem que a complexidade cada vez maior do ambiente bancário deixou seu trabalho mais difícil e estressante do que nunca.

Faça a Ponte

Visto que as pessoas fazem as coisas pelos motivos delas, e não pelos seus, você deve responder à pergunta mais imperiosa: "Se eu der o que você quer — minha equipe — o que vou ganhar com isso?" Caso não consiga responder a essa pergunta com um valor que exceda o custo de seu possível cliente ceder o próprio tempo, o e-mail não causará conversão.

É aqui que sua pesquisa traz a recompensa. Quando você conhecer uma questão específica que seu possível cliente está enfrentando na empresa, faça a ponte diretamente a essa questão e em como talvez possa resolvê-la. Quando não estiver seguro a respeito de uma questão específica, faça a ponte com questões que são comuns ao papel, situação ou setor de seu potencial cliente.

Vejamos como nosso colega Sandler tentou mostrar o que eu ganharia na situação:

Somos uma empresa em rápido crescimento, listada na INC 5000, e sabemos que podemos ajudá-lo.

Novamente, e daí? Como isso é importante para mim? Ele faz seu barulho, mas não me dá motivos para perder meu tempo com ele.

Dave, por outro lado, conecta a mensagem do assunto, a frase de abertura e o segmento de relacionar-se com uma ponte que liga os pontos entre a questão de Lawrence — estresse — e as soluções que reduzem o estresse. Ele mostra o que Lawrence ganhará com isso.

O mais importante, ele fala a língua de Lawrence — aquela dos COOs: minimizar os riscos e as surpresas. Ao fazer isso, continua se relacionando e demonstrando que entende seu potencial cliente e seus problemas.

Ajudo COOs como você a reduzirem o estresse ao mitigarem os riscos colaterais e minimizarem as surpresas regulatórias.

Solicite

Para conseguir o que quer, solicite e facilite a ação de seu potencial cliente.

Sandler:

Adoraria aprender mais sobre você e quaisquer projetos nos quais esteja trabalhando.

Sandler, vai pescar. Ele diz que "adoraria" (todos os vendedores dizem a mesma coisa). Nas entrelinhas, leio: "Adoraria ouvir o som de minha própria voz fazendo uma apresentação para você sobre todos os recursos maravilhosos e dizendo como somos bons."

Então ele joga a bola para mim, para que eu lhe solicite um horário para nos reunirmos. Como isso pode fazer qualquer sentido? Não quero desperdiçar meu tempo com uma apresentação e tenho certeza absoluta de que não vou fazer o trabalho dele.

Vejamos como Dave pede:

Embora eu não saiba se somos uma boa opção para seu banco, por que não marcamos uma reunião curta, para me ajudar a aprender mais sobre seus desafios singulares? A partir daí, podemos decidir se faz sentido estabelecermos uma conversa mais profunda.

Que tal na próxima quinta-feira, às 15h?

Dave causa uma disrupção nas expectativas. Ele diz a Lawrence logo de cara que pode não ser uma boa opção para o banco. Isso é exatamente o contrário do que Lawrence esperaria de um vendedor. Diferentemente das apresentações que espantam os possíveis clientes, causar disrupção nas expectativas os atrai para perto de você.

Então, Dave continua e envia uma mensagem sutil, mas poderosa. Ele diz que quer "aprender". Isso atrai Lawrence ainda mais, pois todos querem ser ouvidos. Adoramos contar nossa história para as pessoas que estão dispostas a escutá-la.

Dave coloca a cereja no bolo com a expressão "desafios singulares". Isso faz com que Lawrence se sinta importante, porque todos acreditam que suas situações são únicas. Por fim, Dave diminui os riscos ao pressupor que, se não fizer sentido, não pressionará as coisas.

Depois, ele solicita pretensiosamente ("Que tal") uma reunião e oferece um dia e um horário, o que tira o fardo de Lawrence quanto a tomar essa decisão.

Pratique, Pratique e Pratique

Escrever mensagens de e-mail eficazes de prospecção não é fácil. O passo mais difícil é treinar, de modo a parar de pensar sobre seu produto ou serviço e, de forma alternativa, colocar-se no lugar de seu possível cliente, relacionar-se com a situação dele e aprender sua linguagem.

Desenvolva o hábito de pesquisar os potenciais clientes. Esteja atento aos eventos desencadeadores que abrem janelas de compra. No início, você terá dificuldades. Todos têm.

O segredo é praticar até que e-mails eficazes e autênticos fluam em seus dedos. Quanto mais praticar, mais rápido e proficiente se tornará em escrever e-mails de prospecção que causam conversão. Comece agora. Elabore três mensagens de e-mail de prospecção com base na Tabela 29.1:

Tabela 29.1 Modelo para E-mails de Prospecção

Nome do Potencial Cliente	Assunto	Isca: Primeira Frase	Relacione-se	Faça a Ponte	Solicite

30 | Mensagens Diretas

As mensagens diretas estão explodindo. Quase 74% dos usuários de smartphones se comunicam por meio de aplicativos de mensagens. A empresa Drift chama isso de uma megatendência de vendas.[1] Quando combinamos as mensagens diretas das redes sociais — Twitter, Instagram, LinkedIn — com os aplicativos de mensagens, incluindo WhatsApp, Facebook Messenger, WeChat e Viber, há mais de quatro bilhões de pessoas usando as mensagens diretas.[2]

Elas são como um canivete suíço para as vendas virtuais, com muitas lâminas e ferramentas:

- Videochamadas.
- Ligações telefônicas.
- Mensagens de texto.
- Mensagens de vídeo.
- Mensagens de voz.
- Mensagens de e-mail em formato longo.

A mensagem direta tem tudo isso, combinando cada canal de comunicação virtual que já analisamos até aqui. Elas podem incluir mensagens de vídeo, de áudio, imagens, anexos, mapas, calendários e convites para reuniões. Em toda a história do mundo, nunca houve tantas formas de nos conectarmos com outros humanos por meio de um único e elegante pacote.

Além disso, com aplicativos de mensagens diretas como o WhatsApp, você pode, de fato, conduzir transações de vendas mesmo dentro do aplicativo. Embora esses recursos estejam além do escopo deste livro, caso venda produtos físicos, isso é algo que valerá a pena explorar.

As mensagens diretas são poderosas por muitos dos mesmos motivos que as mensagens de texto. São móveis e, geralmente, tratadas como prioridade. Elas podem servir como comunicação assíncrona — especialmente com as mensagens diretas das redes sociais. Contudo, podem mudar facilmente para a comunicação síncrona.

Por exemplo, tenho muitos clientes em outras partes do mundo que usam o WhatsApp como ferramenta principal de comunicação. No WhatsApp e no Facebook Messenger, estou constantemente mudando da comunicação assíncrona para a síncrona. Não é incomum que eu envie uma mensagem de texto ou um e-mail e, então, muitas horas depois, obtenha uma reposta que se transforma em uma conversa por meio de texto, telefone ou vídeo.

Todas as Regras se Aplicam

Visto que a mensagem direta é o "canivete suíço das vendas virtuais", as regras que se aplicam às mensagens de vídeo, videochamadas, telefonemas, mensagens de texto e e-mails se aplicam igualmente às mensagens diretas. Como elas podem ser parte das plataformas de redes sociais ou compartilhar alguns recursos dessas plataformas, também é importante considerar como você pode empregar estratégias de redes sociais ao trabalhar com as plataformas de mensagens diretas.

Pipeline e Gestão de Contas

Assim como as mensagens de texto, as mensagens diretas são a forma mais eficaz de comunicação com as oportunidades ativas no pipeline, com o atendimento ao cliente e com a gestão de contas:

- Avançar negociações.
- Contato de acompanhamento pós-venda.
- Descoberta e coleta de informações.
- Envio de microdemonstrações.
- Oferta de insights, dados e recursos educacionais adicionais.
- Atualizações de clientes.
- Agendamento de reuniões.
- Reconhecimento do cliente.
- Venda cruzada e upselling para contas existentes.
- Resolução de questões no atendimento ao cliente.
- Resposta a perguntas.
- Cultivar relacionamentos.

Para a gestão de contas e a comunicação com os clientes, a mensagem direta é uma ferramenta fabulosa. Ela abre uma enorme variedade de canais de comunicação, ajuda-o a cultivar e manter relacionamentos, mantém os clientes atualizados e permite que você responda rapidamente a preocupações, não importa onde esteja.

Movimentando o Pipeline

As mensagens diretas ajudam-no a passar pelo ruído do e-mail quando está trabalhando com as partes interessadas nas oportunidades de seu pipeline. É o canal perfeito para realizar acompanhamentos após as reuniões, as descobertas adicionais, o envio de solicitações de reuniões, para oferecer insights e dados adicionais, enviar microdemonstrações e permanecer no top of mind das partes interessadas.

Um dos grandes benefícios das mensagens diretas, em comparação com o e-mail e o telefone, é que elas permitem que você passe rapidamente pelos gatekeepers, evite a caixa de spam e, com alguns aplicativos, envie mensagens para partes interessadas mesmo sem saber seus e-mails ou telefones. Nossas pesquisas e experiências na Sales Gravy sugerem que os contatos de acompanhamento pós-venda por meio de mensagens diretas têm uma taxa de engajamento 40% maior do que por meio do tradicional e-mail.

Prospecção

Cada aplicativo de mensagens diretas tem suas regras e normas culturais de engajamento para enviar mensagens de prospecção ativa para pessoas que não o conhecem ou com quem você não está conectado. Diferentemente do telefone e do e-mail, dependendo do aplicativo, há limites e regras que governam com quem você pode se conectar e como tais conexões são iniciadas.

Para a prospecção em plataformas apenas de mensagens diretas, como o WhatsApp, você deve seguir as mesmas regras da prospecção das mensagens de texto. Você obterá melhores resultados ao enviar mensagens diretas a potenciais clientes que o conhecem e que estão familiarizados com você.

Visto que é muito fácil para as pessoas bloquearem você, caso as importune, é importante que não apenas siga as regras, mas que seja ponderado e relevante durante a prospecção. Contatos de prospecção puramente frios por meio de mensagens diretas têm muitas chances de serem tratados como spam e de fazerem com que sejam denunciados e bloqueados.

A exceção a essa regra é o LinkedIn, que é a principal plataforma de escolha para mensagens diretas da maioria dos profissionais de vendas B2B. No LinkedIn, é possível enviar mensagens apenas para suas conexões diretas, a menos que tenha a versão paga.

Nessa plataforma, um contato frio é muito mais aceitável, contanto que sua mensagem seja relevante. As mensagens de prospecção no LinkedIn devem seguir as regras que já avaliamos para as mensagens de vídeo, de voz e de e-mail. No entanto, no LinkedIn, é fácil desenvolver familiaridade por meio da atividade de rede social antes de abordar um cliente em potencial. Por esse motivo, poucas de suas mensagens devem ser verdadeiramente frias.

O Desafio das Mensagens Diretas

Visto que o panorama das mensagens diretas é complexo e está mudando constantemente, este capítulo é curto. Não há nenhuma forma possível de podermos mergulhar nos atributos e nas técnicas para usar cada plataforma de mensagens diretas. No entanto, incluí alguns recursos adicionais sobre isso em: https://www.salesgravy.com/vskit [conteúdo em inglês].

O maior desafio dos aplicativos de mensagem direta é que todos são diferentes e estão em constante mudança. Não há outra forma de dizer isso. É um trabalho desgraçado conseguir manter-se atualizado com essas mudanças e monitorar de forma eficaz as conversas em múltiplos aplicativos.

Como profissional de vendas, não há como dominar todos efetivamente; você nem deveria tentar isso. Pelo contrário, vá aonde seus clientes fixos e em potencial estão e faça delas as suas plataformas favoritas. Para mim, por exemplo, são (1) LinkedIn, (2) WhatsApp, (3) Facebook Messenger e (4) WeChat.

Quando escolher suas plataformas favoritas, a única forma de dominá-las é colocar a mão na massa e dedicar-se ao aprendizado. Tornar-se especialista: faça disso sua missão.

Lembre-se dos 3 *As*. É assim que os vendedores com alta qualidade integram as tecnologias de vendas virtuais, como as mensagens diretas, em sua rotina de vendas:

- Adotar: adote as mensagens diretas e potencialize-as para conquistar uma vantagem competitiva diferenciada.
- Adaptar: adapte as mensagens diretas ao seu processo singular de vendas para ganhar mais tempo, de modo a focar as interações e as estratégias humanas de alto valor.
- Ser Adepto: combine as mensagens diretas com seu processo de vendas virtuais e pratique até que se torne adepto de seu uso.

31 | Chat Online ao Vivo

Não tenho dúvidas de que você pode encontrar acesso a chats em muitos dos sites que visita. Também pode ter uma relação de amor e ódio com essas pequenas janelas de conversa, dependendo de suas experiências e preferências de comunicação. A maioria das pessoas odeia quando sabem que estão falando com um robô e adora quando estão se engajando com um ser humano real, que se importa.

O que talvez o surpreenda é que o chat online já existe desde a década de 1970 e vem evoluindo desde então.[1] Atualmente, está havendo uma explosão de tecnologias e inovação em chat. O futuro é brilhante e promete ser robusto. As inovações recentes incluem:

- Integrações no CRM. Aplicativos poderosos, que conectam perfeitamente o chat com seu CRM, deixam as interações mais personalizadas e melhoram a experiência do cliente.
- Informações sobre o visitante. Aplicativos que fornecem uma informação imediata sobre os visitantes do site, que não estão em seu CRM, e ajudam os vendedores a converterem mais leads em oportunidades e vendas no pipeline.

- Chat proativo. Mecanismos de chat impulsionados por IA, que antecipam exatamente quando e como engajar-se proativamente com um visitante online em uma conversa.
- Comunicação por omnicanal. O chat está se transformando rapidamente em uma plataforma de comunicação omnicanal que abre portas aos contatos por vídeo e áudio com clientes fixos e em potencial em tempo real. Mais um motivo para estar sempre preparado para a câmera.
- Microsites. Os profissionais de vendas têm a habilidade de enviar os potenciais clientes a essas páginas personalizadas por meio de mensagens de vídeo, mensagens diretas, posts em redes sociais e e-mail e, então, engajá-los nelas por meio de chat reativo e proativo.
- Chatbots. Amando-os ou odiando-os, os chatbots (robôs de chat) que iniciam conversas de nível baixo e engajam-se com visitantes continuam a evoluir.

O que posso lhe garantir é que o chat online ao vivo não desaparecerá.[2] É exatamente o contrário. Para a maioria das empresas, ele já é, ou continuará sendo, uma ferramenta essencial de comunicação. Caso você seja empresário ou executivo de alto nível e sua empresa não esteja usando o chat, é hora de fazê-lo entrar em cena. Como profissional de vendas, você precisa, imediatamente, ficar confortável com a interação pelo chat com os clientes fixos e potenciais.

Uma Ferramenta Poderosa de Experiência do Cliente

O chat ao vivo é uma ferramenta poderosa de experiência do cliente, pois deixa seu site tridimensional. Ele dá aos visitantes um meio fácil de fazer perguntas e resolver problemas rapidamente.

As experiências ruins de chat, por outro lado, deixam um sabor amargo na boca dos clientes. Há dois fatores principais relacionados a tais experiências:

1. *Pessoas* que se comunicam mal e não conseguem entender que o chat é uma experiência de interação entre humanos.
2. *Robôs ruins* que não conseguem responder a perguntas básicas e criam repetições frustrantes que são, francamente, cômicas.

Os robôs ruins são uma consequência direta da IA superbadalada, da falsa expectativa de que eles podem engajar-se de forma eficaz com as pessoas em conversas complexas, e também dos algoritmos ruins que não conseguem antecipar as perguntas que as pessoas farão e as respostas que são adequadas a essas perguntas.

Os robôs ruins são assim porque as pessoas o fizeram desse modo. Programar chatbots é um trabalho complexo e, apesar das promessas, a IA ainda precisa alcançar as expectativas da badalação com o chat. Os robôs são bons para iniciar conversas, mas são terríveis em conduzi-las. Do mesmo modo, a interação feita apenas por robôs geralmente fica truncada e esquisita.

O que aprendemos com a nossa experiência na Sales Gravy é que as pessoas odeiam conversar com robôs.[3] Descobrimos que, quando os humanos conduzem os chats, a experiência do cliente melhora, assim como os resultados da atividade.

Uma Poderosa Ferramenta de Vendas

Minha equipe na Sales Gravy começou a trabalhar com os clientes para ajudá-los a desenvolver equipes de chat e melhorar esse tipo de comunicação já em 2012. Naquela época, a tecnologia de chat nem de longe era tão boa quanto é agora, e os visitantes do site não estavam tão acostumados e adeptos a usar o chat como estão hoje.

Dos clientes que haviam empregado o chat, todos o usavam exclusivamente para o atendimento ao cliente — para resolver problemas e responder a perguntas. Os representantes do atendimento ao cliente, responsáveis pelo chat, muitas vezes não conseguiam enxergar uma oportunidade de vendas no chat, mesmo quando ela brilhava como uma placa em neon. Vender e converter leads por meio do chat foi uma consideração tardia e, na maioria dos casos, infelizmente, o próprio chat foi tratado como uma consideração tardia.

Nós, como muitos outros na época, porém,[4] enxergávamos a gigantesca oportunidade que o chat apresentava como uma ferramenta de vendas, enquanto lamentávamos todas as oportunidades perdidas que descobrimos ao avaliar as conversas registradas de nossos clientes. Passamos a encorajá-los, para que dessem mais ênfase aos chats dentro de suas organizações. Depois, ensinamos como aproveitar o chat para as vendas.

Em uma de nossas primeiras histórias de sucesso, um de nossos clientes saiu de uma geração de zero vendas no chat para uma arrancada que chegou a mais de US$1 milhão por mês em menos de dois anos. Outros tornaram-se adeptos da conversão de visitantes do site em reuniões e fechamento de vendas transacionais diretamente no navegador do chat. Ao longo dos últimos anos, absolutamente nenhum de nossos clientes deixou de aumentar as vendas ao empregar o chat em seu processo de vendas virtuais.

É Preciso Ter Talento para o Bate-papo

Não raramente, quando estou trabalhando em projetos de aceleração de vendas por chat com os clientes, descubro que tanto aqueles com o pior rendimento em vendas na empresa quanto os novos contratados são alocados para a função do chat. Aqueles com desempenho ruim são alocados porque é mais fácil tirá-los do caminho do que despedi-los. Os novos contratados são alocados porque há uma falsa crença de que, no chat, não poderão causar danos.

Em ambos os casos, eles recebem pouca atenção ou orientação. E, como poucos líderes de vendas têm experiência com o chat, ou habilidade para dar orientações sobre ele, o mau desempenho nessa modalidade é perpetuado ainda mais. Em tal paradigma, o desempenho no chat fica para trás se comparado com os outros canais de vendas, criando uma profecia autorrealizável triste e de baixa produtividade.

Portanto, nosso primeiro desafio é convencer a liderança a alocar os melhores e mais talentosos vendedores para o chat. Expomos para eles três justificativas:

1. *Leads passivos pelo chat são QUENTES.* Os potenciais clientes que se engajam espontaneamente pelo chat em geral estão prontos para comprar ou para se engajar em uma conversa de vendas. Estão levantando as mãos. Não seria diferente se tivessem ligado por telefone. Custa dinheiro fazer o telefone tocar, assim como custa dinheiro conseguir que os possíveis clientes visitem seu site. Desperdiçar leads pelo chat por causa de pessoas com mau desempenho é um péssimo negócio.
2. *O chat é uma ligação de telefone sem áudio.* Os profissionais com talento para engajar possíveis clientes por telefone têm o mesmo talento para engajá-los pelo chat. Visto que o chat é basicamente uma ligação telefônica sem áudio, caso um representante tenha dificuldade em vender pelo telefone, há grandes chances de ele ser ainda pior por chat.
3. *Converter as conversas por chat requer nuança.* Há uma arte para engajar alguém pelo chat. É necessário ter uma combinação singular de empatia, controle de impulsos e orientação para resultados a fim de atrair os potenciais clientes e converter a conversa em informações de qualificação, em uma reunião, uma ligação telefônica ou por vídeo imediata ou, ainda, em uma venda. É necessário ter inteligência emocional e um bom instinto de vendas. Quando bem realizada, é uma forma especial de arte. Quando mal realizada, é um desastre com uma transcrição.

O motivo pelo qual é importante ter os melhores vendedores no chat é o mesmo pelo qual você não entrega leads quentes àqueles com o pior desempenho. Os leads são valiosos, e os vendedores inteligentes de vendas dão os melhores leads para os vendedores mais talentosos, pois o talento sempre encontra uma forma de vencer.

Ligue Seus Motores de Chat

Faz sentido questionar-se que diacho este capítulo tem a ver com você. Pode parecer que o chat é algo muito distante ou que não se aplica a você.

Entendo. Pouquíssimos vendedores já se engajaram em uma conversa online pelo chat. Se sua empresa tem um chat no site, ele possivelmente é gerenciado por uma equipe especializada ou alocado para as vendas internas.

O lance e o motivo pelo qual você precisa acordar para o chat é que, mesmo que não esteja se engajando em chats interativos no momento, prepare-se, pois ele está vindo em sua direção. Quando chegar, é melhor estar pronto!

Para ser claro, não estou querendo dizer, de qualquer modo, que você se tornará um agente de chat em tempo integral. Nem que o chat se tornará seu canal principal de comunicação virtual. A questão é que, quanto mais organizações de vendas adotam o chat, mais é provável que você passará pelo menos parte de seu dia engajado com clientes fixos e potenciais em um mecanismo de chat.

Você se verá engajando-se e conversando com os possíveis clientes que atraiu para essas páginas por meio de sua atividade ativa de prospecção, principalmente com a tecnologia de microsites, que lhe dá as próprias páginas de destino habilitadas com chat.

Frequentemente me deparo com profissionais de vendas que se recusam descaradamente a reconhecer que o chat tem valor como ferramenta de vendas. Meus vendedores fizeram isso quando trouxemos essa tecnologia para a Sales Gravy.

Quer dizer, até que eles viram seus colegas representantes que usam o chat conseguirem mais leads, fecharem mais negócios e ganharem mais dinheiro. Isso geralmente leva a uma rápida mudança de mentalidade. Atualmente, meus representantes de vendas passam pelo menos parte de seu dia no chat e, como resultado, ganham muito mais dinheiro.

Ainda assim, talvez você esteja pensando que pode continuar sem aprender a conduzir conversas eficazes ao vivo pelo chat. Quero relembrá-lo de algo que disse anteriormente neste livro:

> *Se você fracassar ao adotar e assimilar rapidamente as vendas virtuais de omnicanal no desenvolvimento de seu negócio, em suas vendas e no gerenciamento dos processos de sua conta, ficará extinto ou será substituído por um robô. No mínimo, ganhará menos do que poderia e se tornará menos valioso para seu empregador.*

É um fato brutal e absoluto.

Em Estado de Choque

De todos os canais de comunicação virtual, até mesmo os vídeos, nenhum parece impulsionar os profissionais de vendas a extremos emocionais como aprender a ser eficaz no chat ao vivo. Observo, diversas vezes, vendedores, outrora capazes, ficarem completamente travados e perderem a habilidade de se comunicar quando a janela do chat abre com uma pessoa ao vivo do outro lado.

Muito embora o chat seja apenas uma conversa com outra pessoa, parece que ele evoca os mais profundos e sombrios medos nos seres humanos. Talvez seja por ter de lidar com um estranho invisível, ou a inabilidade de ler a linguagem corporal e a inflexão de voz, ou ter que traduzir as palavras que diz em frases que escreve, o medo de dizer a coisa errada e parecer um tolo, ou, ainda, a velocidade das conversas pelo chat.

Quando ensino as pessoas a conduzirem conversas eficazes e robustas pelo chat, para que se convertam em resultados positivos de vendas, começo com um reconhecimento de que o chat ao vivo e interativo é uma habilidade desafiadora a ser dominada. Leva-se tempo para sair do próprio quadrado e aprender novas habilidades. Quando você é novo com o chat e está aprendendo:

- Você se sentirá autoconsciente, inseguro e desconfortável.
- Será desafiador pensar rapidamente e você cometerá erros constrangedores.
- Você estará tão focado em sua resposta que deixará de escutar completamente a outra pessoa.
- Você dirá a coisa errada ou responderá à pergunta errada, deixando a outra pessoa irritada.
- Você hesitará tempo demais enquanto tenta formular a resposta perfeita, e a pessoa do outro lado o abandonará.
- Você ficará chocado com o nível de maldade que as pessoas podem ter no chat, como também maravilhado pela graciosidade e bondade com que outras pessoas o tratam.
- Como há uma transcrição de cada conversa, é fácil enxergar seus erros, fazer uma autocrítica exagerada e punir-se.
- Como há uma transcrição de cada conversa, é fácil aprender com seus erros e melhorar mais rapidamente do que com qualquer outro canal de comunicação virtual.

A questão central é que, como em qualquer outra nova habilidade, é preciso tempo, repetição e prática para aprender a ser eficiente no chat. A única maneira de aprender é subir na bicicleta, começar a pedalar, cair, ralar os joelhos, tirar a sujeira e fazer tudo outra vez.

Chat Reativo versus Chat Proativo

Há dois tipos de conversas pelo chat:

1. *Passiva ou reativa*. São aquelas iniciadas pelo visitante do site, para fazer perguntas, resolver um problema ou realizar uma compra.

2. *Proativa*. São aquelas iniciadas por um vendedor ou um chatbot com base no padrão de comportamento do visitante do site.

A ação de vendas para cada tipo de conversa no chat reflete aquelas das chamadas passivas e ativas de vendas. O chat reativo é um canal passivo por meio do qual os clientes em potencial se engajam com você. Já o chat proativo é um canal disruptivo pelo qual você aborda, interrompe e engaja os potenciais clientes que estão explorando uma página ou um recurso de informações em seu site.

A chamada passiva é quase sempre mais fácil, porque é o cliente que está levantando a mão. A ativa é mais difícil, pois você está interrompendo um estranho e deve lhe dar um motivo convincente para se engajar. Vamos explorar primeiramente o chat reativo.

O Chat Reativo É Apenas uma Conversa

O domínio do chat reativo inicia quando você está confortável com o fato de que é apenas uma conversa. Não é nada especial ou diferente. É apenas um humano conversando com outro humano.

Como não pode ver ou ouvir a outra pessoa, você deve captar profundamente as pistas emocionais escondidas nas palavras da outra pessoa e no ritmo da conversa. Como em todas as conversas entre humanos, se você tratar os outros como uma transação, eles farão o mesmo com você. Porém, se tratá-los como humanos, quase sempre responderão do mesmo modo.

Personalize

Inicie todas as conversas no chat apresentando-se. Não dê como certo que apenas porque seu nome aparece na janela do chat significa que as apresentações já foram feitas. Muitas pessoas ficam preocupadas, logo de início, se estão lidando com um robô. É importante dissipar esses medos o quanto antes. Ao se apresentar, você está personalizando a conversa.

- "Meu nome é Jason, será um prazer ajudá-lo."
- "Bom dia! Sou o Jason. Agradeço a pergunta."
- "A propósito, meu nome é Jason."

Caso a pessoa não lhe diga naturalmente seu nome, peça-o logo após sua apresentação.

- "Com quem tenho o prazer de falar nesta manhã?"
- "A propósito, meu nome é Jason. Pode me dizer o seu?"

Caso já esteja em seu CRM, ou seja um visitante repetido e possa ver seu nome na tela, recepcione-o de volta, chamando-o pelo nome.

Preste Atenção e Evite Falar Junto com a Outra Pessoa

Pouquíssimas coisas fazem uma conversa pelo chat desandar mais rapidamente do que não conseguir prestar atenção. Os vendedores não "escutam" no chat pelos mesmos motivos que não o fazem em outras conversas síncronas:

- Prestam atenção com o intuito de responder em vez de entender.
- Pensam no que planejam dizer em seguida em vez de se engajarem totalmente.
- Presumem que sabem a resposta antes de ouvir a outra pessoa.
- Vão rápido demais e não conseguem captar o que o cliente está tentando expressar.

O segredo para prestar atenção de forma eficaz durante o chat é diminuir o ritmo e ler *atentamente* o que a outra pessoa disse. Absorva a mensagem completa. Leia as palavras e, então, ouça profundamente a mensagem por trás delas. Dessa forma, suas respostas serão ponderadas, relevantes e demonstrarão que você prestou atenção à pessoa.

Quando não entender o que o cliente quer dizer, não faça pressuposições. Em vez disso, tire um momento e esclareça sua dúvida antes de responder.

As melhores perguntas de esclarecimento são as abertas, que encorajam a pessoa a falar mais. As perguntas de esclarecimento são uma forma de escuta ativa e demonstram que você se importa.

Conforme a pessoa escreve, solte algumas pistas de escuta ativa na conversa, como *"Entendo"*, *"Certo"* ou *"Faz sentido"*. Isso sinaliza que você está engajado e prestando atenção, como se estivesse fazendo contato visual, mostrando linguagem corporal e dando feedback verbal em uma videochamada de vendas.

Quando fizer sentido, tire um momento para resumir o que a pessoa disse antes de lidar com o problema. A reafirmação é uma forma altamente eficaz de escuta ativa.

Durante o chat, também é muito fácil falar junto com a outra pessoa. Se você começa a lançar respostas ou faz uma apresentação antes de a outra pessoa finalizar sua ideia, pode fazer com que ela sinta que você não está prestando atenção. Isso pode deixá-la brava e destruir rapidamente a confiança. Quando está despejando respostas ao mesmo tempo, em vez de apenas prestar atenção, você é visto como um robô frio e sem sentimentos.

Na plataforma de chat, é possível ver quando a outra pessoa está digitando uma resposta. Em algumas plataformas, é possível, inclusive, dar uma olhada no que ela está digitando antes que clique em enviar. Seja paciente. Permita que a pessoa se expresse totalmente antes de intervir.

Uma forma de evitar o mau hábito de falar junto com a outra pessoa e entender melhor o que ela está tentando expressar é ler o chat do cliente em voz alta. Esse simples ato provou ser eficaz para a formulação de respostas ponderadas.

Por fim, considere as regras que analisamos para o e-mail. Quando o assunto for complexo e a resposta for maior do que um único parágrafo, peça ao cliente para continuar a conversa por telefone. É incrível quantas mensagens de agradecimento recebemos de clientes quando o representante muda do chat para o telefone e os ajuda.

Explique o Silêncio

Durante o chat, você não deve se esquecer de que o cliente não faz ideia do que está acontecendo do outro lado da tela. Ele não sabe que você pode estar cuidando de quatro chats e de uma ligação ao mesmo tempo. Não imagina que você está buscando uma resposta para ele.

Ela não saberá disso a menos que você lhe diga. Assim como, nas videoconferências de vendas, em que é preciso explicar por que você está quebrando o contato visual para ver algo fora do enquadramento, no chat é preciso explicar seu silêncio.

Quando tiver que pesquisar uma resposta, rever uma conta, identificar um recurso etc., diga o que está fazendo: *"Scott, só um momento, por favor, enquanto verifico isso."* Caso demore mais do que o esperado, volte ao chat e informe à pessoa.

Ficar totalmente em silêncio no meio de um chat, sem dar qualquer explicação, é o mesmo que sair repentinamente do telefone em meio a uma chamada com um cliente. Seu cliente diria: "Alô? Alô? Tem alguém aí?" Então, perplexo com o silêncio, desligaria.

Responda os Chats Imediatamente

Não permita que um chat reativo fique sem resposta. Não espere mais do que dez segundos para responder. Deixar os clientes sem resposta é o mesmo que queimar dinheiro. Se está cuidando de diversos chats ao mesmo tempo, é perfeitamente aceitável dizer: *"Olá! Sou o Jeb, estou ajudando outro cliente, pode me dar um momento?"* Usamos esta técnica na Sales Gravy:

> *Obrigado por seu contato. Meu nome é Jason. Estou atendendo outro cliente no momento, mas não vai demorar até que volte aqui com você. Enquanto isso, pode me dizer com quem tenho o prazer de falar e como posso ajudá-lo?*

É simples, educado e humano. Recebi mais de 100 transcrições de chat que usaram essa abordagem. Em 99% dos casos, o cliente esperou.

Faça as Pessoas Sorrirem

A experiência emocional de seus clientes durante o chat com você é o preditor mais consistente do resultado do que qualquer outra variável. As palavras que você usa e como as estrutura importa. A pontuação, os emojis e a estrutura das frases carregam significado.

Seja educado, respeitoso, legal e agradável. Seja profissional, mas não frio e rígido. Você é humano. Eles são humanos. Então solte-se, divirta-se, seja autêntico. Tudo bem usar um emoji de carinha feliz ou um "hahaha".

De acordo com uma pesquisa da Forrester, quando você faz as pessoas sorrirem, elas têm uma experiência melhor.[5] Quando as pessoas se sentem bem no chat com você, há uma probabilidade muito maior de convertê-las em um lead ou uma venda. Sorria enquanto digita, as pessoas verão isso em suas palavras e responderão da mesma forma.

Aqui temos um exemplo de uma conversa real em um chat reativo do site da Sales Gravy University que resultou em uma venda. Mudei o nome do cliente em potencial e as informações de contato. Perceba como Jason se engaja e presta atenção.

Chat em https://www.salesgravy.university
Conversa iniciada em: sexta-feira, 22 de maio às 17h40 (GMT+0)

[17:41] Kevin Raymonds: Olá, que curso você recomenda para uma startup de serviços que está buscando um plano de vendas?

[17:42] *Jason está participando*

[17:42] Jason: Olá, Kevin! Será um prazer ajudá-lo!

[17:43] Jason: Pode me dizer um pouco mais sobre sua empresa e seu mercado-alvo?

[17:43] Kevin Raymonds: Sim, trabalhamos com jovens adultos no ramo de apresentações musicais, para que ganhem mais confiança.

[17:44] Jason: Nossa, adoro isso. Eu também sou músico e acho que isso seria extremamente útil.

[17:44] Kevin Raymonds: Buscar engajar diretamente os alunos nos estúdios musicais.

[17:44] Jason: Muito inteligente!

[17:44] Jason: Certo, tenho algumas coisas em mente.

[17:44] Jason: Quantos vendedores vocês têm?

[17:44] Kevin Raymonds: 1

[17:45] Jason: Perfeito. É você?

[17:45] Kevin Raymonds: Não, mas estou buscando informações para ajudar essa pessoa. Somos uma startup.

[17:45] Jason: E essa pessoa vai trabalhar com vendas internas?

[17:45] Kevin Raymonds: Isso, basicamente vendas internas por e-mail, telefone...

[17:45] Jason: Ótimo.

[17:46] Jason: Essa função será basicamente responsável por encontrar oportunidades ou também será responsável pelo processo completo de vendas?

[17:47] Kevin Raymonds: Temos uma lista de leads com cerca de 1 mil nomes agora e, sim, essa pessoa será responsável por tudo

[17:47] Kevin Raymonds: e para aumentar a lista

[17:47] Kevin Raymonds: vamos colocar mais pessoas quando as vendas aumentarem.

[17:48] Jason: Posso ligar para você? Acredito que tenho algumas ideias que o ajudarão a começar.

[17:49] Kevin Raymonds: Agora não posso atender, mas com certeza podemos marcar para a semana que vem.

[17:49] Jason: Não tem problema, vou lhe passar algumas ideias agora. Caso a conexão caia, pode, por favor, me passar seu e-mail?

[17:50] Kevin Raymonds: Tudo bem, este é meu e-mail pessoal: kraymond@exemplodechatvendasvirtuais.com

[17:50] Jason: Há várias maneiras de adquirir os cursos, mas, em seu caso, recomendo o Acesso Completo (All Access Pass).

[17:50] Jason: Aí vai o link...

[17:51] Kevin Raymonds: Blz.

[17:51] Jason: https://www.salesgravy.university/pages/all-access-pass

[17:51] Jason: Você pode pagar o curso todo antecipado ou mensalmente. Isso lhe dá acesso a TODOS os nossos cursos E aos cursos com Instrutor Virtual.

[17:51] Kevin Raymonds: Tem algum curso que você recomenda nesse acesso completo?

[17:52] Jason: Eu começaria com quatro cursos.

[17:52] Jason: Só um momento que vou fazer a lista aqui para você.

[17:52] Kevin Raymonds: Ok, ótimo.

[17:52] Kevin Raymonds: Quer me enviar por e-mail?

[17:53] Jason: Claro, posso enviar também.

[17:53] Kevin Raymonds: Perfeito!

[17:54] Jason: Vou montar a lista agora e enviar por e-mail em cinco minutos.

[17:54] Jason: Também vou lhe dar um código de desconto para o passe anual.

[17:54] Kevin Raymonds: Vou compartilhar essas informações com a pessoa que montará nosso Plano de Vendas.

[17:54] Jason: Maravilha.

[17:54] Jason: Espero poder conversar outras vezes com você, Kevin. Tenha uma ótima semana!

[17:55] Kevin Raymonds: Valeu, Jason, muito obrigado!

[17:55] Jason: Não há de quê, meu amigo.

[Kevin comprou o Acesso Completo com esse representante três horas depois.]

Chat Proativo

Sabemos que os compradores estão fazendo muito mais pesquisas sozinhos atualmente. Quando os compradores modernos têm um problema que precisa de solução, eles pesquisam. Vão de site em site de fornecedores, baixam recursos, procuram respostas e, de tempos em tempos, preenchem formulários reativos de marketing. As equipes de marketing passivo estão constantemente trabalhando na coleta desses leads, fazendo qualificações básicas e enviando leads qualificados pelo marketing (MQLs — marketing qualified leads) para suas equipes de vendas.

Então, os vendedores vão atrás desses potenciais clientes por telefone, e-mail e redes sociais. Mas, geralmente, há um grande espaço entre o momento em que o lead entra e o que a ligação é feita. Durante esse intervalo, o potencial cliente pode já ter comprado com outra empresa ou resolvido o problema.

Algumas pesquisas indicam que, caso os compradores em potencial com uma necessidade definida sejam deixados por contra própria, eles caminharão entre 50% e 70% no processo de decisão antes que se engajem proativamente com uma empresa ou com um vendedor. Aí é que está o problema. Se esperar até que o possível cliente vá tão longe assim em sua pesquisa, as chances de um concorrente pegar sua venda são boas.

O chat proativo o ajuda a superar todos esses obstáculos. Usado de forma eficaz, ele o conecta com potenciais clientes quentes nas primeiras fases de descoberta no processo de compra.

Quando você se engaja antes dos seus concorrentes com potenciais clientes que estão caminhando pelo processo de compra, ganha uma vantagem competitiva decisiva, pois tem a oportunidade de desenvolver um relacionamento, influenciando e moldando as decisões de compra. Enquanto os concorrentes ficam sentadinhos, esperando o prospecto entrar em contato e desperdiçando esforços indo atrás de MQLs, você está ao volante, acelerando o negócio no pipeline.

Espere, Espere, Espere, Agora!

Pense nisso. A pessoa que está lendo um artigo em seu site (ou microsite personalizado), assistindo a um vídeo ou baixando um recurso, está lá porque tem algum nível de interesse em seu produto, um evento desencadeador que causou disrupção no status quo, um problema que deseja resolver ou uma janela de compra iminente.

A maioria das plataformas de chat fornece insights detalhados e em tempo real sobre a página em que o visitante está, o que ele está lendo, assistindo ou baixando, como chegou ao seu site ou microsite, há quanto tempo está lá e como é seu comportamento de navegação. Com esse tipo de visitante, conversão é o nome do jogo. Você deve abrir proativamente a janela de chat e fazer uma pergunta que o convença a interagir antes que ele saia do site.

No entanto, o chat proativo é muito parecido com uma pescaria. É necessário ser paciente com as mordiscadas e esperar, esperar e esperar, até que seja o momento exato de puxar o anzol. Você não pode se engajar cedo demais, ou assustará os visitantes; tampouco pode esperar demais, ou eles sairão antes de você ter uma chance de se conectar.

Um dos maiores desafios enfrentados pelos vendedores nos chats proativos é conseguir que o possível cliente se engaje tempo suficiente para converter tal conexão em um contato, uma informação de qualificação ou uma conversa imediata de vendas. Uma vez que você lhe faz uma pergunta e faz com que ele fale, você deve ser muito cuidadoso para não ir rápido demais e fazer com que ele saia. Se tentar convertê-lo cedo demais, ele romperá a linha e nadará para longe.

A conversão de leads em um chat proativo trata-se de nuance. Significa fazer perguntas, engajar-se em uma conversa e desenvolver afinidade e confiança antes de trazer os possíveis clientes para dentro.

Sete Passos para Converter Leads no Chat Proativo

1. *Seja paciente.* Quando um potencial cliente chega ao seu site, a forma mais fácil e rápida de ir atrás dele é abrir imediatamente uma janela de chat e começar a conversar. Porém, é preciso ter paciência. Dê tempo para que ele absorva o conteúdo. No chat, o controle de impulso é uma meta-habilidade. Os vendedores impacientes são esmagados.
2. *Use uma abordagem suave.* Quando abre a janela do chat, você tem uma chance de atrair seu potencial cliente e fazer com que ele se engaje. Meros segundos. Se o abordar de forma intrusiva ou brusca, na melhor das hipóteses, ele vai ignorá-lo e, na pior, sairá do site.
3. *Fisgue-o.* Engajamento é o nome do jogo. A melhor abordagem para fisgá-lo é fazer uma pergunta aberta fácil e relevante que o atraia para a conversa.
4. *Humanize a experiência.* O que você fala e como fala importa. O chat é uma comunicação unidimensional. Diferentemente da comunicação verbal ou visual, tudo que você tem são palavras. A nuance e o significado são percebidos a partir da estrutura das frases, da escolha das palavras, da pontuação e se você usa ou não letras maiúsculas. Faça perguntas relevantes, com base em como está interagindo com seu site e as palavras-chave que está usando para pesquisar. Escolha palavras empáticas que humanizem a experiência da comunicação com você.
5. *Faça perguntas provocativas.* Uma vez que conseguiu o engajamento do potencial cliente, faça perguntas mais profundas e provocativas. Faça-o falar, para descobrir qual é a situação dele e para coletar informações de qualificação.
6. *Cause curiosidade.* A curiosidade é poderosa. Quando tem insights, informações e recursos adicionais, que podem ajudar seu possível cliente com seus problemas ou situações, há mais chances de ele passar para o próximo passo com você. Seja adepto de causar curiosidade ao criar uma ponte entre o problema da pessoa e seu insight adicional dentro do contexto de sua conversa.

7. *Converta.* Seu objetivo final é converter esse engajamento no chat em uma conversa ou contato imediato de vendas. Portanto, você deve solicitar o próximo passo. Se não fizer isso, o potencial cliente não fará seu trabalho por você.

Veja um exemplo de um chat proativo real no site da Sales Gravy que resultou em uma venda. Mudei o nome do potencial cliente e as informações de contato. Observe como Brooke seguiu os sete passos e converteu o chat em um contato marcado.

Chat em https://SalesGravy.com
Conversa iniciada em: quinta-feira, 16 de abril às 19h53 (GMT+0)

[19:54]	Brooke:	Obrigado por verificar nosso Bootcamp de Prospecção Fanática. Como estão as coisas?
[19:54]	Scott:	Olá.
[19:55]	Scott:	Estou interessado no Treinamento de Vendas.
[19:55]	Brooke:	Olá, Scott, meu nome é Brooke Holt e será um prazer ajudá-lo.
[19:55]	Scott:	Olá, Brooke.
[19:55]	Brooke:	Vejo que está interessado no treinamento de vendas.
[19:55]	Scott:	sim.
[19:56]	Brooke:	Certo, maravilha.
[19:56]	Brooke:	Quais são seus objetivos de treinamento?
[19:56]	Scott:	Aprender a aumentar o volume de vendas, estabelecendo os objetivos e KPIs certos, junto com meu CRM.
[19:56]	Scott:	HubSpot.
[19:56]	Brooke:	Certo, maravilha. Usamos o HubSpot e adoramos!
[19:56]	Brooke:	Em qual setor você trabalha?
[19:57]	Scott:	Empréstimos para imóveis comerciais.

[19:57]	Brooke: Entendi. Está fazendo ligações ativas para os clientes em potencial ou trabalhando apenas com leads passivos?
[19:57]	Scott: ativas... ativas... ativas!!
[19:57]	Scott: Estou trabalhando para aumentar as passivas.
[19:58]	Brooke: Parece que temos muito em comum ☺ Vamos marcar um horário para fazermos uma videochamada para que eu possa aprender mais sobre seus objetivos e auxiliá-lo melhor?
[19:58]	Scott: kkk
[19:58]	Brooke: Vamos marcar um horário para fazermos uma videochamada para que eu possa aprender mais sobre você e seus objetivos?
[19:58]	Scott: Meus contatos — 11 1234-5678 e scott@exemplodechatvendasvirtuais.com
[19:58]	Brooke: Obrigada! Que tal hoje à tarde, às 15h?
[19:59]	Scott: Está ótimo!
[19:59]	Brooke: Maravilha! Acabei de enviar um convite para a reunião.
[19:59]	Scott: Já chegou. Preciso correr para outra reunião
[19:59]	Brooke: Nos vemos às 15h! Tenha uma boa reunião!
[19:59]	[*Brooke saiu da conversa de chat e fechou o negócio após duas videochamadas.*]

Nota do Autor: um agradecimento especial a Jason Eatmon por sua contribuição inestimável com o conteúdo deste capítulo e com sua orientação à equipe de chat da Sales Gravy.

PARTE VI
Redes Sociais

32 | As Redes Sociais São um Fundamento Básico das Vendas Virtuais

Desde que Guttenberg inventou a prensa de tipos móveis, não havíamos tido algo que causasse tanto impacto na sociedade como as redes sociais. A influência delas em nosso comportamento é inevitável. Milhões de pessoas estão conectadas umas às outras nos sites de redes sociais — checando e atualizando seu status constantemente.

Para os profissionais de vendas, as redes sociais representam o avanço tecnológico mais importante desde o telefone. O LinkedIn impactou profundamente o profissional de B2B. De igual modo, Facebook, Instagram, YouTube e Twitter são essenciais para as abordagens de B2C.

As Redes Sociais São Essenciais

Já atingi minha cota de vendedores reclamões, dizendo que não se sentem confortáveis nas redes sociais, que não sabem usá-las, que as consideram uma perda de tempo e que — a maioria — não têm tempo para elas. Caso você esteja nesse grupo, é hora de acordar, e rápido.

Nunca houve um momento nas vendas em que tantas informações sobre tantos vendedores fossem tão fáceis de ser acessadas. E não apenas informações de contato, mas de contexto. Por meio do canal social, ganhamos vislumbres sobre as motivações, os desejos, as preferências e os gatilhos de nossos potenciais clientes que levam ao comportamento de compra, abrindo janelas de compra.

É fundamental que você inclua as redes sociais em seu arsenal de vendas virtuais e que trabalhe para dominar a arte de potencializar o canal social. Como ferramenta de vendas, elas são essenciais. Não importa o que esteja vendendo, as redes sociais não são mais opcionais.

Para ser franco, é idiota ignorar as redes sociais como canal de vendas virtuais. Uma negligência em vendas. Mais cedo ou mais tarde, isso será uma sentença de morte para sua carreira.

As Redes Sociais Não São uma Panaceia

No outro lado dessa equação, no entanto, estão os vendedores que absorvem as redes sociais como se fossem uma religião. Eles rejeitam todas as outras formas de vendas. Em uma forma distorcida de vendas assíncronas, isso lhes permite perambular pela periferia dos relacionamentos humanos, na ilusão de que suas ações representam o mesmo que as atividades de vendas e a interação entre humanos.

Tempos atrás, os propagadores das redes sociais fixaram todas as suas esperanças e seus sonhos nas vendas sociais.

Alguns desses gurus criaram organizações inteiras de treinamento em torno dessa falsa promessa — colocando todos os ovos na cesta das vendas sociais. Eles iam e vinham como o vento. Quase todos fracassaram. Até mesmo o autoproclamado "Pai das Vendas Sociais" foi forçado a fechar sua empresa de vendas sociais e ir atrás de um emprego.

Eles nunca entenderam que as vendas sociais estão inextricavelmente costuradas no tecido das vendas virtuais, mas isso NÃO é venda virtual.

O Desafio das Redes Sociais

As redes sociais não resolverão todos os seus problemas. Elas não o protegerão de ter que interromper estranhos e conversar com as pessoas. Não entregarão um fluxo interminável de leads em seu pipeline. Não funciona como no filme *Campo dos Sonhos*. Um perfil no LinkedIn e alguns posts nas redes sociais não encherão seu pipeline.

De tempos em tempos, no entanto, contrato um novo representante de vendas que me desafia nessa premissa. Eles alegam que aprenderam como eliminar as ligações frias (ou seja, todas as ligações) com uma estratégia mais poderosa por meio do LinkedIn. Suas justificativas para ficarem assíncronos é sempre a mesma: "Ninguém mais atende ao telefone."

Então, eu os desafio. Eles podem empregar a estratégia do LinkedIn por uma semana enquanto falo com as pessoas por telefone. Veja um resumo de um de meus desafios mais recentes envolvendo as redes sociais:

> No fim do primeiro dia, o representante informou alegremente que suas solicitações de conexão foram aceitas por 16 pessoas e que ele conseguiu diversas curtidas, comentários e compartilhamentos. "Fiz algumas conexões ótimas!", disse ele, com orgulho.

"Maravilha! Quantas reuniões conseguiu marcar?", perguntei. Naquela manhã, eu fizera 47 ligações, tivera 12 conversas, fizera uma pequena venda de e-learning e marcara uma reunião de descoberta.

"Você não entende, Jeb. Não é assim que funciona", respondeu ele. "Leva tempo."

Repetimos o exercício por mais quatro dias. No fim da semana, eu marcara 8 horários para reuniões iniciais, fechara mais 4 vendas e acrescentara 3 novas oportunidades em meu pipeline.

Ele tinha adicionado 29 novas conexões, seguido muitas páginas de empresas, postado conteúdo, curtido conteúdo e feito alguns poucos amigos. No processo, tinha marcado ZERO reuniões, feito ZERO vendas, acrescentado ZERO oportunidades no pipeline e perdido uma aposta de US$20.

Certamente, também usei as redes sociais. Três clientes em potencial me retornaram após eu ter deixado mensagens de vídeo nos InMails. Também enviei pedidos de conexão para o pessoal com quem marcara as reuniões.

Aproveitei o LinkedIn para criar mais listas dirigidas e focar minhas afirmações do *porquê*. Também coletei informações no LinkedIn e as usei para atualizar o CRM. Em outras palavras, *combinei* as redes sociais com meu esforço de prospecção, em vez de torná-las meu canal exclusivo.

A falsa promessa das redes sociais tem sido a de um pipeline repleto com um esforço mínimo e sem quaisquer rejeições. Se decidir engolir essa porcaria, talvez seja importante deixar seu currículo pronto.

As redes sociais não resolverão as dificuldades de seu pipeline, fornecendo um fluxo de leads passivos sem qualquer esforço. É necessário muito mais do que uma conexão no

LinkedIn, curtidas, comentários e compartilhamentos para levar os compradores a agir.

As redes sociais não são uma panaceia. O canal social melhora, eleva e, às vezes, acelera seus esforços de vendas virtuais. Mas não são um substituto para um sistema completo que aproveita integralmente todos os canais de comunicação virtuais — síncronos e assíncronos — em conjunto para alcançar seus objetivos de vendas.

Plataformas de Redes Sociais

O cenário das redes sociais muda depressa — geralmente em um piscar de olhos. Se não prestar atenção, você será rapidamente deixado para trás. Por esse motivo, não vou me aprofundar nos atributos técnicos específicos dos principais sites e ferramentas de rede social. Como suas plataformas são muito ricas em recursos, não há espaço suficiente nas páginas deste livro para incluí-las; mesmo que houvesse, no momento em que o livro for publicado as informações já estarão desatualizadas.

Dessa forma, meu foco nesta seção é ensiná-lo uma estrutura para potencializar as plataformas de redes sociais, a fim de criar familiaridade. Para a maioria dos vendedores, o LinkedIn será sua plataforma principal. Portanto, muito de meu foco será centrado no LinkedIn. No entanto, todos os conceitos, as técnicas e as táticas que você aprenderá podem ser aplicados a qualquer canal de rede social.

33 | A Lei da Familiaridade e os Cinco *C*s das Vendas Sociais

Pense em seus atores favoritos. Você conhece seus rostos, padrões vocais, linguagem corporal e estilos. Você é atraído pelos filmes e programas de TV onde aparecem. Há um nível de conforto neles que faz com que você aprecie vê-los em praticamente qualquer papel.

Se os visse em público, conseguiria identificá-los instantaneamente. Ficaria deslumbrado e se sentiria compelido a ir até eles e expressar que é um grande fã ou lhes contar sobre o impacto que causaram em sua vida. Pediria alegremente uma selfie ou um autógrafo.

Porém, se olhar para trás, as coisas nem sempre foram assim. Você não sentiu esse nível de conexão logo na primeira vez em que os viu na tela. Foi ao longo do tempo que você virou fã, após vê-los muitas vezes em diversos papéis diferentes.

Quanto mais familiares eles se tornavam, mais você gostava deles. Em algum momento, eles atravessaram seu *limiar de familiaridade*. Só então você os colocou em um pedestal e se tornou fã.

A Lei da Familiaridade

Nas redes sociais, o nome do jogo é *familiaridade*. Quanto mais familiaridade um potencial cliente tiver com você, mais chances terá de ele se engajar. A familiaridade é o lubrificante das vendas virtuais. Ela retira a fricção da comunicação virtual e facilita tudo. Por exemplo, as videoconferências são muito mais colaborativas quando as partes interessadas estão familiarizadas com você.

A falta de familiaridade é o motivo pelo qual você recebe tantas objeções. Quando as pessoas não o conhecem, é muito mais difícil que confiem em você.

Nunca na experiência humana foi tão fácil para as pessoas criarem familiaridade. Aponte, grave, escreva e publique — está tudo na ponta de seus dedos. Você pode divulgar seu nome e reputação de forma rápida e muito barata.

Para criar familiaridade, você deve fazer um investimento direto na melhoria da percepção de seu nome, de sua expertise e de sua reputação. Deve estar presente e engajando-se consistentemente nas redes sociais, para que as pessoas o vejam com frequência e, com o tempo, fiquem mais confortáveis com você. Engajar-se significa postar conteúdos valiosos, além de curtir, comentar e compartilhar (CCC) os posts de seus potenciais clientes-alvo e das contas das partes interessadas.

A familiaridade leva à apreciação. No momento certo, assim como aconteceu com você e seu ator favorito, você cruzará o limiar da familiaridade com os possíveis clientes pretendidos. Quando as partes interessadas começarem a sentir que o conhecem, portas virtuais se abrirão, reuniões virtuais serão mais fáceis e as oportunidades avançarão.

O limiar da familiaridade é o motivo pelo qual os representantes mais experientes em sua organização fazem as vendas parecerem muito fáceis. Os anos de investimentos que fizeram na construção de familiaridade, ao se encontrarem com as pessoas em seus territórios, recompensou.

Com as redes sociais, no entanto, não são necessários anos. Se estiver disposto a fazer um investimento de tempo, intelecto e energia, você poderá criar familiaridade e elevar sua marca pessoal muito mais rapidamente. Tal investimento começa e termina com os cinco *C*s:

- Conversão.
- Consistência.
- Conexão.
- Curadoria.
- Criação.

Conversão

Para que valham a pena, o tempo e o esforço investidos nas redes sociais precisam produzir resultados reais e tangíveis. As redes sociais são uma jogada longa, mas, em algum momento, você deve converter suas conexões sociais em valor, na forma de leads, reuniões, informações de qualificação, inteligência de vendas, negócios fechados, e expansão e renovação de contas.

Geração de Leads

O melhor de todos os resultados do investimento que você faz nas redes sociais é atrair os clientes em potencial para que o contatem. Um lead passivo é muito mais fácil de ser convertido em uma reunião, venda ou informação de qualificação do que uma ligação ativa de prospecção.

A familiaridade exerce um papel essencial, porém passivo, na prospecção passiva. Quando você é bem conhecido por seus potenciais clientes, de tempos em tempos, eles o contatarão conforme se movem em direção à janela de compra de seu produto ou serviço.

Uma forma ativa de gerar leads passivos é compartilhar diretamente links para livros brancos, livros eletrônicos e relatórios que exigem que os clientes em potencial insiram informações de contato para obter o conteúdo. Da mesma forma, compartilhar e publicar conteúdos relevantes e postar comentários atenciosos, que o posicionam como um especialista, pode incitar os possíveis clientes a contatá-lo para obter mais informações.

Monitoramento de Eventos Desencadeadores e de Sinais de Compra

Os eventos desencadeadores são disrupções no status quo que abrem potenciais janelas de compra. Os sinais de compra são indicadores de que um possível cliente pode estar em uma janela de compra ou se encaminhando para ela. A fim de estar ciente dessas oportunidades, você deve monitorar o fluxo das redes sociais.

A maioria das redes sociais permitem que você consiga seguir as pessoas sem estar diretamente conectado a elas. Quando segue potenciais clientes-alvo, seus anúncios e posts aparecerão em seu feed de notícias. O LinkedIn e outras ferramentas (algumas gratuitas, outras pagas) fornecem atualizações sobre as pessoas que você está seguindo. Também é importante monitorar as hashtags e as palavras-chave relevantes para seu setor. Os sinais a serem monitorados incluem:

- Um potencial cliente pedindo informações ou conselhos sobre a compra de um serviço ou produto que você vende.
- Boletins de imprensa sobre aquisições, fusões ou expansões.
- Eventos de financiamento.
- Anúncios de novos produtos.
- Ofertas de emprego e aumento do número de funcionários.

- Demissões em massa ou diminuição do número de funcionários.
- Promoções e mudanças de emprego.
- Partes interessadas em suas contas atuais que estão indo para outras empresas.

Use os eventos desencadeadores e os sinais de compra para desenvolver listas direcionadas de prospecção. Crie familiaridade ao curtir, comentar e compartilhar (CCC) os posts desses potenciais clientes-alvo. E o mais importante, quando o sinal for quente, pegue o telefone e ligue.

Por exemplo, se um contato-chave de uma conta existente vai para outra empresa, você deve agir rapidamente. Parabenize-o no LinkedIn, envie uma mensagem manuscrita e, depois, ligue. Haverá muito mais chances de essa pessoa fazer negócios com você do que com alguém que não conhece, pois ela já o conhece e confia em você. Tome a iniciativa; nunca presuma que eles ligarão para você.

Pesquisa e Coleta de Informações

As redes sociais oferecem um banquete de dados. Podemos coletar uma quantidade impressionante de informações sobre os potenciais clientes que podem ser inseridas no CRM, usadas para desenvolver mensagens de prospecção e aproveitadas para o mapeamento de partes interessadas e o planejamento pré-ligações. O LinkedIn (especialmente o LinkedIn Navigator) oferece recursos poderosos de busca que lhe dão acesso a informações detalhadas sobre os potenciais clientes.

Prospecção Ativa

As redes sociais são uma ferramenta poderosa para a criação de listas de prospecção — especialmente quando combinadas com uma ferramenta de dados, como o ZoomInfo, que lhe dá as informações de contato que acompanham o nome, quando estas não estão disponíveis no perfil.

Crie listas de pessoas que:

- Viram seu perfil.
- Curtiram, comentaram ou compartilharam seus posts.
- Curtiram, comentaram ou compartilharam os posts de outras pessoas de sua equipe.
- Curtiram, comentaram ou compartilharam os posts de seus concorrentes.
- Curtiram, comentaram ou compartilharam posts sobre notícias do setor.
- Estão em seus grupos.
- Seguem você.
- Seguem a página de sua empresa.
- Seguem as páginas das empresas concorrentes.
- São suas conexões diretas e conexões dos concorrentes.
- Estão começando a mostrar sinais de compra ou respondendo a eventos desencadeadores.

Com essas listas em mãos, comece a fazer sequências de contatos múltiplos de prospecção que incluam telefone, e-mail, mensagens de vídeo, mensagens diretas e redes sociais (CCC e visitas a perfis).

Incluí uma lista de ferramentas para monitoramento e pesquisa de redes sociais em: https://www.salesgravy.com/vskit [conteúdo em inglês].

Consistência

Todos os dias, diariamente, dia após dia. Para ser eficaz nas redes sociais, você deve ser ativo todo santo dia. É o impacto cumulativo da atividade diária que cria familiaridade. A consistência é fundamental. Uma publicação aqui e ali, de forma aleatória e não frequente, é como lançar uma pedrinha no oceano e esperar que ela crie uma onda.

Um grande desafio que você enfrentará é o oceano de plataformas de redes sociais, transbordantes de conteúdo. Isso dificulta destacar-se e ser percebido. Os algoritmos das redes sociais, os programas escondidos que definem se seus posts são vistos ou não, recompensam a consistência. Quanto mais consistente for sua atividade, maior será a probabilidade de que suas publicações sejam colocadas no topo dos feeds, angariando-lhe mais visualizações.

O que poucos propagadores das redes sociais comentam, no entanto, é a labuta. A atividade nas redes sociais é trabalho pesado. A labuta é real e pode ser exaustiva. Há dias em que você se cansará. Se está começando do zero, sem seguidores ou com um público pequeno, pode levar de seis meses a dois anos para conseguir tração. Isso trabalhando incansável e diariamente.

Para ser consistente, você deve ser disciplinado e superar o desejo de tirar um dia de folga. Obter e agregar valor aos canais sociais exige uma disciplina consistente, focada e regimentada.

No entanto, deve-se ter cuidado para não permitir que as atividades nas redes sociais controlem sua vida. É crucial equilibrar a estratégia de longo prazo nas redes com oportunidades recentes em seu pipeline.

A ação mais importante que você pode tomar é reservar tempo em seu calendário para as redes sociais e limitar o tempo que passa nelas, estritamente dentro desses blocos de tempo. Por exemplo, todos os dias, das 6h30 às 7h30 e das 17h30 às 18h30, realizo atividades específicas de redes sociais. Quando esses blocos terminam, vou fazer outras coisas.

Limitar meu tempo nas redes sociais me força a ser eficiente e eficaz — conseguir fazer o máximo possível com a quantidade mínima de tempo e com os melhores resultados possíveis. Publicar atividades fora de meus blocos de tempo designados é uma ação feita automaticamente por meio de minha plataforma de automação de marketing.

Blocos de tempo curtos e diários (uma hora por dia é o suficiente para a maioria dos vendedores), juntamente com a aplicação de ferramentas que automatizam algumas atividades, são o segredo para tornar a labuta suportável. Talvez você sinta que não está realizando muito em uma hora por dia, mas o impacto cumulativo das atividades diárias, ao longo do tempo, é gigantesco.

Há diversas ferramentas que automatizam as atividades nas redes sociais. Incluí uma lista em: https://www.salesgravy.com/vskit [conteúdo em inglês].

Conexão

Network = net worth* é um mantra eterno para as pessoas altamente bem-sucedidas. As redes de contato são a alma do canal das redes sociais. As conexões o levam às portas e às pessoas certas mais rapidamente. Quando suas conexões o apresentam ou o indicam para as pessoas dentro da rede de contato delas ou de suas empresas, você ganha credibilidade instantânea.

Ao engajar-se em uma conversa com um possível cliente em alguma plataforma social, envie uma solicitação de conexão. Após as interações com as partes interessadas por telefone, videoconferências ou presencialmente, envie uma solicitação de conexão. É nesse momento que você tem a probabilidade mais alta de aceitação.

---

* N. do T.: Trocadilho com as palavras *network* (rede de contatos) e *net worth* (valor patrimonial). Uma tradução possível é: contato ativado = valor aumentado.

Três Maneiras de Fazer Conexões

Seguidores: quando está publicando constantemente conteúdo de alto valor original ou curado que se conecta com seu público, as pessoas o seguirão. Quando escolhem isso, mais de seu conteúdo aparecerá no topo do feed delas.

Os seguidores são como fãs. Quanto mais veem você e seu conteúdo, mais familiaridade criam e mais gostam de você.

A maioria das plataformas sociais permitem que você veja e gerencie seus seguidores. Isso abre portas para a criação de listas dirigidas de prospecção.

Recíproco: no Twitter e no Instagram em particular, quando você segue as pessoas, elas têm uma tendência de serem recíprocas e seguir você de volta. A probabilidade de que serão recíprocas é determinada pelo nível de familiaridade com você, seu perfil e o nível de qualidade do conteúdo que é postado em seu feed. Quando segue outras pessoas, você vê as publicações delas e ganha percepção de eventos desencadeadores e de sinais de compras.

Direto: no LinkedIn e no Facebook, você pode enviar uma solicitação direta por uma conexão. No Facebook, o processo é simples: apenas clique em "Solicitar Amizade". Embora o Facebook tenha sido basicamente uma ferramenta de entretenimento para acompanhar a família e os amigos, estou conectado com muitos clientes lá, e as conversas de negócios geralmente são iniciadas por meio do Facebook Messenger.

No LinkedIn, você tem a opção de enviar uma solicitação de conexão padrão e genérica (talvez precise dizer como conheceu a pessoa) ou pode customizá-la. É altamente recomendável enviar uma mensagem personalizada para cada solicitação de conexão no LinkedIn, dando um motivo para sua solicitação e referências de interações passadas. Uma mensagem personalizada aumenta a probabilidade de que sua solicitação seja aceita.

Infelizmente, muitas pessoas cometem o erro de enviar mensagens de solicitação de conexão que são apresentações com cara de spam, ou pedidos diretos para uma reunião. Isso não funciona. É um balde de água fria. Sua solicitação de conexão será negada, talvez você seja bloqueado pela pessoa e poderá ter problemas com o LinkedIn.

Se você não conhece um potencial cliente e não existe familiaridade, certamente não há problemas em enviar uma solicitação de conexão sem uma mensagem. Embora não seja o ideal, é muito melhor do que enviar uma apresentação. Uma forma melhor, porém, é curtir, comentar e compartilhar (CCC) as publicações da pessoa durante algumas semanas, antes de enviar a solicitação.

O CCC cria familiaridade e explora a lei da reciprocidade. Quando curte, comenta e compartilha o post de alguém, você lhe dá atenção e faz com que a pessoa se sinta importante. Isso aumenta a probabilidade de ela aceitar sua solicitação, pois a pessoa sente uma obrigação.

Evite a Propaganda Enganosa em Sua Solicitação de Conexão

É muito ruim começar a fazer apresentações de vendas assim que a pessoa aceitou sua solicitação de conexão. Isso faz você parecer interesseiro e rude.

As vendas sociais estão relacionadas com a nuança. Não há nuança em recompensar o possível cliente por aceitar sua solicitação de conexão com uma marretada na testa. "Obrigado por aceitar minha solicitação, agora compre de mim!" é um completo balde de água fria, que resultará na rescisão de sua conexão, em ter sua mensagem potencialmente reportada como spam e num bloqueio.

Uma vez que sua solicitação for aceita, seja paciente. Passe algum tempo ganhando confiança e construindo familiaridade com uma rotina de CCC nos posts da pessoa. Deposite esses presentes na conta do banco da obrigação, até que esteja transbordando. Então envie um texto, um vídeo ou uma mensagem de voz bem elaborados. Ou melhor, pegue o telefone e ligue. Sua taxa de conversão aumentará exponencialmente se seguir esse processo.

Proximidade Social

No LinkedIn, quando uma pessoa se conecta com você, é possível ver as conexões dela. Isso o ajuda a desenvolver um mapa mais detalhado de comprador e influenciador, além de definir sua proximidade com pessoas em contas que deseja conhecer. Com essas informações, você pode desenvolver um caminho de proximidade social, para conseguir que seja apresentado a essas partes interessadas.

É por isso que enviar uma solicitação de conexão sempre que interage com um possível cliente, uma nova parte interessada e as pessoas que gostaria de ter em sua rede profissional deve ser seu maior interesse. Quanto mais conexões você tiver, mais perto dos tomadores-chave de decisão sua proximidade social estará.

Curadoria de Conteúdo

Intuitivamente, sabemos que os vendedores que podem instruir, oferecer insights e resolver problemas são muito mais valiosos do que aqueles cuja estratégia principal é fazer a apresentação de produtos e serviços. No entanto, para agregar valor, você deve ser valioso.

No canal social, a principal maneira de oferecer valor é por meio de conteúdos que instruam, desenvolvam credibilidade, ancorem a familiaridade e o posicionem como um especialista que pode resolver problemas relevantes. O conteúdo certo compartilhado no momento certo e com as pessoas adequadas pode criar conexões importantes e converter relacionamentos online passivos em conversas em tempo real.

O desafio é que o canal social é uma besta feroz e insaciável que devora conteúdo. Você deve alimentá-lo diariamente, e sua mensagem deve permanecer relevante e presente. Você nunca conseguirá criar conteúdos originais suficientes para acompanhá-lo.

A solução para esse problema é a curadoria. Uma analogia simples para a curadoria é a ação de recortar artigos de revistas e jornais e enviá-los a alguém. Exceto que, na rede social, você está fazendo isso digitalmente — ampliando o impacto ao deixar de fazer, de forma analógica, visitas individuais a pé, para distribuir a diversas pessoas de forma digital.

Em vez de publicar o próprio conteúdo original, você aproveita os conteúdos que estão sendo criados e publicados por outras pessoas. Basicamente, você se torna um especialista que agrega os conteúdos mais relevantes para seu público e os compartilha por meio de seus diversos feeds de notícias nas redes sociais.

A coisa mais bonita a respeito da curadoria de conteúdos é que, muito embora você não tenha produzido o conteúdo, acabará levando algum crédito por ele.

Três Pilares da Criação de Conteúdo

Atenção: você precisa estar atento ao que está acontecendo em seu setor — tendências, concorrentes, líderes e inovadores. Fique de olhos e ouvidos abertos, preste atenção ao que está acontecendo ao redor e consuma informações específicas de seu setor.

Fontes: você precisará de boas fontes para o conteúdo.

- Extraia material do blog, do podcast e do canal no YouTube de sua empresa. Muitas empresas inovadoras têm bibliotecas repletas de conteúdo que você pode postar.

- Aproveite os blogs e as publicações de tendências do setor.
- Faça referência aos líderes de pensamento que estão moldando o diálogo em seu setor.
- Pegue artigos relevantes de fontes jornalísticas, como o Wall Street Journal.

Intento: em vez de compartilhar apenas de forma aleatória e díspar, seja intencional quanto à sua estratégia de curadoria. Tire tempo para ler e entender o que está compartilhando, de modo que possa incluir comentários e lições com o conteúdo compartilhado. Seus insights agregados deixam a curadoria de conteúdo mais próxima da criação de conteúdo.

Há ferramentas que o ajudam com as fontes e a distribuição de conteúdo. Incluí uma lista em: https://www.salesgravy.com/vskit [conteúdo em inglês].

Criação de Conteúdo

A criação e a publicação de conteúdo original é a maneira mais poderosa de criar sua marca pessoal e ajudar a polir sua reputação como especialista em sua área. Os conteúdos originais têm mais chances de atrair comentários e serem compartilhados.

Os algoritmos das redes sociais dão mais ênfase para conteúdos originais — especialmente aqueles que são postados nativamente. Nativo quer dizer que seu post não é um link para artigos, podcasts ou vídeos de outros sites.

O Melhor Conteúdo para Publicar

Os conteúdos originais podem incluir apresentações de slides, livros eletrônicos, livros brancos, infográficos e podcasts. Contudo, as melhores formas de conteúdo original, que são as mais fáceis de os profissionais de vendas criarem e publicarem, incluem:

Posts Longos: são os textos com 2 ou 3 parágrafos sobre um único tema, com 175 palavras ou menos, sem qualquer link externo.

Artigos: o LinkedIn permite publicar artigos originais completos. Eles podem incluir imagens, vídeos e links para outros recursos (bom para a geração de leads). Uma maneira fácil de estender artigos originais é pegar trechos deles e aproveitá-los nos posts longos.

Vídeos: como aprendeu no Capítulo 18, o consumo de vídeos online é voraz e crescente. É fácil gravar e subir vídeos originais diretamente de seu set de videoconferência de vendas, ou apenas pressionar gravar no telefone e começar a falar. Algumas ideias incluem:

- Vídeos curtos em que você expõe um assunto.
- Bastidores de seu escritório ou local de trabalho.
- Microdemonstrações.
- Entrega de produto ou instalação em uma conta de cliente.
- Testemunhos de clientes.
- Webinars.
- Entrevistas.

Você pode postar vídeos em todos os principais canais de redes sociais, incluindo o YouTube. A duração permitida para a publicação de vídeos depende do canal. Você pode expandir seu conteúdo ao dividir vídeos longos, como webinars e entrevistas, em vídeos pequenos. Também pode convertê-los em arquivos MP3 para criar podcasts.

Fotos: as imagens são a forma mais rápida e fácil de agregar conteúdo original.

- Fotos engraçadas de você e de seus colegas no trabalho.
- Eventos da empresa.

- Ações de caridade.
- Você durante uma premiação.
- Entrega de um pedido grande a clientes.
- Você com seus clientes.
- Você com novos produtos.
- Bastidores dos vídeos.
- Fotos relevantes de você com sua família ou de seus hobbies.

O Princípio da Autoridade

Ao seguir a orientação de especialistas, fica mais fácil passar pelas incertezas de um mundo complexo. A incerteza aumenta a carga cognitiva e o deixa mais lento. Para ir mais rápido, é preciso buscar orientações dos especialistas.

Isso é uma heurística chamada de *princípio de autoridade*. É mais fácil tomar decisões com base nas recomendações de especialistas do que cavucar todas as informações e chegar a uma resposta por si só.

Quando você publica conteúdos originais que sejam relevantes e valiosos, projetando a si mesmo de maneira confiante como um especialista do assunto em sua área, você atrai possíveis clientes como um ímã, persuadindo-os a se engajarem. Quando isso acontece, você ganha insights sobre os problemas que eles estão enfrentando, sobre as oportunidades de ajudá-los e sobre como pode influenciar suas decisões de compra.

34 | Marca Pessoal

Você deve se fazer constantemente três perguntas conforme se engaja nas plataformas de redes sociais:

1. Minha presença aqui dá apoio à minha reputação e credibilidade?
2. Ela ajuda as pessoas a ficarem familiarizadas com meu nome, meu rosto e minha marca pessoal de modo positivo?
3. Minha atividade equilibra a criação e o fortalecimento de minha marca pessoal com o suporte e a criação de percepção da marca da minha empresa?

Se a resposta a qualquer uma dessas perguntas for "não" ou "não sei dizer", então pare e ajuste sua estratégia.

No âmago da criação de familiaridade nas redes sociais está o aprimoramento da sua marca pessoal. Seu objetivo é posicionar-se como um profissional capaz e informado, que traz valor e resolve os problemas. Em segundo lugar, você tem uma responsabilidade fiduciária com a empresa que está pagando seu salário e assinando os cheques de suas comissões para você criar percepção sobre a marca dela.

Primeiras Impressões Virtuais

Como a maioria das pessoas, você faz julgamentos rápidos ou cria impressões instantâneas sobre os outros quando são apresentados pela primeira vez. É exatamente assim que funcionamos como seres humanos.

Para lidar com uma quantidade esmagadora de dados de entrada e evitar a sobrecarga cognitiva, seu cérebro evolui rapidamente, a fim de buscar padrões e compilar essas informações em resumos sobre as outras pessoas (lembre-se da carga cognitiva e da heurística que vimos no Capítulo 13). Tais resumos formam suas primeiras impressões — independentemente de serem ou não válidos.

Quando você conhece alguém face a face, essas impressões importam muito. Vocês se conhecem no lobby e trocam um aperto de mãos. A outra pessoa o avalia — o que você está vestindo, como se porta, sua linguagem corporal e suas expressões faciais. O pacote completo. Em um nível subconsciente, o cérebro da pessoa decide, com base no padrão percebido, se você é agradável e confiável.

A primeira impressão pode ser negativa. No entanto, conforme a conversa progride, você terá a oportunidade de mudar a impressão da pessoa sobre si mesmo. Presencialmente, pelo menos tem uma segunda chance de fazer uma boa primeira impressão.

É exponencialmente mais difícil mudar as primeiras impressões que são feitas sobre você online. Quando os clientes potenciais observam o "você online" e não gostam do que veem, isso pode criar uma dificuldade intransponível.

Antes das reuniões virtuais, as partes interessadas procurarão coisas sobre você online, para ter uma ideia de quem você é e qual é a sua. Verão sua foto, biografia e avaliarão suas publicações. O que elas encontrarem as levará a fazer julgamentos instantâneos sobre você. Tais julgamentos impactarão sua habilidade de influenciá-las e persuadi-las para que se comprometam a ceder o próprio tempo, recursos e dinheiro.

Não Publique M*rdas Idiotas nas Redes Sociais

Não muito tempo atrás, um autor proeminente me pediu para endossar seu novo livro com uma sinopse na contracapa e para colocar seu site. Ele me enviou um exemplar do livro, que é excelente. Com base na qualidade do trabalho, fiquei confortável em colocar meu nome nele. Antes de enviar a sinopse, no entanto, pesquisei seu perfil no Facebook.

O que descobri mudou minha forma de pensar. Seu feed estava repleto de discursos políticos difamatórios, carregados de profanidades e repletos de emoção. Foi um balde de água fria instantâneo, pois muitos de seus posts iam na direção oposta de meus valores centrais e dos valores que seguimos na Sales Gravy.

Considerei as implicações negativas de alinhar minha marca pessoal com a dele. E se um de meus clientes visse meu nome na contracapa do livro dele e fosse atrás de seu perfil online também? Como meus funcionários se sentiriam? Como isso poderia refletir em minha marca pessoal?

Após pensar bastante, relutantemente recusei dar meu endosso. Quando expliquei o motivo, ele ficou furioso. Argumentou que seu feed no Facebook era pessoal e que não tinha nada a ver com os negócios. Era seu direito da "Primeira Emenda" postar qualquer coisa que quisesse lá.

Expliquei educadamente que as pessoas que veem sua presença na rede social não fazem distinção entre o pessoal e o profissional. Para os outros, *quem você é online é quem você é*. Se deseja vender livros, software, bens de capital ou treinamento de vendas, é simplesmente uma idiotice total postar qualquer coisa que tenha o potencial de jogar um balde de água fria ou de irritar os potenciais compradores.

Certamente, nos EUA, há o direito garantido pela Primeira Emenda para que você publique praticamente o que quiser em suas redes sociais. Por sua vez, os clientes têm o direito de boicotá-lo financeiramente e fazerem negócios com outra pessoa. Seu empregador também tem o direito de despedi-lo caso suas publicações prejudiquem ou reflitam mal sua marca.

Por esse motivo, você deve gerenciar, de forma cuidadosa e intencional, tudo o que permite que as outras pessoas vejam nas redes sociais. É necessário abster-se de publicar qualquer coisa que tenha o potencial de ser controversa. É só dar uma olhada nas notícias, para ser lembrado da fragilidade de nossa presença nas redes sociais. É difícil passar um dia sem que alguma pobre alma não tenha perdido o emprego ou prejudicado seriamente sua reputação por postar algo idiota nas redes.

Como profissionais de vendas, devemos considerar as consequências indesejadas de nossos posts — nossa credibilidade, reputação e renda. Em outras palavras, *se gosta de seu dinheiro, não publique m*rdas idiotas em sua rede social.*

Vivemos em um mundo hipersensível. As pessoas ficam ofendidas facilmente pelas menores coisas. Palavras erradas, uma curtida ou um comentário errados podem impossibilitar que seu possível cliente faça negócios com você e, em casos extremos, podem viralizar e arruinar sua carreira. É importante que as pessoas saibam seu nome e que conheçam seu rosto, mas, na profissão de vendas, "publicidade aberta não é boa publicidade".

A familiaridade é uma faca de dois gumes. Quando as impressões a seu respeito são positivas, isso pode cortar muita fricção e ajudá-lo a conseguir reuniões, construir relacionamentos mais rapidamente e avançar os leads em seu pipeline. Quando os potenciais clientes têm uma impressão negativa de você, eles erguerão muros para mantê-lo distante.

Permaneça neutro e inofensivo o tempo todo em todas as plataformas de redes sociais. Pense antes de publicar. Se tiver sentimentos fortes a respeito do assunto, PARE. Afaste-se por algumas horas e esfrie a cabeça. Isso o livrará de uma quantidade imensa de dor. Tal admoestação se estende a posts comerciais provocativos que podem atrair muita atenção, mas também afastar potenciais compradores — especialmente as grandes empresas com os bolsos transbordando de dinheiro — que ficam longe de qualquer tipo de controvérsia.

Perfis nas Redes Sociais — Um Retrato Poderoso sobre Você

Obviamente, a grande maioria dos profissionais de vendas tem o bom senso de, nas redes sociais, não criticar o chefe, não postar comentários políticos ou religiosos incendiários, ou ficar trombeteando sobre como ficou bêbado na noite anterior. Caso contrário, terão muito mais chances de prejudicarem sua marca pessoal por meio de um fracasso em otimizar seu perfil nas redes.

Você tem um perfil em cada plataforma de rede social. É sua base e sua página pessoal identificada na plataforma e nas buscas online. Seus perfis nas redes sociais são um reflexo direto de sua marca pessoal e o fio da navalha das vendas virtuais.

Antes de se engajar em qualquer atividade nas redes sociais, invista tempo no desenvolvimento e no aperfeiçoamento de seus perfis sociais. Hoje, não amanhã, aja para garantir que seus perfis o coloquem sob os melhores holofotes:

- Suas fotos devem ser recentes e profissionais.
- As imagens de capa no perfil devem apoiar sua marca pessoal e a da sua empresa.
- As biografias e os headlines devem estar completos, ser honestos e contar bem sua história.
- As palavras-chave do perfil devem facilitar que as pessoas o encontrem em uma busca.
- Remova publicações que podem ser entendidas como ofensivas, extremas ou que possam prejudicar sua credibilidade.
- Projete uma marca pessoal consistente em todas as principais redes sociais.

Foto do Perfil

De acordo com o PhotoFeeler.com, um site que ajuda as pessoas a escolherem a foto certa para o perfil: "As fotos de perfil são tão essenciais à comunicação moderna que uma foto de qualidade se torna uma necessidade básica. E isso não poderia ser mais verdadeiro para aqueles cujas vidas profissionais estão atreladas aos perfis das redes sociais."

Certifique-se de ter uma foto profissional em todos os seus perfis — incluindo Facebook, Instagram, Twitter, Snapchat, YouTube, aplicativos de mensagens diretas etc. Ser profissional significa deixar de fora da foto o gato, o cachorro, as férias, os colegas da faculdade, os óculos de sol bonitos e as garrafas de cerveja.

A foto deve ser tirada com uma boa iluminação, em seu melhor ângulo e com um fundo neutro. Esqueça as poses cafonas — como ficar com os braços cruzados, com a mão no queixo, olhando melancolicamente para longe ou levantando os óculos de grau. Essas poses são um balde de água fria e podem fazer com que você pareça um bocó egoísta.

Em vez disso, olhe para a câmera, esboce um sorriso agradável e SORRIA. Em um estudo baseado em mais de 60 mil avaliações, a Photo Feeler descobriu que um sorriso genuíno tem um impacto significativo nas percepções das outras pessoas sobre sua competência, sua agradabilidade e sua influência, apenas com base na foto de seu perfil.[1] Como analisamos no Capítulo 15, poucas coisas criam impressões positivas mais rapidamente do que um sorriso genuíno.

Uma boa prática para ter consistência em sua marca pessoal é colocar a mesma foto em todos os perfis de suas redes sociais. Sua imagem é como seu logotipo. É importante que seja familiar e lembrada.

Imagem Principal ou de Capa

A maioria dos sites das redes sociais permite que você suba uma imagem de capa, ou principal, ao seu perfil. É aquela imagem grande de fundo, atrás da foto do perfil. O motivo de haver letreiros do lado de fora das empresas é exatamente o mesmo pelo qual você precisa customizar suas imagens de capa nos perfis das redes sociais. É uma forma gratuita de deixar uma imagem contar sua história.

As dimensões e especificações da imagem para cada plataforma social são diferentes e tendem a mudar. Uma pesquisa rápida no Google o ajudará a encontrar o tamanho e as especificações certos para cada plataforma social.

É fácil criar imagens de capa com ferramentas gratuitas, como canva.com/pt_br. Se preferir obter a ajuda de um designer gráfico, você encontrará diversas opções com um bom preço no site br.fiverr.com.

Headline e Biografia

Dependendo da plataforma de rede social, você terá a opção de publicar um headline do perfil e uma biografia. Em plataformas como o LinkedIn, há um headline e uma biografia mais longa, enquanto no Instagram e no Twitter você tem apenas um headline curto e simpático.

Seu headline e sua biografia servem a três propósitos:

- Palavras-chave para que as pessoas o encontrem em buscas.
- Contam sua história.
- São uma isca persuasiva para os visitantes quererem aprender mais sobre você.

Há filosofias conflitantes sobre como os headlines e as biografias devem ser escritos. Alguns especialistas aconselham que seu headline deve ser descritivo — por que as pessoas o escolhem, ou como você ajuda seus clientes. Outros aconselham que devem ser profissionais e diretos — seu cargo e ocupação.

Do mesmo modo, alguns especialistas orientam que sua biografia deve ser coloquial e escrita em primeira pessoa. Outros, ainda, dizem que uma biografia profissional deve ser escrita em terceira pessoa.

Os conselhos oferecidos pelos especialistas e treinadores sobre headlines e biografias são, principalmente, conjecturas com base nas próprias preferências. Geralmente apresentam rios de estatísticas que apoiam suas posições, enquanto deixam de lado dados concorrentes que não o fazem.

Pessoalmente, prefiro que os headlines e as biografias sejam diretos, sem banalidades. Mas isso não significa que o meu jeito é o certo ou o único. É apenas a minha preferência.

Meu conselho quanto aos headlines e às biografias é fazer aquilo que o deixa confortável. Então, teste formatos diferentes para ver com qual você mais se identifica, e não tenha medo de mudar. É a sua história; o segredo é expressá-la em um formato que convença as pessoas a quererem saber mais sobre você.

Escrever headlines e biografias que se conectam com os visitantes de seu perfil e os atrai exige reflexão e esforço. Devem ser bem escritos, convincentes, honestos e descreverem quem você é, quais são seus valores, aquilo que faz melhor e por que os consumidores e clientes contam com você e confiam em você para resolver seus problemas.

Mídia e Links

Certifique-se de colocar links em cada perfil social para suas outras redes, juntamente com qualquer referência ao lugar em que está escrevendo blogs ou contribuindo com algum conteúdo. No LinkedIn, é possível acrescentar uma mídia interativa ao perfil, além de documentos, fotos, links, vídeos e apresentações. Todas as mídias que serão interessantes a seus possíveis clientes, e que os instruirão, darão um motivo para que se conectem com você e apoiarão sua marca pessoal.

Informações de Contato

Privacidade? Esqueça isso. Você lida com vendas. A melhor coisa que pode acontecer é um potencial cliente ligar para você e interrompê-lo. Caso dificulte isso para eles, não o farão. Se não oferecer suas informações de contato, eles não poderão fazer isso. Portanto, facilite. Coloque suas informações de contato, incluindo seu número de telefone, e-mail e site nos perfis das redes sociais.

URLs Customizadas

A maioria dos sites de redes sociais permite que você escolha uma URL customizada para sua página. Isso não é automático. É uma opção que você deve escolher nas configurações de conta. Por exemplo, a URL do meu perfil no LinkedIn é https://www.linkedin.com/in/jebblount/.

Uma URL customizada é uma extensão de sua marca pessoal, ajuda a criar familiaridade, e facilita o compartilhamento de seu perfil e as buscas por ele no Google.

Atualize Seus Perfis Regularmente

Assegure-se de ter completado todo o seu perfil. Não deixe espaços, buracos ou perfis parcialmente preenchidos. Comprometa-se em gerenciar sua presença online ao avaliar, atualizar e melhorar continuamente seus perfis online pelo menos uma vez por trimestre. As coisas mudam. Seus perfis devem mudar com você e permanecer atualizados. Conforme avalia seus perfis, coloque-se no lugar dos visitantes e responda à seguinte pergunta: você compraria de você?

PARTE VII

Vendas Virtuais Ainda São Vendas

35

A Verdade sobre os Truques Jedi da Mente

Seu foco principal como profissional de vendas, desde acordar pela manhã até colocar a cabeça no travesseiro à noite, é melhorar a probabilidade de vitória nos negócios em seu pipeline. Cada passo, pergunta, demonstração e apresentação, cada palavra pronunciada e tudo o que você faz, conforme avança no processo de vendas, deve ser calculado para trazer a probabilidade de vitória em seu favor.

Em cada situação de vendas, haverá múltiplos caminhos para fechar um negócio e múltiplos canais de comunicação que você pode *combinar* no processo de vendas. Como um mestre de xadrez, você deve escolher o caminho que lhe dá a maior probabilidade de conquistar uma vitória.

Obviamente, há algumas coisas básicas que lhe darão maior probabilidade de fechar a venda:

- Selecionar ativamente potenciais clientes qualificados que estão na janela de compra.

- Ser fanático na prospecção.
- Desenvolver e sustentar um pipeline robusto repleto de oportunidades qualificadas.
- Executar o processo de vendas.
- Manter o momentum ao avançar os negócios para o próximo passo em cada contato.
- Desenvolver relacionamentos com as partes interessadas e entregar uma experiência positiva de compra.
- Apresentar um caso de negócio convincente, para que façam negócios com você.
- Solicitar, de forma consistente e confiante, informações, contatos, próximos passos e o fechamento do negócio.

Segredos para Dominar as Vendas Virtuais

Ainda assim, durante nossos cursos de Habilidades em Vendas Virtuais, chovem perguntas para mim sobre palavras mágicas que trarão negócios estagnados de volta à vida e que farão os potenciais clientes dizerem "sim" em todos os contatos de prospecção.

Diariamente em minha vida profissional, sou abordado por vendedores que estão buscando os truques Jedi da mente. Estão buscando desesperadamente um estilo de tática à la Obi-Wan Kenobi que lhes permita fechar negócios em reuniões de vendas virtuais em questão de segundos: "Esses não são os droides que você está buscando."

Esse é o tipo de poder que todos queremos. Mas, lamentavelmente, isso só acontece nos filmes. O verdadeiro segredo para fazer vendas virtuais eficazes não é um truque Jedi de mente legal e sedutor. É algo muito mais chato. *É a execução fiel do processo de vendas.*

Talvez o maior desafio das vendas virtuais seja permanecer nos trilhos do processo de vendas, pois as reuniões de vendas virtuais:

- São orientadas para a tecnologia e acontecem em um ritmo rápido, o que facilita muito permitir que a velocidade o engane de modo que você pegue atalhos no processo de vendas.

- São desprovidas de diversos sinais e pistas inerentes nas interações presenciais, facilitando que você não perceba sinais de compra, ou quando as partes interessadas simplesmente não estão muito interessadas em você.
- Podem deixá-lo inseguro, fazendo-o hesitar em vez de solicitar o próximo passo com confiança.

Nas reuniões virtuais, é importante sentir que você está no controle. É importante sentir-se confiante e confortável. Mas não há truques, botões fáceis, pozinho mágico das fadas ou truques Jedi da mente que farão isso por você.

Os segredos para a excelência nesse tipo de vendas são a prática, a repetição e a lembrança de que as vendas virtuais ainda são vendas. Os resultados delas são previsíveis, com base em como você aproveita, executa e move as negociações ao longo do processo de vendas. Essa é a verdade mais importante que você deve saber.

Figura 35.1   O Quebra-cabeça do Processo de Vendas

Para ter sucesso nas vendas virtuais, você precisa juntar todas as peças do quebra-cabeça do processo de vendas (Figura 35.1). Siga um processo de vendas bem projetado, com potenciais clientes qualificados que estão na janela de compra, e você fechará mais negócios com preços mais altos. É a verdade, e é uma garantia.

1. Prospectar.
2. Qualificar.
3. Realizar reuniões iniciais.
4. Alinhar os processos de vendas e de compras.
5. Mapear as partes interessadas.
6. Obter microcompromissos consistentes.
7. Descobrir, descobrir, descobrir.
8. Mapear soluções e obter a unanimidade das partes interessadas.
9. Apresentar um caso de negócio extremamente forte.
10. Superar objeções.
11. Negociar.
12. Solicitar a venda.

Não vou me aprofundar muito no processo de vendas porque já escrevi livros sobre isso. Leia-os, pois são os companheiros perfeitos para *Vendas Virtuais*.

- Inteligência Emocional em Vendas.
- Objeções.
- Negócio Fechado.
- People Buy You [As Pessoas Compram Você, em tradução livre].

Em vez disso, vou destacar dois conjuntos importantes de habilidades que são cruciais para a excelência nas reuniões de vendas virtuais e que melhorarão imediatamente a probabilidade de que feche oportunidades no pipeline: *fazer perguntas* e *solicitar o próximo passo*.

Menos Falação, Mais Perguntas

O principal motivo pelo qual os vendedores lutam para fechar negócios é que eles ficam falando e apresentando, em vez de fazer perguntas. Isso resulta em descobertas superficiais e em um caso de negócio fraco, porque não revelam as necessidades, os problemas, as dores, as oportunidades ou os resultados comerciais desejados pelas partes interessadas.

Em vendas, as perguntas são o princípio e o fim. O alfa e o ômega. Se as vendas fossem um idioma, seriam o idioma das perguntas — estratégicas, cheias de arte e fluidas, feitas no contexto da conversa. É simples: quanto mais perguntas fizer, mais vendas fará.

Contudo, a descoberta eficaz é mais do que apenas fazer perguntas. São as perguntas certas, que são as abertas.

Perguntas abertas, como "Como isso está impactando seu negócio?" ou "O que acontece quando o custo da compensação de seus funcionários aumenta?", encorajam as partes interessadas a falarem e explicarem melhor.

Em contrapartida, perguntas fechadas, como "Quantos deste você usa?" ou "Está feliz com isto?", induzem a respostas curtas e limitadas.

É mais difícil fazer com que as partes interessadas se abram nas reuniões virtuais. Após fazer uma pergunta a uma delas, o silêncio constrangedor ou as respostas cortadas podem confundi-lo. Para compensar isso, você faz perguntas fechadas e começa a falar.

Esse é um grande problema nas reuniões virtuais, pois, uma vez que começa nesse caminho, é difícil trazer as reuniões de descoberta de volta aos trilhos. Quando as partes interessadas não sentem que você as está escutando ou que o tempo gasto com você está sendo inútil, haverá muito mais chances de elas desaparecerem. Nas reuniões de vendas virtuais, as perguntas fechadas lhe dão a ilusão de controle. Contudo, elas criam experiências emocionais pobres para as partes interessadas que ficam sujeitas a tais interrogatórios.

Daniel J. Boorstin disse certa vez: "O maior obstáculo para a descoberta não é a ignorância. É a ilusão do conhecimento."[1] A causa-raiz da criação dessas falsas suposições em vendas é fazer perguntas fechadas.

Nas reuniões virtuais, você deve ter paciência e disciplina emocional para encorajar as partes interessadas a se abrir. O objetivo é aproveitar as perguntas abertas para encorajá-las a expressar as questões que são mais importantes para elas e a apresentar as informações de que você precisa para criar um caso de negócio convincente, que explica por que devem fazer negócios com você.

Em vendas, 99% de suas perguntas (e das afirmações questionadoras do tipo "Conte-me mais" ou "Explique-me esse processo") devem ser abertas. Tenho uma afeição especial pela abordagem *afirmação e pausa* para fazer as partes interessadas falarem. Digo algo como: "Nossa, parece que isso foi muito desafiador." Então, pauso e permito que o silêncio faça o restante do trabalho.

Solicite o Próximo Passo

Do CEO até o representante de vendas na linha de frente, todos estão buscando maneiras de descolar negócios, encurtar o ciclo de vendas e aumentar a velocidade no pipeline. É aqui que as vendas virtuais lhe dão uma vantagem.

Elas são rápidas. Visto que são mais fáceis de serem marcadas e conduzidas, você pode avançar rapidamente as negociações no pipeline.

Com exceção de um pequeno desafio. Os vendedores quase sempre falham ao solicitar o passo seguinte e conseguir um comprometimento quanto a isso nas reuniões virtuais. Essa falha em estabelecer consistentemente os outros passos aumenta o ciclo de vendas, atravanca o processo e causa a interrupção das negociações.

Quando conduzo avaliações nos pipelines com as equipes de vendas de meus clientes, minha pergunta-padrão com cada oportunidade é: "Qual é o próximo passo?" Em seguida, observo os vendedores se contorcerem em seus assentos em busca de respostas, pois, em vez de próximos passos firmes, eles têm desculpas:

- "Estou esperando um retorno."
- "Vou ligar na semana que vem para marcar uma reunião."
- "Montei uma proposta e estou aguardando para conseguir um horário com o tomador de decisão."
- "Não consigo entender por que tudo ficou obscuro de repente."
- "Estou tentando fazer contato de retorno."
- "Meu contato vai levar a proposta para seu chefe. Espero ter um retorno nesta semana."
- "O potencial cliente parecia interessado em fazer negócios conosco. Continuo deixando mensagens para verificar, mas ele não retorna minhas ligações."

As negociações interrompidas são uma praga na profissão de vendas, entopem os pipelines, destroem as previsões e causam frustrações incalculáveis. Ouvi todas as tristes desculpas, mas é sempre a mesma causa-raiz: *o vendedor falhou ao não solicitar o próximo passo e conseguir um comprometimento com relação a ele.*

Estabelecendo um Próximo Passo Firme

Sejamos claros, portanto. Enviar uma apresentação por e-mail NÃO é um próximo passo. Muito menos afirmações como "Vou ligar para você na semana que vem", "Me ligue quando estiver pronto" ou "Vou enviar os preços por e-mail".

Ano passado peguei uma das vendedoras antes que ela cometesse um grande erro. Estávamos nos primeiros estágios de uma potencial negociação monstruosa de treinamentos.

O potencial cliente era uma empresa listada na Fortune 50 que buscava uma parceria de treinamentos para ajudá-la com prospecções e estratégias sobre o topo do funil. A equipe de capacitação de vendas da empresa nos engajou porque ouviu falar sobre o sucesso dos nossos Boot Camps de Prospecção Fanática.

Após a segunda reunião de descoberta, pediram uma apresentação sobre nossa metodologia de treinamento e um panorama geral do nosso plano de estudos, antes que concordassem em nos colocar em contato com o executivo que era o tomador da decisão final. Era uma jogada clássica feita pelos influenciadores para reterem o poder.

Minha representante de vendas passou três dias criando e customizando a apresentação. Passei por lá para ver como estava indo. Ela respondeu: "Vou conseguir enviar por e-mail amanhã de manhã."

"Opa. Erro enorme! O que vai acontecer depois que enviar a apresentação?", perguntei.

Em silêncio, ela ficou pensando, buscando uma resposta. Mas não havia nenhuma. Ela sabia a verdade. Após enviar a apresentação por e-mail e dar à parte interessada o que ela queria, a probabilidade de que a negociação seria interrompida era alta.

"Quantas horas você ficou mergulhada aí fazendo esta apresentação?", questionei.

"Pelo menos 10 horas", murmurou ela.

"Então, você investiu todo esse tempo e esforço. E agora planeja enviar a apresentação por e-mail sem conseguir nada em troca?" Eu balançava minha cabeça em desaprovação. "O que você deveria estar solicitando?"

Em um primeiro momento, ela não conseguiu acompanhar, mas, por fim, percebeu o que precisava fazer.

"Preciso solicitar que marquemos uma videoconferência para avaliarmos a proposta e usá-la como um trampolim para chegar ao tomador de decisão."

"Exatamente!", concordei. "Também quero que volte a pensar sobre como conseguiu sair da última reunião sem estabelecer o próximo passo e que considere o trabalho adicional que precisa fazer agora para consertar esse erro."

Ela entrou em contato com as partes interessadas, e elas concordaram em se reunir. A videoconferência e a apresentação abriram uma conversa robusta. O grupo de partes interessadas ficou bastante impressionado, de modo que concordaram em marcar uma reunião com o tomador de decisão — um microcomprometimento que avançou a negociação.

Um próximo passo firme exige um comprometimento à ação feito por você e pela parte interessada — *e uma data na qual se reunirão novamente para avaliar essas ações*. Por fim, a data deve ser inalterável em seu calendário e no da parte interessada. Isso também significa que você deve enviar um convite para o próximo passo imediatamente após encerrar sua reunião, além de considerar enviar uma mensagem de vídeo para dar mais ênfase.

Os clientes em potencial são tão ocupados que, assim que a reunião termina, imediatamente se esquecem de você e passam para a próxima questão urgente em sua lista de prioridades. Se não tiver um próximo passo firme no calendário, você passará o mês seguinte correndo atrás deles.

Nas reuniões de vendas virtuais, seu trabalho é manter a bola em jogo. Nunca espere que as partes interessadas façam isso por você. Portanto, vale a pena seguir esta simples regra cardeal: *nunca sair de uma reunião de vendas virtuais (ou de qualquer outra reunião de vendas) sem conseguir um comprometimento com um próximo passo firme de sua parte interessada. Jamais!*

A Disciplina Mais Importante

Solicitar é a disciplina mais importante em vendas. Você deve solicitar o que quer de forma direta, pretensiosa, assertiva e repetida. Em vendas, solicitar é tudo. *Quando falha em solicitar, você fracassa.*

Se está tendo dificuldades para conseguir a próxima reunião, chegar aos tomadores de decisão, obter informações com as partes interessadas, chegar a níveis mais altos da organização ou fechar negócios, não é porque faltam habilidades de prospecção, apresentação, fechamento, as palavras certas a dizer ou os truques Jedi da mente.

Em 9 de cada 10 vezes, você está enrolando de forma insegura e passiva porque está com medo de ouvir a palavra *não*. Em tal estado, a solicitação confiante e assertiva é substituída pelo desejo, pela esperança e pelo querer. Você espera que seus potenciais clientes façam seu trabalho e estabeleçam, por si sós, o próximo passo. Mas eles não farão isso.

Apenas as solicitações diretas, confiantes e assertivas o levarão ao próximo passo e ao fechamento da venda. Tudo em vendas começa e depende da disciplina de *solicitar*.

36 | Vendendo Caminhões Invisíveis

O ano era 2008, bem em meio a uma crise financeira global. Com a economia em frangalhos, as grandes empresas de transporte e logística precisaram reduzir rapidamente sua frota de caminhões. Isso significava desativá-los e colocá-los à venda.

Na época, a organização livrou-se dos caminhões usados, enviando-os aos atacadistas. O desafio era que os preços do atacado para caminhões comerciais estavam despencando, enquanto o número de caminhões (e de outras grandes frotas) que precisavam ser devolvidos estava aumentando.

Foi então que Jack e Bob se viram entre a cruz e a espada, enfrentando os ventos cruéis da economia da oferta e da demanda. Eles eram responsáveis por remover os caminhões usados da gigantesca frota da empresa o mais rápido possível e com o maior lucro.

Com os atacadistas oferecendo migalhas e com a pressão aumentando para tirar os caminhões usados dos registros da empresa, estavam ficando sem tempo e opções. Se deixassem os veículos lá até que o mercado melhorasse, o dinheiro duramente necessário estaria atrelado ao equipamento. Se vendessem o equipamento no mercado atacadista, as perdas seriam gigantescas.

Não demorou até que percebessem que a única saída desse abacaxi era mudar o foco para longe do mercado atacadista. Assim, venderiam os caminhões diretamente para consumidores do varejo e teriam um controle maior dos preços e dos lucros.

Porém, o fato de irem diretamente ao varejo criava um novo conjunto inteiro de problemas. As vendas diretas eram uma jogada totalmente diferente do atacado. No mercado atacadista, eles faziam pacotes de dezenas de caminhões e os vendiam em uma única transação. Nas vendas diretas, no entanto, era um por vez.

Desde o início das vendas de caminhões usados, a venda presencial, face a face, é o método usado. Os revendedores compravam os veículos usados dos atacadistas e os estacionavam em suas lojas. Lá, os vendedores engajavam os clientes, que, sem pesquisar muito, "davam chutes nos pneus" e faziam test drives antes de comprar.

Jack e Bob não tinham infraestrutura para a venda direta de equipamentos usados. Não tinham lojas com espaço onde pudessem estacionar os caminhões usados, tampouco empregavam vendedores.

Um Momento Eureca

Com o tempo passando e com a piora da crise financeira, eles arrancavam os cabelos tentando achar uma solução para esse imbróglio. Então, quase que por acidente, depararam-se com a resposta que em pouco tempo mudaria tudo.

No momento em que se dirigiam a uma reunião para discutirem uma estratégia de vendas diretas, ouviram por acaso uma ligação telefônica. A pessoa em sua equipe que atendeu ao telefonema dispensou o potencial cliente porque, na época, eles não vendiam caminhões usados no mercado varejista.

Jack e Bob deduziram que, se houve um telefonema, deveria haver mais; e eles estavam certos. Um pouco de investigação revelou dezenas de ligações de empresários que queriam comprar caminhões usados. Todos haviam sido dispensados.

A luz se ascendeu. Embora não tivessem a estrutura física para vender os veículos usados, eles tinham telefones. Em um momento de inspiração, largaram o modelo inteiro de vendas de caminhões usados e passaram a usar o virtual.

As Vendas Virtuais Mudam Tudo

Eles começaram, imediatamente, a encaminhar todas as chamadas recebidas de pessoas que queriam comprar caminhões usados para um gerente de projetos da equipe. Essa pessoa vendeu dez caminhões dentro de poucas semanas.

Encorajados pelo sucesso inicial, mexeram os pauzinhos para conseguirem que um representante de vendas de outro departamento da empresa fosse transferido para sua equipe. O novo vendedor obteve ainda mais sucesso.

Acrescentaram rapidamente um segundo vendedor e, depois, um terceiro. A pequena equipe trabalhava por telefone, e-mail e mensagens de texto para movimentar a venda dos caminhões.

Após venderem 100 caminhões em um único mês, Jack e Bob sabiam que as coisas nunca mais seriam as mesmas. Aproveitaram as vendas virtuais para saírem do buraco financeiro criado pela recessão de 2008–2009 e passaram a causar uma disrupção em todo o mercado de vendas de caminhões usados.

Vendendo Caminhões Invisíveis

Nos primeiros dias, eles ganharam uma enorme vantagem competitiva porque os custos de venda de um caminhão pelo canal virtual eram muito menores do que aqueles enfrentados por seus concorrentes que os vendiam em lojas físicas. No confronto direto com seus concorrentes, quando o preço era um fator, estavam quase sempre em uma posição de vitória.

No início, a nova equipe de vendas de caminhões usados vendia os veículos desativados que estavam estacionados nas diversas lojas da empresa em todo o país. Mas, com a diminuição da crise financeira, o enorme inventário de caminhões, que havia pesado tanto nas costas de Jack e Bob, esgotou-se.

Sem inventário para vender, sua vantagem competitiva começou a diminuir. Quando os clientes precisavam de um tipo específico de equipamento, eram as especificações dos caminhões, e não mais o preço, que importava. Novamente, Jack e Bob tiveram que inovar.

Como a organização está sempre atualizando a frota com modelos novos, há previsão de desativar um número grande de caminhões a qualquer momento. O processo tradicional, no entanto, era primeiro tirar o caminhão da frota e, depois, vendê-lo. Isso significava que o veículo deixaria de produzir receitas enquanto continuava sofrendo depreciação ao ficar parado até ser vendido.

Mas e se eles conseguissem vendê-los enquanto ainda estavam na estrada com os clientes, gerando receitas? Talvez essa fosse a resposta para o problema de inventário, pois abria uma grande faixa da frota em funcionamento, que poderia ser oferecida aos clientes.

Aproveitar essa metodologia daria aos representantes de vendas de caminhões usados acesso a um dos maiores inventários de caminhões usados do mundo. Também reduziria o custo da venda, alargando sua vantagem competitiva.

A essa altura, a equipe de vendas de caminhões usados tornara-se tão hábil nas vendas virtuais que conseguiriam mudar facilmente para a venda de veículos que ainda estavam na estrada sendo dirigidos pelos clientes — sem poderem vê-los. Efetivamente, começaram a vender caminhões invisíveis. Eram as vendas virtuais em seu melhor estilo.

Vendas Virtuais Ainda São Vendas

Atualmente, essa empresa domina o mercado de varejo de caminhões usados. Como mais de 90% dos caminhões são vendidos por canais virtuais, eles são muito mais ágeis do que seus concorrentes. No ano passado, venderam mais de 25 mil caminhões usados por meio dessa metodologia.

Considero que esses profissionais de vendas estão entre os melhores do mundo. Sendo um estudante de vendas minha vida inteira, fico impressionado com a habilidade deles em convencer um comprador em Dallas a comprar um caminhão enquanto o veículo ainda está na estrada com um cliente, fazendo entregas em Chicago. Para mim, é o ápice da venda profissional.

O segredo para o sucesso de Jack e Bob não é bem um segredo. É a fórmula de todas as grandes organizações de vendas, testada e comprovada:

- Contratar profissionais e líderes de vendas talentosos.
- Acompanhar e executar consistentemente um processo de vendas bem projetado.
- Fornecer treinamentos de vendas regulares e contínuos, além de orientações para manter níveis altos de habilidades.
- Utilizar técnicas de vendas com base em estruturas que se adaptam às situações individuais dos clientes.
- Focar as conexões humanas.
- Proporcionar uma experiência legendária ao cliente.
- Inovar constantemente.

- Agir rapidamente.
- Promover uma cultura voltada para o desempenho.

É por esse motivo que, quando a pandemia global do coronavírus chegou, a organização de vendas de Jack e Bob nunca perdeu o ritmo. Estavam sempre à frente da curva.

Lições

Conforme você combina as vendas virtuais em seus processos de desenvolvimento de negócios, vendas e gestão de contas, lembre-se destas importantes lições:

1. A mais importante é que, só porque algo sempre foi feito de certa forma, não significa que essa seja a única forma.
2. Quando você adere incansavelmente ao básico e ao fundamental da excelência em vendas, traz a probabilidade de vitória para seu lado.
3. Quando combina as vendas virtuais em seus processos de vendas, você se torna mais ágil e produtivo.
4. Quando foca o desenvolvimento e o investimento em relacionamentos humanos, ganha uma vantagem competitiva decisiva.
5. Quando mantém a mente aberta a novas possibilidades, você é imbatível.

Notas

Capítulo Um

1. Stewart Wolpin, "The Videophone Turns 50: The Historic Failure That Everybody Wanted", *Mashable,* 20 de abril de 2014, https://mashable.com/2014/04/20/videophone-turns-50/.

Capítulo Dois

1. Alan Kozarsky, edirot, "How Important Are Our Eyes?" *WebMD,* 10 de maio de 2019, www.webmd.com/eye-health/qa/how-important-are-our-eyes.
2. E. Hatfield, J. Cacioppo e R. L. Rapson, *Emotional Contagion* (Nova York: Cambridge University Press, 1994). ISBN 0-521-44948-0.
3. Shirley Wang, "Contagious Behavior", *Observer* (Fevereiro de 2006), https://www.psychologicalscience.org/observer/contagious-behavior.

Capítulo Oito

1. Antonio Damasio, *Descartes' Error: Emotion, Reason, and the Human Brain* (Nova York: Putnam, 1994; edição revisada, Penguin, 2005).

Capítulo Onze

1. Equipe de Insights, "Five Reasons Why Your Company Needs to Embrace Video Conferencing Now", *Forbes* (30 de outubro de 2017), www.forbes.com/sites/insights-zoom/2017/10/30/5-reasons-why-your-company-needs-to-embrace-video-conferencing-now/#3f6c054e47c4.
2. Infográfico, "Wondering How to Look Good on Video? You're Not Alone", Highfive, 2020, highfive.com/resources/infographics/how-to-look-good-on-video.

Capítulo Treze

1. Katrin Schoenenberg, Alexander Raake e Judith Koeppe, "Why Are You So Slow? Misattribution of Transmission Delay to Attributes of the Conversation Partner at the Far-End", *International Journal of Human-*

-*Computer Studies* 72, nº 5 (maio de 2014): 477–487, www.sciencedirect.com/science/article/abs/pii/S1071581914000287.
2. Manyu Jiang, "The Reason Zoom Calls Drain Your Energy", BBC (22 de abril de 2020), www.bbc.com/worklife/article/20200421-why-zoom-video-chats-are-so--exhausting.
3. Lauren Geall, "Have You Got Zoom Fatigue? Why You're Finding Video Calls So Exhausting", *Stylist* (Abril de 2020), www.stylist.co.uk/life/zoom-fatigue-video-call-virtual-drinks-exhaustion-tiring/376846.
4. Richard Culatta, "Cognitive Load Theory (John Sweller)", *InstructionalDesign.org*, 2015, www.instructionaldesign.org/theories/cognitive-load.html.
5. Vocabulary.com, "heuristic", Dicionário Vocabulary.com, https://www.vocabulary.com/dictionary/heuristic.
6. Lori A. Harris e A.P. Cliffs, *Psychology* (Hoboken, NJ: John Wiley & Sons Inc., 2007), p. 65.
7. Daniel Kahneman, *Thinking, Fast and Slow* (Nova York: Farrar, Straus and Giroux, 2011).

Capítulo Quinze
1. https://www.psych.ucla.edu/faculty/page/mehrab
2. https://www.paulekman.com/
3. Practical Psychology, "MicroExpressions — Reading Facial Expressions Are Better Than Reading Body Language", YouTube, 2 de dezembro de 2017, https://www.youtube.com/watch?v=tu1uzG_EBGM&feature=youtu.be.
4. P. Ekman e W. V. Friesen, "Constants Across Cultures in the Face and Emotion", *Journal of Personality and Social Psychology*, 17, nº 2 (1971), 124–129.
5. Amy Cuddy, "Your Body Language May Shape Who You Are", YouTube, Ted, 1º de outubro de 2012, https://youtu.be/Ks-_Mh1QhMc.
6. James Clear, "How to Be Confident and Reduce Stress in 2 Minutes Per Day", http://jamesclear.com/body-language-how-to-be-confident.
7. Belle Beth Cooper, "The Science Behind Posture and How It Affects Your Brain", *LifeHacker*, 13 de novembro de 2013, lifehacker.com/the-science-behind-posture--and-how-it-affects-your-brai-1463291618.
8. Susan Weinschenk, "Your Hand Gestures Are Speaking for You", *Psychology Today*, 26 de setembro de 2012, www.psychologytoday.com/us/blog/brain--wise/201209/your-hand-gestures-are-speaking-you.
9. Linda Talley, Samuel Temple, "How Leaders Influence Followers Through the Use of Nonverbal Communication", *Leadership and Organization Development Journal*, 2 de março de 2015, www.emerald.com/insight/content/doi/10.1108/LODJ-07-2013-0107/full/html.
10. Jeb Blount, *Sales EQ* (Hoboken, NJ: John Wiley & Sons 2017), pp. 107–108.
11. David Ludden, "Your Eyes Really Are the Window to Your Soul", Psychology Today, 31 de dezembro de 2015, www.psychologytoday.com/us/blog/talking--apes/201512/your-eyes-really-are-the-window-your-soul.

12. Jennifer Marlow, Eveline van Everdingen e Daniel Avrahami, "Taking Notes or Playing Games? Understanding Multitasking in Video Communication", *CSCW*, 27 de fevereiro — 2 de março de 2016, https://dl.acm.org/doi/pdf/10.1145/2818048.2819975.
13. Jon Porter, "iOS 13 Will Fix the FaceTime Eye Contact Problem", *Vox*, 3 de julho de 2019, https://www.theverge.com/2019/7/3/20680681/ios-13-beta-3-facetime-attention-correction-eye-contact.
14. "Making Distance Disappear", *360 Magazine*, 2020, https://www.steelcase.com/research/360-magazine/making-distance-disappear/.
15. Heather Schwedel, "Staring at the Gargoyle on My Screen", *Slate*, 2 de dezembro de 2019, https://slate.com/human-interest/2019/12/video-conferencing-is-the-worst.html.
16. Anne Quito, "We're All Distracted by How Terrible We Look on Video Calls. Here's How to Fix It", *Quartz*, 22 de agosto de 2016, https://qz.com/637860/video-call-tips-for-skype-and-facetime-steelcase-researchers-are-solving-your-appearance-barrier-on-video-calls/.
17. Fraser W. Smith e Stephanie Rossit, "Identifying and Detecting Facial Expressions of Emotion in Peripheral Vision", PLOS One, 30 de maio de 2018, https://journals.plos.org/plosone/article?id=10.1371/journal.pone.0197160.
18. Manyu Jiang, "Video Chat Is Helping Us Stay Employed and Connected. But What Makes It So Tiring — And How Can We Reduce 'Zoom Fatigue'?", BBC, 22 de abril de 2020, www.bbc.com/worklife/article/20200421-why-zoom-video-chats-are-so-exhausting?ocid=ww.social.link.email.
19. Egan Jiminez, "In a Split Second, Clothes Make the Man More Competent in the Eyes of Others", EurekaAlert! Princeton University, Woodrow Wilson School of Public and International Affairs, 9 de dezembro de 2019, www.eurekalert.org/pub_releases/2019-12/puww-ias120919.php.
20. Ti Kiisel, "You Are Judged by Your Appearance", *Forbes*, 20 de março de 2013, www.forbes.com/sites/tykiisel/2013/03/20/you-are-judged-by-your-appearance/#523930726d50.
21. Nasim Mansurov, "What Is Moiré and How It Can Ruin Your Photos", *Photography Life*, 24 de dezembro de 2019, photographylife.com/what-is-moire.
22. Gauri Sardi-Joshi, "What You Wear Changes That Way You Think", Brain Fodder, https://brainfodder.org/psychology-clothes-enclothed-cognition/.
23. Hannah Yasharoff, "Viral Reporter Returns to 'GMA' after 'Hilariously Mortifying' Video Appearance with No Pants", *USA Today*, 28 de abril de 2020, www.usatoday.com/story/entertainment/tv/2020/04/28/quarantine-woes-gma-abc-reporter-mistakenly-appears-tv-without-pants/3039932001/.
24. "Super Bowl XXXVIII Halftime Show Controversy", Wikipedia, 27 de abril de 2020, en.wikipedia.org/wiki/Super_Bowl_XXXVIII_halftime_show_controversy.

Capítulo Dezesseis

1. Cheryl L. Grady, Anthony R. McIntosh, M. Natasha Rajah e Fergus I. M. Craik, "Neural Correlates of the Episodic Encoding of Pictures and Words",

PNAS 95, nº 5 (3 de março de 1998): 2703–2709, https://www.pnas.org/content/95/5/2703.
2. Rachel Gillett, "Why We're More Likely to Remember Content with Images and Video (Infográfico)", *Fast Company* (18 de setembro de 2014), https://www.fastcompany.com/3035856/why-were-more-likely-to-remember-content-with-images-and-video-infogr.
3. "Polishing Your Presentation", 3M Meeting Network, http://web.archive.org/web/20001102203936/http%3A//3m.com/meetingnetwork/files/meetingguide_pres.pdf.
4. Tversky, A. e D. Kahneman, "Judgment under Uncertainty: Heuristics and Biases", *Science* (New Series) 185 (1974), 1124–1131.
5. Carmine Gallo, "Neuroscience Proves You Should Follow TED's 18-Minutes Rule to Win Your Pitch", *Inc.* (21 de fevereiro de 2017), https://www.inc.com/carmine-gallo/why-your-next-pitch-should-follow-teds-18-minute-rule.html.
6. Holdcroft Nissan Hanley, "Holdcroft Nissan Virtual Showroom", (14 de abril de 2020), https://youtu.be/jbDk9wRGQ2M.

Capítulo Dezessete

1. Walter B. Cannon, The Wisdom of the Body, Nova York, W.W. Norton & Company, Inc., 1932.
2. Katrin Schoenenberg, Alexander Raake e Judith Koeppe, "Why Are You So Slow? – Misattribution of Transmission Delay to Attributes of the Conversation Partner at the Far End", *International Journal of Human-Computer Studies* 72, nº 5 (maio de 2014): pp. 477–487. www.sciencedirect.com/science/article/abs/pii/S1071581914000287.

Capítulo Dezoito

1. https://www.marketingcharts.com/digital/video-109907
2. Cisco, "Cisco Annual Internet Report", 9 de março de 2020, https://www.cisco.com/c/en/us/solutions/collateral/executiveperspectives/annual-internet-report/white-paper-c11-741490.html.
3. SalesLoft, "Using Personalized Videos in Modern Sales Engagement", https://salesloft.com/resources/blog/using-personalized-videos-in-modern-sales-engagement/.
4. Juliana Nicholson, "With Video: A HubSpot Experiment", HubSpot, 12 de julho de 2019, https://blog.hubspot.com/marketing/video-prospecting.
5. Sandy Natarajan, "Re-imagining the Sales Strategy — What Makes It the Need of the Hour?", Hippo Video, 4 de maio de 2020, https://www.hippovideo.io/blog/re-imagining-the-sales-strategy-what-makes-it-the-need-of-the-hour/.
6. Laura Frances Bright, *Consumer Control and Customization in Online Environments: An Investigation into the Psychology of Consumer Choice and Its Impact on Media Enjoyment, Attitude, and Behavioral Intention* (Austin: The University of Texas, 2008), https://repositories.lib.utexas.edu/handle/2152/18054.
7. Robert B. Cialdini, *Influence: The Psychology of Persuasion* (Nova York: William Morrow and Company, 1993).

Capítulo Dezenove

1. Evan Cohen, "The Humble Phone Call Has Made a Comeback", *The New York Times*, 9 de abril de 2020, www.nytimes.com.cdn.ampproject.org/c/s/www.nytimes.com/2020/04/09/technology/phone-calls-voice-virus.amp.html.
2. "Return of the Phone Call: Why Talking Beats Texting When You're in Isolation", *The Guardian*, 17 de março de 2020, www.theguardian.com/lifeandstyle/2020/mar/17/return-of-the-phone-call-why-talking-beats-texting-when-youre-in-isolation.
3. Chris Orlob, "If You're Selling without Video, You're Doing It Wrong (This Data Explains Why)", Gong.Io, 27 de novembro de 2018, www.gong.io/blog/if-youre-selling-without-video-youre-doing-it-wrong-this-data-explains-why/.

Capítulo Vinte e Dois

1. E.J. Langer, A. Blank e B. Chanowitz "The mindlessness of ostensibly thoughtful action: The role of 'placebic' information in interpersonal interaction", *Journal of Personality and Social Psychology* 36(6) (1978), 635–642.

Capítulo Vinte e Três

1. Tara Bennett-Goleman, *Emotional Alchemy* (Nova York: Harmony Books, 2002).

Capítulo Vinte e Seis

1. Velocify, "Text Messages for Better Sales Conversions Report", http://pages.velocify.com/rs/leads360/images/Text-Messaging-for-Better-Sales-Conversion.pdf.

Capítulo Vinte e Sete

1. Nigel Davies, "It's Probably Time to Stop Announcing the Death of Email", *Forbes* (24 de junho de 2019), www.forbes.com/sites/nigeldavies/2019/06/24/its-probably-time-to-stop-announcing-the-death-of-email/#13f6e4737a41.
2. "Email Statistics Report, 2018-2022", The Radicati Group, Inc. (março de 2018), www.radicati.com/wp/wp-content/uploads/2018/01/Email_Statistics_Report,_2018-2022_Executive_Summary.pdf.
3. Dena Cox, Jeffrey G. Cox e Anthony D. Cox, "To Err Is Human? How Typographical and Orthographical Errors Affect Perceptions of Online Reviewers", *Computers in Human Behavior* 75 (Outubro de 2017), 245–253, www.sciencedirect.com/science/article/pii/S0747563217303205?via%3Dihub.
4. "Smiley Emojis in E-Mails Could Create Frowns, says BGU Study", Ben-Gurion University of the Negev (14 de agosto de 2017), https://in.bgu.ac.il/en/pages/news/smiley_emojis.aspx.

Capítulo Vinte e Oito

1. Sara Radicati, "Email Statistics Report, 2014–2018", The Radicati Group, Inc., abril de 2014, http://www.radicati.com/wp/wp-content/uploads/2014/01/Email-Statistics-Report-2014-2018-Executive-Summary.pdf.

2. Michael C. Mankins, Chris Brahm e Gregory Caimi, "Your Scarcest Resource", *Harvard Business Review*, maio de 2014, https://hbr.org/2014/05/your-scarcest-resource.
3. Kimbe MacMaster, "3 Reasons Video Is a Phenomenal Sales Tool" [Infográfico], *Vidyard*, 18 de janeiro de 2017, https://www.vidyard.com/blog/video-sales-tool-infographic/.

Capítulo Trinta

1. "Messaging App Usage Worldwide: eMarketer's Updated Forecast, Leaderboard, and Behavioral Analysis", eMarketer, 20 de julho de 2017, https://www.emarketer.com/Report/Messaging-App-Usage-Worldwide-eMarketers-Updated-Forecast-Leaderboard-Behavioral-Analysis/2001939.
2. "The Messaging Apps Report: Messaging Apps Are Now Bigger Than Social Networks", Business Insider Intelligence, 20 de setembro de 2016, https://www.businessinsider.com/the-messaging-app-report-2015-11.

Capítulo Trinta e Um

1 The History of Live Chat Software", Whoson, https://www.whoson.com/our-two-cents/the-history-of-live-chat-software/.
2. CCW Digital, Live Chat Benchmark Report 2018, Comm100, 2018, https://www.ec3.co.za/uploads/2/6/3/7/26378480/comm100-live-chat-benchmark-report-2018.pdf.
3. Dom Price, "Yes, Chat Bots Are Incredibly Efficient. But Your Customers Hate Them", Inc., 27 de março de 2018, www.inc.com/dom-price/yes-chat-bots-are-incredibly-efficient-but-your-customers-hate-them.html.
4. Stephen McDonald, "25 Reasons Live Chat Can Grow Your Business", SuperOffice, 18 de maio de 2020, www.superoffice.com/blog/live-chat-statistics/.
5. Megan Burns, et al., "Understanding the Impact of Emotion on Customer Experience", *Forrester*, 13 de julho de 2015, https://www.forrester.com/report/Understanding+The+Impact+Of+Emotion+On+Customer+Experience/-/E-RES122503.

Capítulo Trinta e Quatro

1. "New Research Study Breaks Down 'The Perfect Profile Photo'", https://www.photofeeler.com/blog/perfect-photo.php.

Capítulo Trinta e Cinco

1. Carol Krucoff, "The 6 O'Clock Scholar", *The Washington Post*, 29 de janeiro de 1984, https://www.washingtonpost.com/archive/lifestyle/1984/01/29/the-6-o-clock-scholar/eed58de4-2dcb-47d2-8947-b0817a18d8fe/.

Treinamentos, Workshops e Palestras

A Sales Gravy oferece um pacote abrangente de programas e workshops de treinamento para profissionais e líderes de vendas, executivos de contas, SDRs (Sales Development Representative — Representante de Desenvolvimento de Vendas), profissionais de atendimento ao cliente e gerentes de canal.

Nossos programas de treinamento e salas de aula virtuais com instrutores, cursos autodirecionados de e-learning e workshops incluem:

Habilidades de Vendas Virtuais.

Habilidades de Negociação em Vendas.

Estratégias de Resultados de Vendas.

Bootcamp de Objeções de Vendas.

Inteligência Emocional em Vendas.

Bootcamp de Prospecção Fanática.

Habilidades de Prospecção de Contas Complexas.

Excelência no Sequenciamento de Prospecção.

Bootcamp de Chat Online.

Recrutamento Militar Fanático.

Coaching Situacional.

Coaching de Performance Ultra-alta.

A Mensagem Importa em Vendas: Habilidades de Comunicação e de Apresentação.

Orientação de Vendas Empresariais (cloud, SaaS, IoT).
Habilidades de Vendas para Contas Organizacionais.
Vendas de Experiência ao Cliente (B2C).
Gestão de Conta Adaptativa.
Inteligência Emocional do Cliente.
Parceria Adaptativa (gestão de canal).
Mentoria Adaptativa.

Todos os programas de treinamento são realizados por nossos treinadores certificados ou podem ser licenciados e realizados por sua equipe de treinamento e desenvolvimento. Oferecemos aprendizado autodirecionado por meio da Plataforma da Universidade Gravy de Vendas (https://www.SalesGravy.University), ou podemos entregar conteúdos de e-learning para seu LMS (Learning Management System — Sistema de Gestão de Aprendizado).

As mídias de treinamento, o projeto educacional e as apresentações estão alinhadas com as preferências adultas de aprendizado e são responsivas aos estilos de aprendizados multigeracionais. Empregamos uma metodologia de aprendizado ativo, que combina instruções interativas com elementos de aprendizado experiencial e com cenários de vivência de papéis para criar experiências de referência que ancorem conceitos-chave e assentem o treinamento na memória.

Além do treinamento, somos especializados no desenvolvimento de caminhos de aprendizado em vendas para a contratação de novos profissionais e de manuais de vendas.

Para mais informações, por favor entre em contato por telefone, 1–844–447–3737, ou visite https://www.SalesGravy.com.[*]

---

[*] Nota da Editora: as ofertas de cursos e produtos desta seção são de total responsabilidade do autor. Os sites mencionados apresentam conteúdo em inglês.

Índice

A

Apple 107
  iPhone 4
Apresentação 207
Atalho cognitivo 96
Atalhos mentais heurísticos 77
AT&T 4
  Picturephone 4
Autenticidade 168
Autoconsciência humana 22
Autocontrole 54
  emocional 52
Autopercepção 53

B

Blending (combinação) 15, 30

C

Canais
  de comunicação 28, 39, 295, 355
    assíncronos 168, 177, 195
    de vendas 36
    interconectados 22
      assíncronos 23
      síncronos 23
    síncronos 53
    virtuais 22, 37, 52, 113, 230, 325
  de prospecção 195
  de vendas virtuais
    síncronos 50
Carga cognitiva 77, 86, 341

Chat
  ao vivo 300, 306
  online 299
  proativo 307, 314
  reativo 307
Ciclo de vendas 27, 31, 66, 139, 229, 360
Codificação 97–102
Combinação 180. **Consulte também** Blending
Comportamento virtual 96
Compradores 144
Comunicação 22, 41, 106, 169, 238, 256, 300
  assíncrona 36, 50, 254
  de omnicanal 53
  escrita 263
  humana 112
  interpessoal 243
  não verbal 98, 104
  presencial 32
  síncrona 36, 45, 294
  virtual 9, 32, 60, 115, 241, 328
Conexão
  emocional 22, 43, 114, 192
  humana 27, 179
Confiança 135
Consistência 348
Contágio emocional 10, 48, 103
Contato visual 107, 124, 164, 310
Continuum de vendas 20

Controle
    da atenção 142
    emocional 47
Conversa
    assíncrona 114
    síncrona 114
Criar conexões emocionais 28
Cross selling 21

D

Decodificação 97
Disciplina emocional 41
Disrupção 222, 367

E

Efeito moiré 120
E-mail
    de gestão de conta 256
    de prospecção 270, 281, 291
    de vendas 255
Emoções 48, 98, 121, 181, 207, 287
    disruptivas 50, 114, 143, 218
        gerenciar suas 45
    humanas 44
    influenciar as 45, 52
    negativas 181
Enclothed cognition [cognição
    vestida].22 121
Engajamento 161
Escuta
    ativa 114, 309
    efetiva 112, 117
    profunda 115
ESP - e-mail service provider 269
Estado de insegurança 51
euniões virtuais 17, 71, 76, 99, 103,
    105, 120, 124, 138, 144, 146, 153,
    192, 328, 344, 357, 359
Eventos desencadeadores 251, 335
Experiência
    do cliente 300, 301
    emocional 168, 311

Expressões faciais 98, 100, 115, 168

F

Facebook 4
    Facebook Messenger 335
Familiaridade 251, 343, 351

G

George Carey 4

H

Habilidades
    interpessoais 41
    intrapessoais 41
Heurística cognitiva 78
Hippo 167

I

Influenciar as pessoas 46
Inteligência emocional 22
Interação 131, 133
    humana presencial 11
Interrupção 216

J

Jornada da compra 31

L

Lei da familiaridade 328, 336
Ligação de retorno 228, 231
Limiar de familiaridade 328
Linguagem corporal 89, 98, 115,
    131, 168, 243
LinkedIn 297, 331
    mensagens de prospecção no 297

M

Marketing em massa 267, 268
Megatendência de vendas 293
Mensagens
    de acompanhamento 160
    de texto 242, 251, 256, 294

de vídeo 283
diretas 191, 261, 281, 293
por e-mail 267
Microcomprometimento 363
Microdemonstrações 161, 166
Microexpressões 99
Mind share 23

N

Negligência nas relações com os
    clientes 181
Negociações interrompidas 361
Nível de confiança
    importância do 47

O

Objeções 216, 218, 221, 222
Omnicanal 32, 49

P

Padrões maçantes 96
Pandemia do coronavírus (Covid-19)
    10, 17, 72, 177, 192
Paradoxo do contato visual 108
Percepções emocionais 79
Personalização 171
Pipeline 21, 66, 160, 245, 355
    de vendas 46
    vazio 196
Pistas
    emocionais 307
    falsas 135, 154
Princípio de autoridade 341
Processos de vendas 31, 59, 80,
    183, 302, 358
Produtividade 238
Prospecção 186, 204, 248, 282, 356
    ativa 192
    externa 25
    presencial 30
    virtual 30
Prospectos 208, 210, 228

Q

Quatro tipos de inteligência 36
    inteligência adquirida (QA) 36, 38
    inteligência emocional (QE) 36, 41
    inteligência inata (QI) 36
    inteligência tecnológica (QT) 36, 39

R

Reação de luta ou fuga 143
Recomposição 222, 226
Recursos cognitivos 96
Redes sociais 253, 294, 321, 330, 351
Regra da reciprocidade 157
Rejeição 51, 216, 219
Relacionamentos 182
Resiliência emocional 54
Resistência 201, 206
Ressentimento 244
Reunião de vendas
    presencial 88
    virtual 48, 130, 142
Risco emocional 51

S

Sales Gravy 13, 50, 145, 268, 301
Senso de obrigação 159
Skype 4
Sobrecarga cognitiva 143, 261
Sobrecarregamento de informações 23

T

Taxa de conversão 337
Tempo de atenção 23
Transação vs. engajamento 27
Transformação digital do século
    XXI 5, 22
Três cérebros 95
    amígdala 95, 143
    cerebelo 95, 143
    neocórtex 95, 144
    sistema límbico 95

U

Up selling 21

V

Vantagem competitiva 46, 93, 192, 298, 314, 368
Vendas
  diretas 366
  omnicanal 178
  presenciais 8
  virtuais 13, 38, 82, 112, 178, 238, 322, 370
    definição 19
    de omnicanal 305
    desafios 22
    de sucesso 18
    em omnicanais 55
    lado sombrio das 43
    modernas 39
    por multicanais 39
Vendedores
  assíncronos 40, 51, 179
  com QT alto 40
  com QT baixo 40

Versatilidade do telefone 179, 183, 186
Videochamadas 4, 60, 75, 82
  de descoberta 70
Videoconferências 71, 85, 86, 92, 111, 124, 141
Vidyard 167
Viés
  de confirmação 79
  de negatividade 110
  de segurança 78
  humano de disponibilidade 128
  negativo 78, 107
Vieses cognitivos 78
Vulnerabilidade 51

W

Wallet share 23

Z

Zoom 4, 70, 90, 123

Projetos corporativos e edições personalizadas
dentro da sua estratégia de negócio. Já pensou nisso?

Coordenação de Eventos
Viviane Paiva
viviane@altabooks.com.br

Assistente Comercial
Fillipe Amorim
vendas.corporativas@altabooks.com.br

A Alta Books tem criado experiências incríveis no meio corporativo. Com a crescente implementação da educação corporativa nas empresas, o livro entra como uma importante fonte de conhecimento. Com atendimento personalizado, conseguimos identificar as principais necessidades, e criar uma seleção de livros que podem ser utilizados de diversas maneiras, como por exemplo, para fortalecer relacionamento com suas equipes/ seus clientes. Você já utilizou o livro para alguma ação estratégica na sua empresa?

Entre em contato com nosso time para entender melhor as possibilidades de personalização e incentivo ao desenvolvimento pessoal e profissional.

PUBLIQUE SEU LIVRO

Publique seu livro com a Alta Books.
Para mais informações envie um e-mail para: autoria@altabooks.com.br

/altabooks /alta-books /altabooks /altabooks

CONHEÇA OUTROS LIVROS DA ALTA BOOKS

Todas as imagens são meramente ilustrativas.

Este livro foi impresso nas oficinas gráficas da Editora Vozes Ltda.,
Rua Frei Luís, 100 – Petrópolis, RJ.